키르케고르와

철학적 절망

발 행 일 2024년 6월 10일 초판 1쇄 발행

지 은 이 이동용
발 행 인 이헌숙
북디자인 김학용
발 행 처 주)휴먼컬처아리랑
경기 양평군 옥천면 용천로 37
전 화 070-8866-2220
전자우편 thethinkbook@naver.com
등록번호 132-81-87282

www.휴먼컬처아리랑.kr

ISBN 979-11-6537-381-8 03100

키르케고르와

철학적 절망

이동용 지음

《죽음에 이르는 병》이 전하는
생철학적 처방과 절망의 기술

머리말

신 앞에 홀로 서기

키르케고르는 실존철학의 창시자로 인정받고 있다. 실존은 삶의 영역을 대상으로 삼는다는 의미에서 생철학으로 확대된다. 결국 키르케고르는 생철학의 선구자도 된다. 그의 철학을 실존철학으로 부르든 생철학이라 부르든 심지어 실존주의로 부르든 상관없다. 생철학은 생生이라는 감각적인 말을 사용한 터라 현상 쪽에 더 무게를 둔 개념이고, 실존철학과 실존주의는 실존實存이라는 철학적인 단어를 끌어들인 터라 본질 쪽에 더 무게를 둔 개념일 뿐이다.

분명한 것은 키르케고르가 '사람의 삶'을, '인간의 인생'을 혹은 '존재자의 존재'를 설명하고자 애를 썼다는 사실이다. 하지만 그의 철학은 끊임없이 기독교의 교리 혹은 기존의 양심의 형식을 끌어들인다. 거기서부터 철학적 고민을 시작하려 한다. 기독교의 교리는 신학이라는 거대한 학문을 일궈냈다. 이 학문은 신의 뜻을 주목하고 그의 목소리에 귀를 기울이려 했다. 그리고 철학자는 그 신학의 영역에서 사람이라는 존재의 문제를 발견하게 된다.

실존철학과 생철학은 모두 인문학으로 소급된다. 인문학이 등장한 때는 근대 르네상스 시대이다. 하지만 근대의 정신은 여전히 기독교의 한계를 벗어나지 못하고 있었다. 이를 두고 '르네상스의 한계'라 부르기도 한다. 신학은 천 년 동안 세워진 웅장한 탑의 형상을 구현해 내고 있는 반면, 인문학은 여전히 무의미하게 쌓여 있는 벽돌 더미를 앞에 두고 있는 느낌이다. 아직 해야 할 일이 많다는 것이다.

신의 형상이 분명해질수록 사람의 형상도 분명해질 것이다. 신을 이용한다고 욕할 일도 아니고, 사람을 찾는다고 무의미한 일도 아니다. 신은 사람의 문제이고, 사람은 신을 필요로 할 뿐이다. 사람에게 분명한 것은 죽는다는 것이다. 모두가 죽어야 할 사람이지만 그래도 그 사람의 삶에서 특별한 의미를 찾고자 하는 것은 아름다운 일이다. 신이 있어 천국 간다는 말도 희망적이지만, 삶이 있어 행복하다는 사실을 깨닫는 것도 지극히 희망적이다.

신의 의미만큼이나 사람의 의미도 커질 것이다. 신에게서 시작하지만 신에게 갇히는 일은 없어야 한다. 신에게서 탈출구를 찾고 사람에게로 나아가는 길을 찾아야 한다. 사람에게로 향하는 길을 개척하고 있는 철학자가 키르케고르이다. 무엇이 사람의 삶인가? 이 질문에 해답을 찾으려 하는 것이 철학자의 의도이다. 신을 아는 만큼 사람도 알게 될 것이다. 시작은 신에게서 하되, 결국에는 사람에게로 시선을 돌려야 한다는 것이 철학자의 의도이다.

이제 실존철학의 창시자이자 생철학의 선구자인 키르케고르의 대표작 《죽음에 이르는 병》을 읽으려 한다. 기독교의 성경을 기반으로 한, 즉 종교적 발상과 신앙적 체험을 기반으로 한 철학서이지만, 자기 삶의 시간을 되돌아보게 하는 묘한 매력이 있는 책이다. 생철학의 주인공은 삶이고, 삶의 주인공은 사람이다. 플라톤이 진선미 그 자체를 형이상학적으로 설명하려 애썼듯이, 키르케고르는 그 설명 속에 사람 사는 이야기로 가득 채워놓을 뿐이다. 철학자는 때로 신성모독도 서슴지 않았지만, 그 이유는 삶이 너무도 아름답게 보였기 때문이다.

2024년 4월 수유리에서

이동용

차례

Ⅳ. 의식적인 절망과 절망의 기술

Ⅴ. 약한 절망과 강한 절망

Ⅵ. 죄의 속성으로서의 절망

VII. 무지의 논리와 죄의 실존적 의미

VIII. 죄는 적극적이라는 말

IX. 연속되는 죄와 함께

X. 죄인이 되어 죄에서 구원하기

맺는말

일러두기

- 《죽음에 이르는 병》은 1849년 7월에 출판되었다. 이 작품은 대체적으로 키르케고르의 대표작으로 간주되고 있다. 인용을 위해서는 동서문화사 출판사가 펴낸 《불안의 개념/죽음에 이르는 병》(강성위 옮김)을 주 텍스트로 선택했다. 인용문은 경우에 따라 가독성을 고려하여 조금씩 수정하기도 했음을 밝혀 둔다.
- 철학자의 이름 키르케고르는 첫 음절의 장음을 표현하는 의미에서 키에르케고르라고도 하는데, 여기서는 한 글자를 줄여 키르케고르로 하기로 한다. 별다른 의미는 없음을 밝혀 둔다.
- 기독교의 성경에는 크게 두 가지가 있다. 천주교의 성경(73권)과 개신교의 성경(66권)이 따로 있어서 인용할 때 문제가 발생한다. 키르케고르의 《죽음에 이르는 병》 원문과 함께 독일어 번역본 본문 속에 인용된 성경구절들도 모두 개신교의 성경 구절, 즉 그 성경 속의 장과 절의 숫자와 동일하므로, 개신교의 성경 문체로 옮기는 것을 원칙으로 한다.
- 또 성경 구절을 인용할 때는 성경의 문체를 가급적 살리기 위해 콤마나 마침점 등을 사용하지 않도록 하고, 인용의 마지막 부분에만 마침이라는 기호의 의미로 마침점을 남겨 놓도록 한다.
- 아울러 가톨릭교의 개념들, 예를 들어 하느님이니 그리스도교니 하는 것을 지양하고, 하나님이니 기독교니 하는 식으로, 즉 개신교의 개념을 선택하여 옮겨놓았음을 밝혀둔다.
- 참고로 한 독일어 원문 텍스트는 다음과 같다: Sören Kierkegaard: 《Die Krankenheit zum Tode / Furcht und Zittern / Die Wiederholung / Der Begriff der Angst》, übers. von Walter Rest, Günther Jungbluth, Rosemarie Lögstup, München 10/2021.

I.

기독교적 영웅주의와 죽음에 이르는 병

저자와 저자명

《죽음에 이르는 병》은 1849년에 출간된다. 이 책의 실제 저자는 키르케고르이지만, 그는 자신의 이름을 '안티 클리마쿠스Anti-Climacus'라고 적어 놓고, 자기 자신의 이름은 이 책의 발행인으로 밝히고 두 줄 아래 적어 놓았다. 클리마쿠스는 '계단'이나 '사다리'의 뜻을 지닌 라틴어 '클리막스 clīmax'에서 유래한 말임을 쉽게 알 수 있다. 따라서 직역하면, '반-사다리', 혹은 '계단을 거부하다' 내지 '사다리를 거부하다' 등의 의미를 지니게 된다. 계단이나 사다리 모두 위로 향하는 의미를 품는다. 이런 의미에서 보면 저자는 자신의 이름을 통해 위를 향하는 그 방향 자체를 거부하는 자라고 판단해도 된다.

또 주로 연극학에서 사용하는 단어로서 '절정'의 의미로 언급

되는 '클라이막스Klimax'라는 개념도 있다. 이런 뜻과 연관해서 '안티 클리마쿠스'를 해석하자면 '반-절정' 내지 '절정을 거부한다'는 말이 되기도 한다. 물론 '최고 정점을 거부한다'는 식의 이 말이 의미하는 바는 해석하기 나름이다. 하지만 '죽음에 이르는 병'이라는 책의 제목과 관련해서 보면 왠지 모르게 그 정점에 좋은 것이 아니라 나쁜 것, 즉 죽음이 있을 것 같고, 또 그곳으로 이끄는 것은 다름 아닌 질병이 될 것 같다는 생각을 저버릴 수 없다.

문제는 저자가 자신의 이름을 이런 식으로 필명을 사용했어야 했던 이유와 관련된다. 이 문제는 그 시대 상황을 들여다봐야 풀린다. 문제는 1789년부터 역사의 주역으로 등장하는 시민의 혁명 의지와 얽혀 있다. 소위 키르케고르의 삶은 시민 혁명이라는 역사적 폭풍의 중심에서 진행되고 있었다. 물론 혁명은 완수되지 못하고 여전히 현재 진행형이었다. 1848년 또 한 번의 거대한 혁명이 유럽을 휩쓸고 있었다. 그때 전 유럽을 복고정치를 통해 장악하고 있던 오스트리아의 수상 메테르티히가 망명길에 오르기도 했다.

덴마크는 지리적으로 유럽 본토에서는 조금 떨어져 있기는 했지만, 그래도 유럽의 움직임에 무관할 수는 없었다. 사회 분위기는 유럽 전역을 휩쓸고 있는 혁명 소식에 촉각을 곤두세우고 있었다. 이런 민감한 시기에 키르케고르의 책들은 기득권을 향해 무차별적인 공격을 해댔다. 그의 공격은 철학적인 고민을 담아냈지만, 철학적으로 훈련된 정신에게만 치열하게 연출될 수 있었다. 그 당시 기득권은 기독교 교회를 중심으로 하여 굳건히 서 있었고, 철학자의 목소리는 여전히 미약하기만 했다.

시민 혁명 당시 사회 구조는 계급으로 굳어져 있었다. 교회 종사자가 '클레루스clerus'라 불리며 사회의 최고 계급, 즉 제1계급으로 군림하고 있었다. 그 아래 '노빌리타스nobilitas'라 불리는 귀족이 제2계급으로 불리며 공공기관의 모든 요직에서 자리를 잡고 있었다. 이들 두 계급은 중세 천 년 동안 변하지 않았다. 서로가 서로를 위한 조건이 되며 강력한 사회 조직을 구축해 냈다. 이제 서서히 시민 정신이 꿈틀대기 시작했다. 프랑스 대혁명 당시 시민은 자신을 '티에르 제타Tiers-État'라고 부르며 제3계급을 자처하며 역사의 전면에 등장하기 시작했다.

키르케고르가 살았던 시대는 말 그대로 혁명으로 요동치던 때였다. 《죽음에 이르는 병》이 1849년 7월에 출간되었다는 사실 자체만 놓고서도 이토록 많은 생각을 하게 해준다. 게다가 같은 해 5월에는 독일 드레스덴에서 음악가 바그너가 이끄는 폭동이 일어나기도 했다. 전 유럽으로 그를 체포하려는 문서가 퍼져나가기도 했다. 지키려는 자와 변화시키려는 자의 대립, 소위 보수와 진보의 대립은 시대의 현상이었다.

변화의 시기에, 희생이 컸던 시대에, 철학자는 자신이 원하는 길을 과감하게 선택했고, 그 길을 묵묵히 걸어갔다. 용기가 대단했다는 말이다. 철학자도 시대와 영합하며 침묵하며 살아갈 수도 있었을 것이다. 말을 조심해서 내뱉어야 한다는 사실도 잘 알고 있었을 것이다. 말 한 번 잘못하면 목숨까지 내놓아야 했기 때문이다. 기독교 교회가 듣기 싫어하는 소리를 내뱉으려면 소위 목숨을 걸어야 했다는 뜻이다. 그런데도 철학자는 자신의 목소리에 힘을 주고 내뱉었다. 자신을 익명으로 처리하는 약간의 소극적인 전술도 보이기는 했지만, 나름대로 위험 요소를 최소화하려는 의도였을 것이다.

이제 '죽음에 이르는 병'이라 진단을 내리고 처방전을 써주는 철학자의 정신에 마음의 문을 열어두어야 한다. 그가 책 속에 남겨놓은 글들에서 그의 음성을 들을 수 있도록 귀를 기울여야 한다. '죽음'이 무엇인지? 그리고 '이르게 하는' 그 동력은 또 무엇인지? 그리고 마지막으로 무엇이 '병'으로 일컬어지고 있는지? 이 모든 개념들 앞에 오랫동안 머무르면서 독서에 임해야 한다. 물론 선구자의 발걸음과 그가 남긴 발자국을 인식해 내기란 쉽지 않은 일이다. 사람은 누구나 자기 생각으로 사물을 해석해 내기 때문이다. 독서를 하기 위해서는 먼저 자신의 생각을 저자의 생각에 맡겨야 한다는 것부터 실천해 내야 한다.

2

부제목과 모토로 선택된 글귀가 전하는 메시지

《죽음에 이르는 병》에는, 번역서에는 옮겨 놓지 않았지만, 부제목을 하나 갖고 있다. 그것은 '교화와 각성을 위한 기독교적이고 심리학적인 하나의 논술'이라고 한다. 즉 키르케고르의 철학은 기독교와 심리학의 조화 속에서 탄생하게 되었다는 사실을 분명하게 알려 주고 있다. 하나님과 인간의 만남, 혹은 신학과 인문학의 조화라고 이해해도 된다. 하나님의 뜻을 헤아리려는 신학과 인간의 마음을 헤아리려는 심리학이 서로 힘을 합쳐 어울리려고 애를 쓰는 모습 그 자체가 키르케고르의 철학이 연출해 내는 현상이다.

결국 키르케고르가 지향했던 실존철학은 신과 인간 모두를 고려한 결과물이 되는 것이다. 신을 버리고 인간을 취한다는 식의 배타적 생각이 그의 철학의 근간을 이루고 있지 않다는 것부터 깨달아 주어야 한다. 그는 이들 둘을 서로 만나게 해 주고 싶어 한다. 둘이서, 함께, 곁에 두고, 항상 행복해 주기를 바라는 것이다. 신이 있어 좋고, 인간이 있어 행복하다는 말을 할 수 있게 해주고 싶은 것이다. 누가 누구를 지배하고, 통제하고, 복종하게 하고, 말 잘 듣는 사람, 혹은 그런 노예관계를 원한 것이 절대로 아니다.

키르케고르의 철학 속에서는 신과 인간을 모두 만날 수 있고 또 만나야 한다. 그에게 있어서 신은 어떤 존재이고, 또 인간은 어떤 인간으로 비춰지는가? 그는 어떤 교화된 인간을 원하는가? 물론 기독교적인 이념으로 교화되기를 바란다. 말하자면 그가 이끈 실존철학은 신 없이는 인식 자체가 불가능하다고 말해도 된다. 신이 있어 실존철학도 가능한 것이다. 신에 대한 이해야말로 인간의 실존을 위한 필수 조건이 되는 것이기도 하다는 얘기이다.

실존철학적으로 교화되고 또 각성되고 나면 어떤 생각이 들까? 깨닫고 나면 무슨 생각으로 세상을 대하게 되는 것일까? '죽음에 이르는 병'이 무엇인지, 어떤 병인지를 알고 나면 그에 대한 대처는 쉬워진다. 병에 걸린 것을 모르고 있을 때 위험한 것이다. 그래서 궁금해지는 것이다. 신을 버리지 않고 받아들이면서 인간의 이야기를 펼치는 그 과정은 어떻게 진행될 것인가? 한 순간도 놓치지 않으려는 열정으로 두 눈 똑바로 뜨고 독서에 임해야 한다.

다시 한번 말하지만, 이 책 《죽음에 이르는 병》은 '교화와 각성을 위한 논술'이라고 했다. 이런 그 의도를 반드시 기억해 두어야 한다. 결코 잊어서는 안 된다. 그것이 독서라는 항해를 할 때 나침반 역할을 해 줘야 한다. 철학자는 지금 가르치려 들 것이다. 훈육을 하려 들 것이다. 잘못 된 것을 두고 잘했다고 두둔하지는 않을 것이다. 상처가 난 곳은 인정사정 두기 않고 찔러댈 것이다. 때로는 수술까지 감행할 것이다. 이 모든 것을 허락해야 한다. 자신의 정신을 키르케고르의 수술대 위에 올려놓는 것도 용기가 필요하다. 키르케고르의 손에 자신의 운명까지 맡겨야 한다. 그때 그의 철학은 긍정적으로 영향을 끼칠 수 있게 된다.

마음의 문을 열고 가르침에 임해야 한다. 자기 자신을 교화의 대상이 되게 맡겨야 한다. 죄수를 가둬두는 감옥을 교도소矯導所라고도 한다. 이런 비유로 말하자면, 지금 우리는 스스로 죄인이 되어 감옥에 갇혀 교화의 대상이 되게 해야 한다는 말이 되기도 한다. 《죽음에 이르는 병》은 가르침이 이뤄지는 교실이나 강의실도 되고, 교화가 실행되는 감옥도 되며, 신을 위한 진정한 예배가 이뤄지는 교회도 될 수 있다. 그곳이 뭐라고 불리든 상관하지 말자. 불후의 명작이 된 것은 인정하자. 고전을 앞에 두고 있다는 사실도 인정하자.

그리고 《죽음에 이르는 병》은 하나의 모토를 가지고 있다. 이 모토는 제목이 전하고자 하는 의미를 확장시켜 놓은 역할도 하고, 또 그 문제를 어떻게 다룰지도 설명해 준다. 이 모토는 철학자 키르케고르의 정신을 이끄는 좌우명쯤으로 간주해도 무방할 것이다. 그 안에 철학자가 세상을 바라보는 시각도 있고, 또 자신이 학문적으로 실행에 옮기고자 하는 철학적 의도도 담겨 있다. 그래서 천천히 그리고 꼼꼼하게 읽어야 할 대목이다.

> 주여 아무런 쓸모 없는 것에 대해서는
> 우리의 눈을 흐리게 하시고,
> 당신의 모든 진리에 대해서는
> 우리의 눈을 맑게 하옵소서![1] (175쪽)

*1) 참고, https://gutezitate.com/zitat/109995, 혹은 https://www.aphorismen.de/zitat/122360; 이 구절은 독일 레겐스부르크의 가톨릭 교회 신학자이며 주교였던 요한 미하엘 자일러(Johann Michael Sailer, 1751-1832)가 한 말과 비슷하지만, 키르케고르가 누구의 말이라고 또 어디서 인용했다고 밝혀 놓지 않았으니, 단정할 수도 없고 또 단정해서도 안 된다.

이 문체는 사실 성경 구절을 연상케 한다. 성경에는 이와 비슷한 구절이 수없이 등장한다. 굳이 몇 장 몇 절이라는 식으로 각주를 달아놓지 않아도 된다. 성경은 그 자체가 무엇이 성스러운 것인지 또 혐오스러운 것인지를 가르쳐주는 책이다. 그리고 키르케고르는 기독교의 정신이 세상 사람들의 생각을 지배하던 시대에 활동했던 철학자이다. 그 시대에는 성경의 문체가 일상을 지배하고 있었을 때라는 점을 감안하면, 지금 읽고 있는 이런 문구 또한 그의 동시대인들에게는 익숙한 것으로 받아들였을 것이 틀림없다.

익숙하다는 것은 습관으로 이해될 수 있고, 습관이 되고 나면 그것이 무엇이 되었든 간에 편안해지고 만다. 문제는 편안하게 느끼는 그 느낌이 위험하다고 인식될 때이다. 건강하다고 생각했던 것이 질병으로 진단 내려질 때이다. 문제가 아니라고 생각했던 것이 문제로 판명될 때이다. 위의 모토 속에는 앞으로 밝혀질 사실에 대한 마음의 준비를 해 두도록 유도하는 말이 담겨 있는 듯하다. '쓸데 없는 것은 보지도 말고, 오로지 진리만 보게 해 달라'고 당부하고 있기 때문이다. 하지만 진리가 만만치 않아서 문제이다.

진리를 감당할 수 있겠는가? 거짓을 인정하고 받아들일 마음이 있는가? 쓸데 없는 것은 보지 않을 자신이 있는가? 아무리 무서워도 진리를 보는 자리에서는 눈을 감지 않을 용기가 있는가? 라오코온처럼 아무리 아파도 비명을 지르지 않을 만큼 담대함이 준비되었는가? 아무리 슬퍼도 울지 않을 자신이 있는가? 아무리 불행을 직면하여서도 미소 짓는 얼굴로 세상을 대할 수 있는가? 알고 있던 지식이 무용지물이 되어도 쓰러지지 않을 자신이 있는가? 쓰러지지 않는 데서 만족하지 않고 걷고 뛰며 춤도 출 수 있겠는가? 이런 질문으로 스스로 검증의 시간을 가져야 할 것이다.

'가는 사람 가게 하고 오는 사람 오게 한다'는 가장 간단한 진리를 실현시키기도 이토록 힘들다. '세상만사 새옹지마'라는 말이 진리의 소리라는 것을 잘 알면서도 그것을 실천하기는 여간 힘든 게 아니다. 늘 가는 사람 붙잡고 질질 끌고, 그 사람 잊지 못해 안달복달하고, 가지 말라 울며불며 매달리는 것이 대부분의 사람들이 보여주는 혐오스러운 현상이다. 또 오는 사람 적으로 간주하고 마음의 문을 꽁꽁 닫아버리는 것을 자기 자신을 위한 일이라고 여기는 것도 지극히 작은 가슴이 연출해 내는 답답한 현상이다.

이제 정말 마음의 문을 활짝 열어두고 철학자의 말소리가 파도처럼 밀려들 수 있게 해 보자. 그 파도가 모든 것을 산산조각 내도 상관하지 말아 보자. 그 파도가 무슨 형상을 만들어 낼지 미리 예단하지 않도록 하자. 자신의 마음에 영향을 끼칠 수 있게 진심으로 허락 한번 해 보자. 그가 이끄는 대로 갈 수 있게 내버려 둬 보자. 로댕의 인생 마지막 조각 작품처럼 앉을 자리를 '지옥의 문' 위에 마련해 놓는다 해도 믿고 앉아 보자. 거기서 '생각하는 사람'의 이념을 깨닫기만 해 준다면 위대한 조각가의 유언까지 귓가에 들려올지도 모를 일이다.

3

첫 번째 문단 속의 '논술'과 '교화'의 의미

독서를 할 때는 첫 문단이 제일 중요하다고 생각된다. 첫 단추를 잘 끼워야 그 다음부터 수월해지기 때문이다. 처음의 리듬과 그 박자를 잘 맞춰 놓으면 그 다음부터는 그대로 따라가면 되기 때문이다. 사람과 만날 때도 '첫 인상이 제일 중요하다'는 말이 있다. 그 처음 보이는 그 현상이 모든 것을 결정한다고 말해도 된다는 것이다. 이제 함께 보조를 맞춰야 할 때가 되었다. 철학자의 말을 들으며 그가 하는 말에 귀를 열어 보자. '글을 쓰면서', 즉 서문의 첫 번째 문단을 통째로 인용했다.

많은 사람들에겐 아마 이 '논술' 형식이 이상하게 생각될

> 것이다. 왜냐하면 이것은 많은 사람들에게 교화적인 것이 되기에는 너무 엄밀하고, 또 엄밀하게 학문적인 되기엔 너무 지나치게 교화적이라고 생각되기 때문이다. 지나치게 교화적이라고 하면 나도 이론이 있을 수 없지만, 너무 학문적이라고 하면 생각이 다르다. 만일 이 글의 논술이 너무 지나치게 엄밀하여 교화적이 아니라고 한다면, 내가 노린 점에서 보면 실패작이 되고 말 것이다. 이 글의 논술에 따르는 여러 가지 전제는 아무나 가지고 있는 것이 아니기 때문에 이 논술이 누구에게나 교화적일 수 없다는 것은 두말할 나위도 없지만, 이와 같은 사실이나 논술이 교화적인 성격을 띠고 있다는 것은 어쨌든 사실이다. 즉, 기독교적인 입장에서 보면, 모든 것이 교화에 도움을 주는 것이다. 결과적으로 교화적이 아닌 듯싶은 학문의 존재는 그 이유만으로도 비기독교적인 것이다. 모든 기독교적인 것의 서술은 병상에 임한 의사의 말과 같은 것이어야 한다. 설사 그 말을 제대로 이해하는 사람이 의학에 능통한 사람뿐이라 할지라도, 그것이 병상을 기웃거린 뒤에 한 이야기라는 점을 결코 잊어서는 안 된다. (177쪽)

천천히 글을 쪼개가며 읽어 보자. 먼저 키르케고르는 부제목에 언급했던 '논술'이라는 개념부터 설명에 임한다. 여기서 '논술'은 독일어 '에어외르터룽Erörterung'을 번역한 말이다. 접두어

'에어er-'는 적극적이고 능동적인 어감을 갖게 하고, 뒤에 붙어 있는 '외르터룽'의 뿌리가 되는 낱말은 '오르트Ort'이고, 어원이 되는 그리스어로는 '토포스τόπος, tópos'가 되며, 그 뜻은 '장소'의 의미를 지닌다. 즉 사물을 사물의 본질에 맞게 장소를 정하고 분류하여 체계화한다, 뭐 그런 뜻이 되는 것이다. 이것이 학문의 영역으로 들어오면 소위 학술적인 토론의 형식을 의미하게 되는 것이다.

그런데 철학자는 이 '논술'이라는 단어를 부제목에 언급했던 또 다른 단어 '교화'라는 개념과 연관해서 설명한다. 사실 여기서 '교화'로 번역한 독일어는 '에어바우웅Erbauung'이다. 이 단어는 '에어er'라는 접두어와 '짓기' 혹은 '지음'이라는 의미를 지닌 명사 '바우웅Bauung'이 합쳐진 것이다. 말 그대로 직역하자면 뭔가를 의도적으로 짓는다는 말이 되는 것이다. 그런데 특이하게도 이 말이 교회에서 사용하게 되면 '설교'의 의미로도 활용이 된다.

여기서부터 문제가 발생한다. 학문의 영역과 교회의 영역이 서로 합쳐지고 있다는 사실이다. 학문을 다루는 학교의 의미라면 개념 사용에 대한 철저성을 요구해야겠지만, 기도하는 집으로서의 교회의 의미라면 개념을 하나하나 따지기보다는 믿음의 내용과 방식을 가르치는 쪽으로 방향을 정해야 마땅할 것이다. 그래서 교회의 입장에서 보면 이 책 《죽음에 이르는 병》은 '너무 엄밀하고', 또 학문의 입장에서 보면 이것은 '너무 지나치게 교화적'이라고 판단될 수 있다는 것을 철학자는 스스로 고백하고 있는 것이다.

하지만 철학자는 '너무 교화적'이라는 말에는 동의할 수 있어도 '너무 학문적'이라는 말에는 동의하지 못하겠다고 자신의 생각을 피력한다. 이유는 간단하고 명백하다. 만약 이 책이 '너무 학문적'이어서, 그래서 '너무 엄밀하기만' 하다면 '내가 노린 점에서 보면 실패작이 되고 말 것'이라고 역설한다. 대단하다. 자신감이 넘친다. 이 책은 자신이 보기에도 성공한 작품임을 스스로 평가하고 있기 때문이다.

이유야 어찌되었든 간에, 지금 철학자가 설명하고자 하는 바는 분명해졌다. '논술'과 '교화'가 서로 합쳐져 있다. 학문적 논술과 교회적 교화가 합쳐져 있다는 얘기이다. '논술이 교화적인 성격을 띠고 있다'는 말은 키르케고르의 철학적 문체가 지닌 속성으로 간주해도 된다. 소위 '철학을 하면서 설교를 한다'고 말해도 된다. 철학을 한다면서 너무 개념적으로 일관하거나 너무 형이상학적으로 허공을 바라봐서도 안 되고, 설교를 한다면서 너무 잔소리의 형식으로 말을 쏟아내도 안 된다. 사람에게 하는 말이라고 함부로 떠들어서도 안 된다.

마지막으로 설교의 주체를 언급된다. "모든 기독교적인 것의 서술은 병상에 임한 의사의 말과 같은 것이어야 한다." 지금 이 글의 형식이 지향하는 바가 학문적인 '논술'이 되었든 교화적인 '설교'가 되었든 병든 환자 곁에서 하는 말과 같아야 한다는 것이다. 이제 키르케고르는 자신이 어떤 말을 어떻게 해 나갈지를 밝힌 것이나 다름없다. 이제부터 그는 철학자이면서 설교자가 될 것이다. 그의 철학은 병자들을 위한 것이 될 것이다. 모든 병자는 병에서 회복되어야 한다는 숙제가 주어진다. 철학자는 그 회복으로의 길을 가르쳐 줄 것이다.

4

기독교적 영웅주의

기독교는 키르케고르의 철학이 서 있는 지대석이다. 기독교의 인식은 그가 철학적으로 고민을 시작하는 토대이다. 그의 철학으로 배움을 시작하려면 우선 기독교의 인생관과 세계관부터 장착해야 한다는 얘기이다. 신은 존재한다. 이것을 사실로 인정할 수 있어야 한다. 신이 이 세상을 창조했다. 나는 신의 피조물이다. 이런 기독교적 대전제를 인정해야만 그의 말이 귀에 들려 올 것이다. 이제 두 개의 문단을 건너뛰어 네 번째 문단을 읽어 보기로 한다.

> 사실 기독교적 영웅주의란 대개 아주 드물게밖에 볼 수 없는 것이기는 하지만, 그것은 전적으로 자기 자신이 되려고

하는 것, 다시 말해서 한 사람의 특정한 단독적인 인간이 되려고 하는 것이다. 신 앞에 혼자서 서는 이 인간은 크나큰 노력을 하고, 크나큰 책임을 지면서 오로지 혼자 서 있으려고 하는 것이다. 그러나 순수한 인간이라는 말에 농락되어 기분이 좋아지든지, 세계사의 진전에 대해 경탄이나 경쟁놀음을 한다든지 하는 것은, 결코 기독교적인 영웅주의가 아니다. 기독교적인 인식은 아무리 형식적이고 엄밀하다고 해도 세심한 배려를 한 것이 아니면 안 된다. (177쪽부터)

'세심한 배려', 그것이 키르케고르가 집필에 임하며 신경을 썼던 부분이다. 기독교는 약자를 위한 종교이다. 니체의 주장으로 말하자면, 기독교는 노예들에 의해 만들어진, 즉 노예들을 위한 종교이다. "그런데 기독교는 노예를 원한다. 기독교는 고대와는 전혀 상관없는 다른 종류의 노예들을 위한 종교였다. 기독교는 의지도 약하고 이성도 약한 노예들을, 그러니까 노예들이라 불리는 위대한 집단을 위해 만들어졌다."[2] 위대한 집단을 거대한 집단이라 의역해도 무방하다. '위대한'이란 형용사와 '집단'이라는 명사의 서로 어울릴 수 없는 부자연스러운 조합을 읽어내면 되는 것이다.

기독교도 기독교 나름이다. 사람 사이의 만남에서도 기독교적인 태도로 대하는 사람들이 더러 있다. 친구를 원하는 것이 아니라 부하나 노예를 원하는 경우가 종종 있다. 소위 말 잘 듣

*2) 니체: 《아침놀》, 이동용 옮김, 세창출판사 2022, 557쪽.

는 이를 '친구'랍시고 말하며 함부로 하대下待하는 것이다. 말과 행동이 모순을 일으키는 현상이다. 때로는 부모와 자식간에도 이런 현상이 나타나기도 한다. 말하자면 말 잘 듣는 사람을 모범으로 제시하는 부모가 더러 있다는 얘기이다. 이 또한 자식에게서 노예를 바라는 것이나 다름없다.

하지만 키르케고르가 말하는 기독교는 다르다. 그 다름의 현상을 깨닫는 것이 무엇보다도 중요하다. 그는 기독교적인 태도를 무엇보다도 크게 세 가지로 구분하여 설명에 임하고 있다. 첫째는 '자기 자신이 되려' 한다는 것이고, 둘째는 '단독적인 인간이 되려' 한다는 것이며, 셋째는 '혼자 서 있으려' 한다는 것이다. 이 세 가지의 의지를 동아줄로 여기고 꼭 붙들고 있어야 한다. 아니 붙들고 있는 것에 만족하지 말고 그것을 잡고 끊임없이 오르려고 애를 써야 한다.

오르려는 노력은 목숨을 걸어야 하기도 한다. 줄을 잡았던 손을 놓으면 추락할 것 같지만, 그래도 놓아야 한다. 그 다음 단계로 넘어가려면, 그래서 더 높은 곳을 잡으려면 어쩔 수 없이 잡았던 손을 놓아야 하는 모험을 감행해야 한다. 발걸음도 마찬가지다. 내딛는 한 걸음이 옥상이나 절벽에서 떨어지는 무모한 도전이 될 수도 있기에 정신을 바짝 차려야 한다. 전진은 어떤 형식으로든 떠남과 만남의 반복 속에서 연출될 수밖에 없다. 위의 세 가지 조건을 충족하기 위해서는 그래서 '크나큰 노력'을 해야 함과 동시에 '크나큰 책임'을 져야 한다.

모든 노력에 대한 결과는 스스로 책임져야 한다. 누구를 탓해도 안 된다. 책임을 누구에게 떠넘겨서는 안 된다는 얘기이다. 그래서 노력은 어려운 것이고, 그래서 또한 노력을 종용할 때는 '세심한 배려'가 뒤따라야 하는 법니다. 할 수 없는 것을 하라고 무모하게 요구해서도 안 된다. 사람마다 능력이 다른 것처럼, 사람마다 주어져야 할 처방도 달라야 하는 법이다. 누구는 사랑해야 할 때가 있고, 누구는 사랑을 하지 말아야 할 때가 있다. 누구는 눈을 떠야 할 때가 있고, 누구는 눈을 감아야 할 때가 있다.

키르케고르는 자신의 철학을 통해 '기독교적인 영웅'이 등장해 주기를 바란다. 그가 지향하는 영웅의 자태는 천편일률적인 하나의 대답으로 형성될 수가 없다. 소위 '순수한 이성'이니 혹은 '순수한 인간'이니 하는 개념으로 사람의 마음을 속이거나 유혹하려 들지도 않는다. 또 '세계사의 진전'이라는 말로 낭만적인 이상향을 제시하려 들지도 않는다. 물론 '순수한 인간'은 칸트적 개념이고, '세계사의 진전'은 헤겔적이다. 하지만 키르케고르가 그렇게 적어 놓은 것은 아니니 함부로 단정하지는 않도록 하자. 우리는 그저 그가 하는 말의 진의를 묻는 데만 집중하도록 하자.

낭만적인 이야기에 '농락'당하지 말자. 이것이 키르케고르의 요구이다. 함부로 '경탄'하지도 말고, 함부로 '경쟁 놀음'에 빠지지도 말자. 이것이 철학자가 경계의 대상을 제시하는 부분들이다. 미로에 갇힌 생쥐처럼 길이 있다고 무작정 그 길에서 경주하는 어리석은 짓은 하지 말아야 한다. 날개도 없는 자에게 함부로 등을 떠밀며 '힘차게 날아라!' 하고 요구하지도 말아야 한다. 쓰러진 자에게 함부로 다가가 '일어서라!'고 다그치는 일도 없어야 한다. 이 모두 '세심한 배려'가 배제되어 있는 말들이고 상황을 제대로 파악하지 못한 경솔한 행동일 뿐이다.

철학자는 진정한 이미에서의 '기독교적인 영웅주의'를 원한다. 그 조건은 앞에서 이미 세 가지로 좁혀 설명해 놓았다. 그 조건들을 다시 한번 요약하면, 우선 '자기 자신'부터 챙겨야 하고, 그런 다음 '단독적인 인간'으로서의 자기 자신을 인식해 내야 하며, 그리고 마지막으로 오로지 '혼자 자신의 발로 서려' 해야 한다는 것이다. '서다' 혹은 '선다'는 말은 이미 '호모 에렉투스Homo erectus'라는 종적 개념에서부터 인간을 지칭하는 말로 사용되고 있었다. 사람이 자신의 발로 서 있는 존재인 것처럼, 사람의 삶도 그렇게 서 있는 존재의 형식으로 실현되기를 바라는 것이다.

변증법적 절망과
죽음 속의 구원

변증법도 변증법 나름이다. 헤겔이 가르쳐 준 변증법은 소위 절대정신을 지향한다. 그 정신의 현상학이 이 세상의 진보 현상을 증언해 주고 있다고 설명한다. 이는 마치 신이 존재하고, 그 신이 이 세상을 창조했다는 식의 논리와 별반 다를 바가 없다. 이것을 진리로 간주해도 좋다. 하지만 거기서 만족할 수 없다면 문제는 심각해진다. 또 다른 변증법에 대한 갈증은 그때가 되어서야 인식의 대상으로 다가선다. 타는 목마름으로 세상을 바라보는 그런 시선은 그때가 되어서야 깨달음의 대상으로 다가온다는 얘기이다.

수많은 학자들은 키르케고르와 헤겔이라는 대립 형식 속에서 철학의 길을 트고 닦았다. 그런 철학서들을 읽으면 읽을수록,

혹은 그런 각주나 미주들을 읽으면 읽을수록, 드는 생각은 키르케고르가 헤겔을 잘못 이해하고 있다는 결론에 이르게 된다. 하지만 이런 시각은 헤겔을 기준에 두고 펼친 결과일 뿐, 그 안에서 키르케고르가 무엇을 이야기하려 했는지에 대한 인식은 얻어낼 수가 없다. 가끔 그런 글을 읽고 나면 이런 질문이 형성된다. '그래서 선생은 키르케고르를 제대로 이해했느냐?'고.

키르케고르에 대한 2차 문헌들을 읽으면 답답함을 느낄 때가 많다. 이 철학자는 선구자임에도 불구하고, 그가 개척한 길을 함께 걸으려는 시도는 하지 않고, 그 이전의 선배들이 닦아 놓은 길에 머무르며 소위 자기가 선택하지 않은 길에 대해, 즉 자기가 가지 않은 길에 대해 이렇다 저렇다 훈수를 들거나 훈계를 하려 들 뿐이다. 왜냐하면 그 2차 문헌의 저자들은 한결같이 키르케고르를 변호하는 말은 한 마디도 하지 않기 때문이다. 물론 이 또한 좀 과장된 면이 없지 않다. 하지만 그런 인상이 드는 것을 부정할 수도 없다. 그들이 이 철학자를 변호하지 않은 것은 그를 변호할 가치도 없다고 판단해서일까? 모두가 욕을 해대니 양심의 가책도 없이 그런 쪽으로, 마치 마녀 사냥을 하듯이 그렇게 방향을 잡아도 된다는 얘기인가? 좀 흥분했다. 이제 마음을 가라앉히고 '글을 쓰면서' 속에 남겨놓은 마지막 구절을 읽어 보도록 하자.

물론 쓸데없는 잔소리이긴 하나 그런 지적을 각오하고 한

마디 말해 둘 것이 있다. 이 글의 제목으로 알 수 있듯이 절망이란 것은 이 책 전체를 통해 병이라고 해석되고 있지, 약으로 해석되고 있지 않다는 점을 나는 여기서 분명히 해 두고 싶다. 즉, 절망은 그만큼 변증법적으로 명증하다. 동시에 또 기독교의 말로서도 죽음이라는 것은 최대의 정신적 비참함을 뜻한다. 하지만 구원은 죽는 것 안에, 즉 서서히 죽어가는 것 안에 존재한다. (178쪽)

키르케고르의 글을 이해하는 데에 있어서 어려운 점은 기독교의 교리나 기독교의 개념을 사용하고 있기는 하지만 그 틀에 박힌 기존의 종교적 인식으로 논리를 전개시키지 않는다는 점이다. 마찬가지로 칸트나 헤겔 등 기존의 철학적 이념을 동원하기도 하지만, 그것이 키르케고르의 글 속에서는 나름대로 다른 의미로 전환을 하고 있다는 것을 인식해 줘야 한다. 분명한 것은 키르케고르가 실존철학이라는 길을 개척했다는 사실이다. 무엇을 어떻게 했다는 것인지, 그것을 그의 글 속에서 인식해 내는 일이야말로 우리가 지금 도전하고자 하는 대목이다.

'글을 쓰면서'의 마지막 문단, 특히 그 시작 부분은 니체가 미쳐가면서 남겨 놓은 말 "― 나를 이해했는가? ― 디오니소스 대 십자가에 못 박힌 자…"[3]를 떠올리게 한다. 걱정이 이만저만 아니다. 혹시나 오해를 하지 않을까 걱정이 되었나 보다. 그래서 '잔소리'를 하고 있다는 지적을 당할 위험까지 감수하고 입을

*3) 니체: 《이 사람을 보라》, 이동용 옮김, 세창출판사 3쇄/2022, 264쪽.

열고 있는 것이다. 그가 '한 마디 말해 둘 것'으로 지목한 것은 '절망'이라는 개념이다. 그는 이 개념이 책 전체를 관통하며 거의 모든 소제목들에 등장하고 있음을 예고하고 있다. 그러면서 '절망'과 '죽음'이라는 공식을 설명하고 있다.

철학자는 여기서 분명하게 밝히고 있다. '절망'도 제목에서 제시했던 '죽음'과 마찬가지로 이 책 전체를 통해 일관되게 병에 해당한다고, 또 그것은 결코 약으로서 해석될 수가 없다고. 그의 주장에 따르면 그러니까 절망도 죽음도 모두 극복의 대상이 되는 것이지, 그것이 해결책이나 열쇠가 될 수 없다고. 말하자면 절망이나 죽음이라는 개념을 사용하면서 해결책이니 열쇠니 하는 식으로 문제를 호도糊塗하지 않겠다는 얘기이다.

"절망은 그만큼 변증법적으로 명증하다." 키르케고르는 절망을 변증법적인 관점에서 바라보고 있다는 대표적인 사례가 된다. 절망은 그 자체로 머물지 않고, 그 다음을 위한 전제가 된다는 얘기이다. 말하자면 절망이 인식되어야 그 다음의 문제도 인식될 수 있는 기회가 주어진다는 말로 이해해도 된다. 그리고 키르케고르는 이 절망과 함께 죽음을 연관시킨다. 이 두 개념은 그의 논리 속에서 거의 동시적으로 작동한다고 보아도 된다. 절망은 동시에 죽음으로 이어지고, 그 죽음은 그 자체로 이미 '최대의 정신적 비참함'을 의미하는 것은 틀림없는 사실이지만, 이 또한 변증법적 차원에서 그 다음을 예고하는 개념이 될 뿐이다. 즉 죽음은 구원에의 의지로 나아간다.

즉 "구원은 죽는 것 안에, 즉 서서히 죽어가는 것 안에 존재한다"는 말이야말로 키르케고르가 자신의 철학적 여정을 통해 도달하고자 하는 목적지임을 밝히고 있는 것이다. 절망이 병이니 나아야 하는 것은 당연하고, 죽음이 정신적 비참함의 현상이니 구원을 통해 극복되어야 하는 것은 당연한 이치가 된다. 즉 전통적인 기독교적 내세관과는 사뭇 다른 이야기를 하고 있다는 사실을 깨달아야 한다. '죽음 안에 구원이 있다'는 것 자체가 이미 실존적 의미에서의 발언임을 인식해야 한다는 얘기이다.

6

죽음에 이르는 병과 죽음에 이르지 않는 병

죽음도 죽음 나름이다. 무엇을 두고 죽음이라고 말하는지 그것을 아는 것이 관건이다. 그리고 죽음을 제목의 형식 속에서 이해를 구하자면 병과 연결된다. 결국 병도 병 나름이라는 논리가 형성된다. 성경, 특히 〈요한복음〉 11장에는 나사로에 대한 이야기가 있다. 성경이 전하는 것을 말 그대로 이해하자면 그는 죽었는데 살아나는 기적을 경험하는 자이다. 키르케고르는 '서론'을 시작하는 자리에 이 성경 구절을 인용하면서 이야기를 펼친다.

"이 병은 죽을 병이 아니다."(〈요한복음〉 11장 4절) 그런데도 나사로는 죽었다. 그 뒤 제자들이 그리스도께서 덧붙인 "우리

> 친구 나사로는 잠들었다. 내가 가서 깨우겠다"고 한 말씀을 오해하였을 때, 그리스도는 제자들에게 솔직하게 말했다. "나사로는 죽었다."(〈요한복음〉 11장 14절) 물론 나사로는 죽었다. 그러나 이 병은 죽음에 이르지 않았다. (181쪽)

키르케고르는 '서문'의 시작 지점에 이 책 전체를 관통하면서 다뤄야 할 문제를 제시해 주고 있다. 죽음이냐, 죽음이 아니냐? 죽었는가, 죽지 않았는가? 예수 그리스도가 말하고 보여 준 행위는 과연 어떻게 이해되어야 하는가? 그리고 우리는 지금부터 철학자가 이 구절을 통해 어떻게 기독교가 이미 교리로 정해 놓은 기존의 해답으로 귀환하지 않고 실존철학이라는 새로운 길을 개척하며 그 길로 나아가게 되는지, 이런 것을 관찰해야 한다.

문제는 모두 예수 그리스도의 말 속에 담겨 있다. 그가 선포했다. 나사로가 '죽었다'고. 그러면서도 그가 '잠들었다'고. 그래서 그리스도는 그를 '깨우겠다'고 말한다. 나사로를 죽음에 이르게 한 것은 '죽을 병'이 아니라, 기껏해야 잠들게 하는 병에 불과하다는 논리를, 즉 우리 모두가 쉽게 '오해'의 늪에 빠지게 되는 대목을 철학자는 깨달은 것이다. 죽음과 수면의 관계 속에서 인식의 소리를 들은 것이다.

죽었던 나사로를 살린 것은 예수 그리스도이다. 그 기적의 행위 속에서 신앙의 위력을 발견한 것이 철학자 키르케고르이다.

우리 모두는 죽지 않을 병인데도 불구하고 그 병에 걸려 죽게 되었다고 아우성치는 실수를 저지르고 있다. 이것이 문제의 핵심이다. 지금 철학자는 병 자체를 부정하고 있지는 않다. 병은 존재한다. 싯다르타가 깨달았을 때 얻은 지식이 '생로병사'였듯이, 사람의 삶은 오로지 이 네 가지의 형식에서 벗어날 수가 없다. 어떤 삶이 되었든 간에 이 형식 속에서 내용을 채워나갈 뿐이다.

"물론 나사로는 죽었다. 그러나 이 병은 죽음에 이르지 않았다." 우리는 철학자가 남겨 놓은 이 말에서 그의 음성을 들을 수 있어야 하고, 또 이 말이 우리의 내면으로 들어오게 될 경우 그것이 우리의 내면에서 어떤 작용을 하고 있는지 스스로 관찰해야 한다. 이 구절 속에 철학자가 자신의 철학을 통해 전하고자 하는 철학적 메시지가 담겨 있기 때문이다. 싯다르타가 생로병사의 과정 중 무엇보다도 마지막 관문, 즉 죽음을 통해 깨달음에 이를 수 있었던 것처럼, 우리도 죽음을 통해 구원에 이를 수 있는 것이다. 다만 그것이 죽음 이후에, 즉 죽어서 오는 것이 아니라 살아서도 도래하게 할 수 있다는 것이 관건이다.

이제 또 건너 뛰어 '서문'의 마지막 부분을 읽어 보자.

> 기독교 교인은 기독교 교인인 한, 자연 그대로의 인간들이 모르는 용기를 가지고 있으며, 이 용기를 그들은 보다 더 무서운 것이 있다는 것을 배움으로써 터득한 것인데, 이런

식에 의해서만 인간은 언제나 용기를 얻는다. 인간이란 보다 큰 위험을 두려워하고 있을 때 언제든지 보다 작은 위험 속으로 뛰어 들어갈 용기를 가지는 법이다. 하나의 위험을 무한히 두려워할 때는 그밖의 다른 위험은 전혀 존재하지 않는 것과도 같다. 그러나 기독교 교인이 배워서 터득한 무서워해야 할 것이란, 바로 '죽음에 이르는 병'이다. (183쪽)

'죽음에 이르는 병'을 배워야 한다. 그것이 이 책 전체의 메시지이다. 배우고 터득하여 장인이 되어야 한다. 병을 다루는 대가가 되어야 한다. 그런데 그것을 배우기 위한 전제 조건이 '두려워해야 한다'는 것이다. 제대로 두려워할 줄 알아야 신이 한 말, 즉 '두려워하지 말라'는 말도 제대로 들을 수 있게 되는 것이다. 한계를 알아야 한계를 넘어서게 하는 단 한 발자국이 지닌 위대한 의미도 깨닫게 되는 것이다.

용기가 미덕이라는 사실도 누구나 다 안다. 하지만 그 용기가 제대로 의미를 갖추려면 위험한 상황에 대한 인식이 전제되어야 한다. 위험하다는 인식도 없이 부리는 용기는 용기라 불리지 않고 만용이라 불릴 뿐이다. 이별의 아픔을 알아야 만남의 기쁨을 제대로 만끽할 수 있게 된다. 지옥이니 연옥이니 하는 세상의 이야기들을 모두 접한 후가 되어서야 마침내 천국이 전하는 빛의 연출을 눈앞에 펼쳐 놓을 수 있게 되는 것이다.

철학자가 기독교인의 조건으로 '용기'를 꼽은 것에서 우리는 수많은 고민을 거듭해야 한다. 용기도 없으면서 무턱대고 믿음이 있노라고 말하는 미신적인 인간은 아닌지 스스로 검증부터 해 봐야 한다. 철학자는 특히 기독교인이 가진 용기는 '자연 그대로의 인간들이 모르는' 것이라고 단언하고 있다. 그런 말에서 기독교인으로서 자긍심을 갖기 이전에 그 모름의 증상이라는 거울 앞에 자기 자신을 세워 놓을 줄도 알아야 한다.

진정한 미덕으로서의 용기는 오로지 '보다 더 무서운 것이 있다는 것을 배움으로써 터득'된다. 한계에 직면한 정신은 눈에 박힌 가시 때문에 눈물로 세월을 보낼 수밖에 없을 것이다. 아무리 눈을 감아도 그 찔린 고통은 피할 길이 없고, 흘러내리는 눈물을 자를 수 없다. 하지만 한계를 넘고 나면 흘린 그 눈물로 인해 사물이 더욱 선명하게 보인다는 것을 깨닫게 된다. 쓰러진 자가 일어설 수 있다. 실패를 거듭한 자가 마침내 성공할 수 있다. 길을 끝까지 걸어간 자가 결국 목적지에 도달할 수 있다. 그것을 우리는 깨달음이라 말할 뿐이다.

II.

절망의 보편성에 대한 변호

죽음에 이르는 병은 절망이다

이제 본론을 읽을 차례다. 철학자는 제1편의 제목으로 '죽음에 이르는 병이란 절망을 말하는 것이다'라고, 그러고 나서 제1장의 제목을 '절망이란 죽음에 이르는 병이다'라고 정했다. 원문을 직역의 형식으로 옮기면, '죽음에 이르는 병은 절망이다'가 제1편의 제목이 되고, '절망은 죽음에 이르는 병이라고 하는 것'이 제1장의 제목이다.[4] 제1편의 제목은 단정문, 즉 정의의 형식으로 형성된 문장이고, 제1장의 제목은 부문장의 형식으로 형성되어 있기 때문에 주문장을 고민하게 하는 형식으로 옮겼어야 했어야 한다는 아쉬움이 남는 지점이다.

어쨌든 간에 지금 중요한 것은 '죽음에 이르는 병'과 '절망'의 관계, 즉 절망과 죽음의 관계부터 설정해 놓는 일이 관건이다.

*4) 독일어로 제1편의 제목은 'Die Krankheit zum Tode ist Verzweiflung'이고, 제1장의 제목은 'Dass die Verzweiflung die Krankheit zum Tode'이다.

절망은 병이다. 모든 절망은 병이지만, 모든 병이 절망인 것은 아니다. 그래서 병으로서 절망은 무엇인지 그것을 이해해야 한다. 모든 병은 회복되어야 마땅하다. 회복되지 않는다면, 회복될 수 없다면, 그것은 병이라 말하지 않고 소위 '죽을 병' 혹은 '치명적인 병'이라 불리게 된다. 병이라는 개념 앞에 수식어가 더 붙게 된다는 얘기이다. 그래서 병도 병 나름이라는 말이 형성될 수 있는 것이다.

거듭 말하지만, 절망이 병이라면, 그 병은 당연히 치유의 대상이 되어야 한다. 키르케고르는 지금 나을 수 있는 질병으로서 절망을 관찰하고자 하는 것이다. 절망은 내면의 문제이다. 내면의 문제는 오롯이 자기 자신의 문제이다. 소위 마음은 먹어야 하는 것이데, 그 마음을 누가 대신해서 먹어 줄 수 없다는 것도 깨달아 줘야 한다. '마음씨가 고와야 한다'는 말도 있다. 마음이 씨가 되어 성장하게 된다는 말이다. 어떤 마음을 먹느냐에 따라 성장한 결과는 전혀 다른 것이 될 것이라는 예상은 당연히 할 수 있어야 한다.

두 개의 제목이 제시된 다음, 키르케고르는 다시 A절의 내용을 요약하는 의미로 다양한 단어들을 제시해 놓았다. 이런 방식의 글쓰기는 사실 과거 선배들, 특히 칸트나 헤겔이 책을 집필할 때 사용했던 방식을 떠올리게 한다. 제목 속에 모든 내용이 깔끔하게 요약된 느낌이다. 말하자면 제목만 읽을 줄 알아도 거기에 담긴 내용이 무엇인지 대충 감을 잡을 수 있다는 얘기이다.

> 절망은 정신에 있어서의 병, 자기 자신에게 있는 병으로서, 거기에는 세 가지 경우가 있다. 절망해서 자신이 자신의 소유자임을 자각하지 못하고 있는 경우(즉, 비본래적인 절망). 절망해서 자기 자신이고자 바라지 않는 경우. 절망해서 자기 자신이고자 바라는 경우. (185쪽)

키르케고르를 절망의 철학자라고 말하면 어떨까 싶다. 하나의 제목을 형성하고 있는 단어들만 읽어도 철학자가 절망에 대해 수많은 고민을, 또 다양한 각도로 고민을 했다는 것을 예감하게 해 준다. 누가 과연 이토록 절망에 대해 깊고도 심각하게 생각을 거듭했을까? 감탄하고 감동하는 것에 머무르지 말고 그가 들려주는 소리에 귀를 열고 다가서 보자. 그가 하는 말이 의미를 갖추고 들리는지도 스스로 검증도 해 보자.

'절망은 정신에 있어서의 병'이라 했다. 소위 절망은 정신병 중의 하나라는 얘기이다. 제일 먼저 다뤄야 할 부분이 곧 정신이 병들 수 있다는 상황이다. 정신이 사람의 본질을 형성해 주지만 그것이 말썽을 부릴 수 있다는 것을 깨달아야 한다. 정신이란 무엇인가? 이것에 대한 대답을 만들고자 하는 것이 '죽음에 이르는 병'을 공부하는 의도가 된다. 이 공부에서 얻어야 하는 것이 곧 병이 들 수 있는 정신에 대한 이해인 것이다.

'절망이 정신에 있어서의 병'이란 말을 부연 설명하자면, 그것이 곧 '자기 자신에게 있는 병'이라는 말이다. 정신은 자기 자신의 것이기 때문에 이런 말이 형성될 수 있는 것이다. 우리말에 '정신을 차리다!', '정신 줄을 놓다!', '정신이 없다!', '정신 없이 산다!' 이런 말들이 있다. 일상 속에서 주고받는 이런 말들을 모아 보면, 우리가 정신에 대해 어떤 생각을 하고 있는지가 관찰된다. '정신이 없다'는 말은 정신이 있어야 한다는 것을 전제로 한 말이다. 있어야 할 정신이 없으니 문제가 발생하게 되는 것이다.

그리고 정신이 병든 하나의 상태로서 철학자는 지금 '절망'을 주목한다. 절망은 정신 속에 똬리를 틀고 있다. 정신의 본질을 절망이 채우고 있는 현상이다. 정신이 맑지 못하고 정신이 흐린 상태이다. 이 모든 것이 절망 때문이다. 그것을 수술대 위에 올려놓고 제거하려는 의도로 칼을 대려 할 때, 그 공격의 대상부터 제대로 인식하고 있어야 한다. 그것을 철학자는 세 가지로 정리해 준다.

첫째는 '절망해서 자신이 자신의 소유자임을 자각하지 못하고 있는 경우'라고 말하고 있고, 이것을 철학자는 '비본래적인 절망'이라고 정의하고 있다. 사람은 누구나 자신이 자신의 소유자임을 자각하는 존재이다. 그런데 자신이 자신의 주인 역할을 하지 못한다. 그래서 철학자는 이 문제 상황을 '비본래적인 절망'이라고 말하고 있는 것이다. 자기가 누군지도 모른다는 말은, 자기가 절망에 빠져 있다는 사실조차 깨닫지 못하고 있는 상황이기 때문이다.

둘째는 '절망해서 자기 자신이고자 바라지 않는 경우'를 말한다. 소위 자기 자신이 싫다. 자기 자신을 버리고 싶다. 꼴도 보기 싫다. 차마 눈을 뜨고 볼 수가 없다. 거울 앞에서 자신의 얼굴을 두 손으로 가리고 오열하는 순간을 떠올리면 쉽게 이해할 수 있을 것이다. 자기 자신이 자기 자신을 가둬 놓는 감옥처럼 느껴질 때가 있다. 그때는 자기 자신으로부터 해방을 꿈꿀 수밖에 없다. 지극히 위험한 상황이다.

셋째는 '절망해서 자기 자신이고자 바라는 경우'이다. 자기 자신이고자 바라는 상황 자체는 긍정적이다. 그런데 그 행위가 절망에 뿌리를 두고 있는 것이라면 문제가 복잡해지고 만다. 소위 경기에서 졌는데, 그 패배한 자기 자신을 그 상황 그 사태에서 그대로 원한다는 것은 분명 부정적인 행위에 속한다. 졌다면 후회도 할 줄 알아야 하고 눈물을 흘리며 오열도 할 수 있어야 한다. 그런 고통 속에서 새로운 희망이 떠오를 수 있기 때문이다. 자기합리화나 자기변명으로 상황을 모면하는 모든 행위는 부정되어야 마땅하다.

2

종합을 이루게 하는 정신의 역할

인간인가, 인간이 아닌가? 참으로 오래된 질문이다. 이 질문은 종적 개념으로 확장된 것일 뿐, 그것을 개인의 문제로 좁혀 놓게 되면, '내가 나인가, 내가 아닌가?' 이런 질문을 내놓을 수도 있다. 고대 아폴론 신전에 적혀 있었다는 정언명령, 즉 '그노티 세아우톤Gnothi seauton'은 대개 '너 자신을 알라'로 번역된다. 이 명령은 다시 '내가 나 자신을 알고 있는가?' 하는 질문을 낳게 한다. 소위 '하라!'라는 명령이 떨어지면 '하고 있지 않은 일'에 대한 인식부터 가져야 하는 것이 관건이라는 얘기이다.

다시 키르케고르가 걸어간 길을 되돌아 봐야 할 때가 되었다. 처음을 잘 이해해야 하겠기에 자꾸 뒤를 돌아보고자 하는 것이다. 시작에 세워놓은 개념은 '죽음'이었다. 그 '죽음에 이르는 병'으로서 철학자는 '절망'이라는 개념을 탑의 형상으로 우뚝 세워놓았다. 그 절망을 살펴보니 그 지대석에는 '정신'이라는 문제가 발견되었고, 그 정신에서 '자기 자신'이라는 내면의 영역이 문제로 인식되었다. 결국 정신은 인간의 문제임을 깨닫고, 철학자는 본론을 시작하는 말로 다음과 같이 운을 뗀다.

> 인간은 정신이다. 그러나 정신이란 무엇인가? 정신이란 자기다. 그러나 자기란 무엇인가? 자기란 자기 자신과 어떤 관계에 있는 것이다. 혹은 그런 관계에 있어서의 그 관계가 또 그 자신에게 관계한다는 것을 말한다. 자기란 관계 그 자체가 아니고, 관계가 그 자신에게 관계 '하는 것'을 말한다. 인간은 유한성과 무한성의 종합이요, 순간적인 것과 영원한 것의 종합이요, 자유와 필연의 종합이다. 종합이라는 것은 둘 사이의 관계를 뜻한다. 이렇게 생각한다면 인간은 아직 자기가 아니다.(185쪽)

사물을 바라볼 때 우리는 흔히 내용과 형식을 운운한다. 예를 들면 음식과 그 음식을 담아놓은 그릇을 설명하려는 것이다. "인간은 정신이다." 이 말은 내용을 언급한 것이 아니라 형식을 정해 주는 말이다. '인간'은 종적 개념이고, 이 개념에는 '정신'이라는 것이 필연적으로 주어져 있음을 말해 주고 있는 것이다.

인간을 알려면 정신을 알아야 하고, 정신을 알고 나면 인간은 저절로 이해되는 것이다. 결국 정신이 문제이다. 이쯤 되면 다음의 질문이 의미를 갖추고 읽혀지게 될 것이다. "그러나 정신이란 무엇인가?"

"그러나 정신이란 무엇인가?" 실존철학의 선구자 키르케고르가 던져 준 질문이라서 더욱 소중하게 여겨진다. 중세 천 년 동안 수많은 천재들은 '정신'이라 말하면서 오로지 하나님의 정신세계를 운운하기에 바빴다. 하나님의 뜻을 형식으로 정해 놓고, 거기서 하나님의 말씀을 내용으로 들으려고 애를 썼던 것이다. 그 하나님의 말씀이 음절로 구별되어 들리지 않으면 자기 자신을 탓했다. 들을 귀가 없는 자기 자신을 원망했던 것이다.

이제 우리는 신학에서 했던 일을 실존철학으로 옮겨 놓아야 한다. 신학을 떠나 인문학으로 자리를 옮겨야 한다는 얘기이다. 그러려면 무엇보다도 '정신'이라 말하면서 '신'이 아닌 '인간'을 떠올리는 훈련부터 해야 한다. 또 '인간'이라 말하면서 '자기 자신'을 생각해 내는 기술을 익혀야 한다. 신을 입에 담으면서 안심하고 편안하게 느꼈던 것처럼 인간이니 자기 자신이니 하는 말을 하면서도 같은 느낌이 들 수 있도록 해 놓아야 한다.

"그러나 자기란 무엇인가?" 두 번째 질문이다. 이것은 첫 번째 질문이었던 "그러나 정신이란 무엇인가?"와 쌍벽을 이루며 하나의 범주를 이루게 해 준다. '정신'과 '자기'는 같은 사물에 대한 다른 개념이 되는 것이다. 우리말에도 자신自身은 현상적 의미가 강하고, 자기自己는 본질적 의미가 강하다. 자신은 몸을 생각하게 하고, 자기는 내면을 떠올리게 한다. 인간은 바로 이 두 가지 영역에서 동시에 삶을 살아야 한다는, 즉 두 가지 삶을 동시에 살아야 한다는 지극히 어려운 숙제를 떠안아야 한다.

"인간은 정신이다"라고 말하면서 '정신'을 부각시켰고, 그리고 "정신이란 자기다"라고 말하면서 '자기'로 넘어갈 수 있게 해 놓았다. 참으로 치밀하게 계산된 문장들이 깔끔하게 배치되어 있는 느낌이다. 그런 다음, 철학자는 "자기란 자기 자신과 어떤 관계에 있는 것이다"라고 말하면서 '관계'를 수면 위로 떠올린다. 관계는 결국 '종합'의 형식으로 확장될 수 있지만, 그 종합 자체만으로는 아직 인간에 대한 이해가 완성되지는 않는다. 인간을 이해하려면 더 많은 여백에 대한 인식이 요구된다는 뜻이기도 하다. 하지만 자기가 자신과의 관계에 대한 어떤 것이란 것을 아는 것만으로도 상당 부분 이해한 것으로 간주해도 된다.

우리말에도 각 개별적인 존재를 일컬으며 '자기 자신'이라고 말한다. '자기' 하나만으로 정신을 기반으로 한 인간을 설명하기엔 부족함이 있고, 또 '자신'만으로도 형식 속에 내용이 채워지지 않은 듯한 부실함이나 공허함이 느껴지기 때문이다. 때로는 '자신감自信感'마저 홀대할 때가 많다. 신神을 믿는 것을 '신앙信仰'이라 거리낌 없이 말하면서도, 자기 자신을 믿는 것은 이기주의니 나르시시즘이니 하며 폄하하고 업신여길 때가 많다. 이제부터 우리가 키르케고르가 남겨 놓은 말을 통해 얻어내야 할 것은 '자신감'이라 말하면서도 부끄러움이나 수치심보다는 자기 자신에게서 신성의 의미를 되찾는 것이다.

3

가능성의 기회로서 절망에 대한 변증법적 이해

헤겔은 변증법을 통해 역사의 발전을 설명했다. 발전하고 발전하여 이상적인 정신의 실현과 함께 이뤄지는 자아실현을 이야기했다. 그는 《법철학》 '서문'에서 "이성적인 것은 현실적이고, / 현실적인 것은 이성적이다"[5)]라고 말하면서 현실을 이성의 실현으로, 혹은 이성의 극대화를 현실 그 자체로 설명하는 데 주력했다. 헤겔이 정반합을 통해 지향한 것은 바로 이런 낭만적인 이념의 실현으로 나아갔던 것이다. 이제 키르케고르의 말에 집중해 보자. 방법은 같지만 하는 말의 내용은 다르다. 그 차이를 이해해야 한다. 그릇이라는 형식은 같은데, 그 안에 담기는 음식이라는 내용이 다르다. 그것을 인식해야 한다는 얘기이다.

*5) 재인용, 이동용: 《쇼펜하우어, 돌이 별이 되는 철학》, 동녘 2쇄/2015, 157쪽.

> 절망은 장점일까? 그렇지 않으면 단점일까? 변증법적으로 말해서 확실히 절망은 그 어느 쪽도 다 갖고 있다. 절망하고 있는 인간을 생각하지 않고, 어디까지나 추상적인 사상으로서의 절망을 생각한다면, 절망에는 큰 장점이 있다고 말하지 않을 수 없을 것이다. 이 병에 걸릴 수 있다는 가능성이 인간이 동물보다 뛰어나다는 증거이다. 그리고 이 장점은 똑바로 서서 걷는 것과는 전혀 다른 의미에서 인간을 우월한 것으로 만들어 준다. 왜냐하면 이 장점은, 인간은 정신이라고 하는 무한히 고귀하고 숭고한 정신의 소유자임을 보여주기 때문이다. 이 병에 걸릴 수 있다는 것은 인간이 동물보다 뛰어나다는 증거이다. 이 병에 주의하고 있다는 것이 자연 그대로의 인간보다 뛰어나다는 기독교 교인들의 장점이다. 이 병에서 치유되었다는 것이 기독교 교인의 더없는 행복인 것이다. (187쪽)

철학을 한다는 것은 철학적인 말을 자신의 말로 응용한다는 것을 의미하고, 철학을 공부한다는 것은 철학적인 말을 자신의 말로 전환할 수 있도록 훈련을 거듭한다는 것을 의미하며, 키르케고르의 철학을 공부한다는 것은 그의 말이 자신의 말이 될 때까지 노력을 기울인다는 뜻이기도 하다. 이제 우리는 B절의 첫 문단을 채우고 있는 모든 것은 '기독교인의 행복'이란 말로 귀결된다는 말로 훈련에 돌입해야 한다. 기독교인은 행복을 바라고, 그 행복은 오로지 절망이라는 관문을 통해야만 주어진다는 것이 철학자가 하는 말임을 깨달아야 한다.

철학자는 절망을 변증법적 의미로 해석하고 있다. 변증법적 의미란 정반합正反合의 과정 속에서 정正이 될 수도 있고 반反이 될 수도 있으며 또 합合이 될 수도 있음을 의미하는 것이다. 하지만 그 합 또한 영원히 합으로 머물지 않고 또 다시 반의 원인이 되는 정의 역할을 수행해야 한다. 그래서 절망은 장점과 동시에 단점이 되기도 하는 것이다. 절망을 통해 행복할 수 있다면 장점이 되는 것이고, 절망을 통해 어둠을 인식하는 쪽에서는 단점이 될 수밖에 없다.

절망은 기회이다. 모든 것이 오물이 되어 하수구 구멍으로 빠져 나가는 듯한 기분이 들어도, 그것이 오히려 바다로 향하는 반전의 기회가 될 수도 있는 것이다. 모든 것을 상실하는 기분이 들 때 쓸데없는 모든 것을 내놓고 새롭게 모든 것을 아름답게 받아들일 수 있는 공간을 창출할 수도 있는 것이다. 모든 것이 나를 버린다 할지라도 거기서 모든 것을 다시 얻어내는 것은 변증법적 의미를 제대로 적용할 수 있는 능력이 갖춰졌을 때만 가능한 것이다. 여기서 말하는 능력은 자기 자신의 문제이지 운명의 문제가 아님을 깨달아 줘야 한다.

인간은 가능성의 존재이다. 가능성은 나쁠 수도 있고 좋을 수도 있다. 가능성은 병이 될 수도 있고 건강회복이 될 수도 있다. 가능성은 모든 것에 열려 있음을 뜻한다. “이 병에 걸릴 수 있다는 가능성이 인간이 동물보다 뛰어나다는 증거이다." 동물은 한결같지만 인간은 그럴 수 없다. 하지만 한결같을 수 없는 인간이 동물보다 더 낫다. 왜냐하면 인간은 끊임없는 회복을 맛볼 수 있기 때문이다. 인간은 구원을 통한 '더없는 행복'을 알고 있고, 또 그것을 자신의 삶으로 끌어들일 수도 있다. 그 행복은 동물은 절대로 맛볼 수가 없다.

인간은 이성적 존재이고, 이성은 생각의 능력을 부여하는 원천이 되며, 생각은 뭐든지 생각할 수 있는 가능성의 세계를 열어 주고, 그 가능성의 세계에서 천국에까지 들어갈 수 있다는 것이 존재론적 의미에서 기독교인에게 주어진 장점이다. 소위 '파스칼의 내기'[6]에서 말하고 있는 것처럼, 천국은 믿는 자에게는 실존의 형식으로 주어지는 것이다. 믿는 자에게는 천국의 기회가 주어지지만, 믿지 않는 자에게는 천국의 가능성 자체가 제거되는 것이다. 믿지 않는 자는 그러니까, 천국으로 향하는 문을 스스로 닫아버리는 실수를 범하게 되는 것이다. 믿지 않는 자에게 천국은 절대로 주어지지 않는다는 것은 진리의 소리가 틀림없다.

믿음이 탄생하는 여건도 이해해야 한다. 우리는 언제 믿음을 활용하게 되는 것일까? 그것은 현실적으로 불가능하다고 판단될 때에만 믿음이라는 행위를 동원하게 된다. 안 되니까 되게 해 달라, 혹은 적어도 될 수 있게 해 달라고 신적인 존재에게 매달리게 되는 것이다. 그것이 신앙을 불러일으킨다. 믿을 수 있

*6) https://de.wikipedia.org/wiki/Pascalsche_Wette; '파스칼의 내기'란 파스칼이 신을 믿는 신앙에 대한 해석을 두고 한 말이다. 즉 파스칼은 신을 믿는다는 것은 그 믿음을 통해 얻을 수 있다고 예상되는 것을 언제든지 획득할 수 있다는 확신, 즉 늘 성공할 수밖에 없는 행복한 내기라고 설명한다. 여기에는 믿지 않는 자들이 자신의 불신앙으로 얻을 수 있는 것보다 믿는 자들이 자신의 신앙으로 얻을 수 있는 것이 늘 더 크고 더 많다는 긍정적 인식이 저변에 깔려 있는 것이다. 이것은 또한 신의 존재에 대해 답을 제공하려는 존재론적 해석이 아니라 신의 존재를 믿는 것에 대한 해석, 즉 신앙이라는 행위를 통해 얻어질 수 있는 결과에 대한 해석일 뿐임을 깨달아 줘야 한다.

는 그 믿음이 제공하는 가능성의 공간은 무궁무진하다. 우리 속담에 '하늘이 무너져도 솟아날 구멍이 있다'는 말이 있다. 그 구멍을 통해 열리는 공간은 우주를 모두 담아낼 수 있을 정도로 거대하다. 이 또한 믿음의 논리가 적용된 말이다. 이것을 키르케고르의 말로 옮기자면, 우리 자신이야말로 믿을 수 있어서 스스로 '우월한 것으로 만들어 준다'는 것이다.

보편성의 의미로서의 병, 그리고 정신 병으로서 절망

싯다르타가 깨달은 것은 '생로병사'라 했다. 그는 그것을 알기 위해 출가를 선택했고, 깨달은 후에도 그것에 대한 해답을 얻었을 뿐이다. 소위 '태어나고 늙어가다 병들어 죽는다'는 것이 깨달음의 소리라는 얘기이다. 이를 두고 깨달음의 경지라고 말하는 것의 의미를 아는 것, 즉 깨달음이 누구나 태어나서 늙어가다가 병들어 죽는다는 이 당연한 소리와 연결된다는 것을 아는 것 또한 또 다른 깨달음의 소리가 된다. 이것이야말로 진정한 실존철학적 인식이라 말할 수 있다.

하지만 싯다르타의 가르침을 받아들여 체계화된 종교로서 불교의 핵심 이념은 생로병사의 허무한 과정 속에 머무는 자기 자신이 쓸모없다는 인식에서 출발하여 어떤 것에도 구속되지 않는 영원한 해탈로 나아가는 것에 궁극적 목적을 두는 데 반해, 실존철학은 그런 인식에서 출발한다는 점은 불교의 이념과 같다고 말할 수 있지만, 그런 인식을 떠안으려 한다는 점, 즉 그런 인식에서 더욱 삶을 떠안으려 애를 쓴다는 것이 가장 큰 차이점이다. 삶을 인정하는 데도 기술이 필요하다. 그 기술을 가르치려 하는 것이 실존철학의 본질을 형성한다.

'생로병사'는 일상을 채우는 내용이라는 것은 사실이다. 누구나 태어났고 세월을 거듭하며 늙어가게 되고, 또 이런저런 병에 시달리다가 결국에는 죽음 앞에 서게 된다. 이 과정은 누구나 겪게 되는 인생이라 불리는 삶의 여정이다. 다만 삶은 시간이라는 공식 속에서 지나가고 있기에 두 번 반복하거나 갔던 곳을 다시 찾아가는 그런 기회는 주어지지 않는다. 지나가면 그것으로 끝이다. 그저 생각하는 존재로서 기억의 능력으로, 즉 추억거리로 삼아 기억할 수 있을 뿐이다.

실존철학은 사람의 삶을, 인간의 인생을, 존재자의 존재를 다루는 학문이라고 했다. 그래서 더욱 큰 개념으로 확장시킨다면 생철학이 되는 것이고, 이것을 더욱 확장시킨 개념이 인문학이 되는 것이다. 인문학이 되었든, 생철학이 되었든, 실존철학이 되었든, 이 모든 학문들은 각자 나름대로 생명의 신비로움을 연구하고자 한다. 사람에게 삶은 당연한 듯하면서도 당연하지 않다. 누구는 건강하고 누구는 병들어 있다. 누구는 웃고 있고, 누구는 울고 있다. 누구나 조금씩 다르지만, 누구나 삶을 살아가고 있을 뿐이다.

> 의사 입장에서 보면, 완전히 건강한 인간은 한 사람도 없다고 할 것이다. 마찬가지로 인간을 진실로 알고 있는 사람이라면, 조금도 절망하지 않고 있는 사람이란, 다시 말해 마음 깊은 곳에 동요라든지 압력, 부조화, 불안 따위를 갖고 있지 않는 사람이란 한 사람도 없다고 할 것임에 틀림없다. 그것은 아직 알지 못하는 어떤 것에 대한 불안, 모든 인간이 감히 알고자 하지도 않는 어떤 것에 대한 불안이며, 인간 세상의 어떤 가능성에 대한 불안 또는 자기 자신에 대한 불안 등이다. 따라서 인간은 몸에 병을 지닌 채 어슬렁거리고 있다고 의사가 말하듯이, 인간은 하나의 병, 즉 정신의 병을 갖고 있는 것이다. 그런데 이 병이 때때로 어떤 순간에 전광처럼, 자기 자신도 모르는 불안으로 말미암아, 또 그런 불안을 동반하고서, 그 병이 내부에 있음을 알게 해 주는 것이다. […] 그래서 인간은 참된 기독교 교인이 되어 있지 않는 한 결국 어떤 의미에서든 절망하고 있는 것이다. (196쪽)

좀 긴 듯하며 건너뛰며 인용했다. 말을 길게 늘여 놓았지만, 하고자 하는 말은 간결하고 분명하다. 사람이라면 누구나 어느 정도 병에 시달리고 있고, 특히 '정신 병'에 걸려 어슬렁거리고 있지만, 참된 기독교 교인이라면 절망을 겪더라도 절망을 극복하고 절망하지 않고 살 수 있다'는 것이다. 키르케고르는 늙어 가다 병들어 결국에는 죽음으로 끝나는 이 처참한 일상을 위한 하나의 궁극적인 해결책으로서 기독교적인 신앙생활을 제시한다. 특히 이런 의미를 주목하며 그의 책을 읽게 되면 다분히 설교적인 어감을 발견하게 될 것이다.

인용문을 다시 처음부터 차근차근 읽어 보자. 철학자는 '의사'라는 단어로 운을 뗀다. 의학은 근대 이후 중세의 신학과 견줄 만한 학문으로 성장했다. 하지만 여전히 걸음마 단계에 있다. 알아야 할 것이 신의 뜻과 마찬가지로 무궁무진하다. 현대 의학조차 여전히 풀지 못한 생명의 수수께끼가 많다. 철학자 키르케고르는 의사라는 개념으로 운을 떼면서 가끔 '어떤 순간에 전광처럼, 자기 자신도 모르는 불안으로 말미암아, 또 그런 불안을 동반하고서' 인식되는 병을 이야기한다. 소위 내면의 병이고, 이를 두고 철학자는 '정신의 병'이라 일컫는다.

'정신의 병', 이 말이야말로 선구자적인 발언이다. 사실 영혼이 잘못됐다는 소리는 고대부터 존재했었다. 그런 영혼을 고치겠다고 집도執刀에 임한 종교인들도 많았다. 제대로 된 과학적 근거도 없이, 믿음을 근거로 하여 사람을 다뤘다. 하지만 이제야 비로소 철학자에 의해 '정신의 병'이 언급되기 시작했고, 사람의 내면을 살피는 의사의 역할을 주목하게 됐다. '정신의 병'도 낯선 개념이지만, 정신을 다루는 의사, 즉 정신과精神科 의사라는 개념은 존재하지도 않았던 시절을 생각하면 키르케고르는 이런 분야를 이끈 선구자임에 틀림없다.

같은 맥락에서 니체도 엇비슷한 질문을 형성한 바 있다. 그는 특히 《아침놀》에서 "영혼을 치료하는 새로운 의사들은 어디에 있는가?"[7] 하고 묻기도 했던 것이다. 그는 또 "사람들이 앓고 있는 가장 큰 병은 바로 자신의 병들과 싸우면서 생겨난다"[8] 는 명언도 남겼다. 그는 자기 자신과 싸우기를 종용했다. 그는 용을 잡으려면 스스로 용이 되어야 한다는 논리를 고수했다. 신을 죽이려면 스스로 신이 되어야 한다고 외쳐 댔다. 즉 그가 말한 '영혼을 치료하는 새로운 의사'는 자기 자신과 싸우려 할 때 마침내 도래하게 된다는 결론에 이르게 된다.

물론 이런 니체의 철학은 32년 이후에 잠언의 형식으로 형성되는 이야기들이다. 지금은 그런 이야기의 씨앗이 될 만한 철학, 즉 키르케고르의 이야기에 집중해야 한다. 지금 키르케고르는 '죽음에 이르는 병'을 가르치고 있다. 이 말과 함께 '절망'을 설명하고 있다. 죽음이 병이고, 병이 절망이다. 결국 그 절망이 죽음으로 이끄는 동력이 된다는 얘기인 것이다. 그런데 '절망하지 않고 있는 사람'은 단 한 명도 존재하지 않는다는 것이 문제의 핵심이다.

사람은 사람이라서 절망을 할 수밖에 없고, 또 사람은 사람이라서 절망이라는 문제를 스스로 해결해야만 한다. 사람이 절망하고 있다는 것을 알게 해 주는 것은 다양한 불안 때문이다. 불안이 어느 순간 '전광처럼' 내면의 병, 정신의 병을 인식하게

*7) 니체: 《아침놀》, 이동용 옮김, 위의 책, 97쪽.

*8) 같은 곳.

해 준다. 이런 불안의 의미와 가치를 인식한 키르케고르는 이미 1844년에, 즉 니체가 태어나던 바로 그 해에 《불안의 개념》이란 책을 세상에 내 놓았다. 사람이 불안을 느낄 능력이 없었더라면 정신의 병을 깨닫지도 못했을 터이고, 그랬더라면 중세의 암흑은 아직도 지속되고 있었을 것이다.

역설도 과정도 아닌 철학으로서 정신을 가다듬게 하는 철학

밖으로 향했던 시선을 안으로 향하게 하는 데도 많은 시간과 노력이 요구된다. 인류의 정신은 중세 천 년 동안 하나님의 뜻을 찾아 헤맸었다. 하나님의 마음을 이해하려고 애를 쓴 것이다. 그런 노력은 양심의 소리를 형성해 주었다. '하나님을 믿는다'는 소리는 지극히 긍정적인 소리로 들리게 해 놓은 것이다. 반면에 '자기 자신을 믿는다'는 말은 마치 나쁜 소리인 양, 그러니까 함부로 내뱉을 수도 없는 소리인 것처럼 만들어 놓았다. 말하자면 이런 소리는 비양심적인 소리로 들리게 해 놓은 것이다.

하나님의 정신으로 향했던 시선을 사람의 정신으로, 더 나아가 자기 자신의 정신으로 돌리게 하는 데는 아직도 부족한 부분이 너무도 많다. 마음이 따라 주지 않으니 불안을 느낄 때가 많다. 이 또한 스스로 극복해야 할 불안이다. 키르케고르는 사람의 사람됨을 설명하는 데 주저함이 없다. 사람의 삶을 해명하는 데 부끄러워하지 않는다. 인간의 인생을 밝히는 데 있어 수치심을 느껴야 할 이유도 없다. 하지만 이 모든 것을 선구자의 입장에서 보면, 무서움과 두려움을 느낄 수밖에 없다. 왜냐하면 아무도 이런 말을 하지 않았기 때문이다.

> 이런 식으로 생각하면 틀림없이 많은 사람들은 역설 또는 과장을 하고 있다고 생각할 뿐만 아니라, 기분 나쁘게 사람의 마음을 우울하고 혼미하게 만드는 견해를 갖고 있다고 생각할지 모른다. 그러나 결코 그런 것은 아니다. 오히려 그와 반대로 이 같은 고찰은 보통 어떤 종류의 어둠 속에 방치되어 있기 쉬운 것을 백일하게 드러내기 위함이다. 그래서 그것은 사람의 기분을 혼미하게 하는 것이 아니라, 그와는 반대로 사람의 정신을 가다듬게 하는 것이다. 왜냐하면 이런 고찰은 인간을 정신이어야 한다는, 즉 인간에 대한 최고의 그 요구하에 있는 인간을 고찰하는 것이기 때문이다. 이 고찰은 역설도 아니다. 오히려 그와는 반대로 정연하게 이론에 맞는 근본적인 견해이며, 그런 면에서 보면 그것은 과장도 아니다. (196쪽)

철학자는 끊임없이 자신이 철학적으로 고찰하는 일을 변호한다. '이 같은 고찰은', '그것은', '이 고찰은', 또 '그것은' 하며 돌고 돌아 결국에는 자신의 철학을 변호하는 데 주력한다. 그가 이토록 치열하게 자신의 철학을 변호해야 했던 이유는 분명하다. 그가 살았던 그때는 기독교가 모든 행정을 담당하던 시대였기 때문이다. 법의 정신조차 교회의 이념으로 작동되고 있던 시대라는 점을 감안해야만 이해를 할 수 있는 대목이다. 재판조차 교회가 개입하던 시대, 즉 종교재판이니 마녀사냥이니 하는 것이 여전히 현재진행형이었던 시대를 고려해야만 지금 읽고 있는 이 책 속에 철학자가 남겨놓은 목소리를 제대로 들을 수 있게 된다.

물론 근대를 넘어 현대까지 온 상태이지만, 그렇다고 중세를 완전히 극복했다고는 감히 말을 할 수가 없다. 아니 중세의 한계를 극복하기는커녕 그것을 제대로 인식하지도 못한 사람들이 너무도 많다. 고대와 중세의 차이, 중세와 근대의 차이, 근대와 현대의 차이가 무엇인지 감도 잡지 못한 것이다. 스스로 중세가 연출해 낸 어둠 속에 갇혀 있으면서도 불편함이란 전혀 느끼지 못하고 있다. 스스로 신의 은총에 매료되어 신비롭게 미소짓고 있을지도 모를 일이다.

하지만 인정해야 할 것은 인정해야 한다. 어쩌면 중세의 의미는 인류가 존재하는 한 발목을 잡을지도 모를 일이다. 또 그래서 키르케고르의 책들이 영원한 고전古典으로 군림할 수 있는지도 모르겠다. 사람들이 성경의 문체에 익숙해 있다는 것은 사실이다. 중세 천 년 동안 그런 소리에 길들여진 것은 기정사실이다. 이제 철학자가 들려 주는 소리에 귀를 열어야 한다. 그는 자신의 철학이 '역설'도 아니고 '과장'도 아니라고 도돌이표처럼 반복하며 설명에 임한다.

사람을 기분 나쁘게 할 의도는 없다. 사람의 마음을 우울하게 하거나 혼미하게 할 의도도 없다. 다만 그렇게 느낄 수밖에 없는 상황을 이해해 주기를 바랄 뿐이다. 예를 들어 니체가 '신은 죽었다'고 말할 때 대부분의 독자는 기분부터 나빠진다. 그 이유를 깨달아야 한다는 얘기이다. 철학자 키르케고르는 "인간은 정신이어야 한다"는 말을 '인간에 대한 최고의 요구'로 간주한다. 이보다 더 고귀하고 숭고한 말은 없다고 인정하는 것이다. 우리말로 옮기면 사람은 정신을 차려야 사람이라는 얘기가 된다.

키르케고르는 자신의 철학이 '사람의 정신을 가다듬게 하는 것'이라고 주장한다. 이 말은 곧 사람이 정신을 가다듬지 못하고 살아갈 수 있다는 것을 전제한 것이다. 사람이 정신을 가다듬지 못하면 어떤 현상이 벌어지게 되는 것일까? 그것은 자신이 스스로 자신의 중심을 잡지 못하고 밖으로만 떠도는 삶, 즉 삶 자체를 방황으로 일관하게 하는 삶, 살아도 헛된 삶만을 살게 하는 삶만을 연출하게 한다. 그런 삶을 산 사람은 삶의 종착역에 이르러 억장이 무너지는 경험을 하게 될 것이다. 살아야 했을 소중한 시간이 다 지나갔다는 인식이 가져다주는 모든 생각은 자기 자신을 지옥으로 끌고 들어 갈 것이 틀림없다.

철학자는 자신이 지금 가르치고자 하는 철학이 바로 '인간을 고찰하는 것'임을 강조하고 있다. 그리고 그것은 '역설'도 아니고 '과장'도 아님을 주장한다. 신을 고찰했던 학문은 신학으로 불리며 만학의 군주로 군림할 수 있었지만, 지금 키르케고르는 전혀 다른 대상, 즉 인간을 고찰하는 학문을 소개하고 있고, 그것을 '정연하게 이론에 맞는 근본적인 견해'라는 사실을 주장한다. 신학의 입장에서 보면, 이런 주장이야말로 이단異端이고 이교異敎이고 배교背敎의 소리가 되는 것이다. 지극히 위험한 발언이라는 얘기이다. 그래서 철학자는 자신의 이름을 '안티 클리마쿠스'라고 소개했는지도 모른다. 니체의 소리로 바꾸면, 스스로 자기 자신을 '안티크리스트'라고, 즉 '적그리스도'로 소개하고 있는 것이나 다름없기 때문이다.

6

절망하고 산 삶을 깨닫는다는 것

절망이 보편적이라는 것을 설명하기 위해 키르케고르는 번역서를 기준으로 거의 여덟 쪽에 달하도록 치열하게 설명을 펼쳐 놓았다. 절망이 보편적인 이유를 그토록 상세하게 정리하여 설명해 놓은 것이다. 그것을 꼭 알아야 절망이 보편적이라는 이념을 이해할 수 있는 것도 아니다. 절망은 누구나 한다. 굳이 절망이라 말하지 않아도 후회 정도는 누구나 다 한다. 누구나 자신이 선택한 것에 대해 불편한 감정을 가진다. '이랬더라면!', '저랬더라면!' 이런 말이야말로 진정 인간적인 말이고 고백일 것이다.

보통 자기 입으로 병이라고 말하지 않는 사람은 건강하다.

더욱이 자기 입으로 건강하다고 말하는 사람을 건강하다고 보는 것은 당연하다. 그런데 의사는 병을 그것과는 다른 식으로 생각한다. 왜 그럴까? 의사는 건강하다는 것이 어떤 것인가에 대해 확실히 진보된 관념을 가지고 있으므로 거기에 따라 사람의 상태를 음미하기 때문이다. 단순한 망상에 불과한 병이 있듯이 단순한 망상에 불과한 건강도 있다는 것을 의사는 알고 있다. (197쪽)

건강도 건강 나름이다. 자신이 건강하다고 말한다고 해서 그런 말로 인해 자신이 건강하다는 것이 증명되는 것은 아니다. 이런 말을 정신의 건강 상태라는 의미로 넘어 오면 재미난 현상이 발견된다. 스스로는 자신의 정신이 정상이라고 말을 해도 제3자의 입장에서 보면 정상이 아닌 정신이 존재할 수 있다는 말이 되기 때문이다. 여기서 철학자는 '건강하다는 것'에 대한 '진보된 관념'을 소개한다. 그것은 바로 '단순한 망상에 불과한 병이 있듯이 단순한 망상에 불과한 건강도 있다는 것'에 대한 생각이다. 말하자면 생각이 망상에 빠질 수 있다는 가능성을 소개하고 있는 것이다.

소위 아무것도 아닌데 굳이 병원을 찾아가 필요도 없는 약을 처방받고, 때로는 영양 주사도 맞고, 또 때로는 스스로 수술대에 오르는 환자도 있다. 말하자면 건강 염려증에 걸려 스스로 환자임을 자처하는 것이다. 이런 이야기를 우스갯소리로 연출해 낸 천재 극작가 몰리에르의 최후에 대한 이야기도 떠오른다. 그는 《상상병 환자》라는 작품을 통해 바로 이런 인물을 주인공으로 무대 위에 올려놓았다.[9] 극작가는 스스로 이 인물이 되어 무대 위에서 연기를 하다가 죽음을 맞이했다. 죽어가면서까지, 사람들의 웃음을 자신의 죽음으로 맞바꾸면서까지, 말하려 했던 것은 간단하고 단순하다. 그것은 사람은 자신의 상상으로도 병이 들 수 있는 존재라는 사실이다.

"단순히 망상에 불과한 병이 있듯이 단순히 망상에 불과한 건강도 있다." 절망에 빠져 있으면서도 하나님의 은총을 언급하며 억지로 행복해하려는 사람들도 있다. 이런 억지가 자기합리화요 자기변명이라는 사실조차 깨닫지 못하고, 그것이 기도의 효과라며 소위 자기최면에 걸려 있는 것이다. 그러다가 삶의 마지막 관문 앞에 서게 되면, 그래서 모든 망상이 사라지고 현실에 대해 눈이 떠지게 되면, 그때는 아무도 말릴 수 없고 아무도 도와줄 수 없는 나락으로 떨어지고 말 것이다. 이런 의미에서 경고의 메시지를 담은 철학자의 말에 귀를 열어놓고 읽어 보자.

> 만일 그대가 절망하고 살아왔다면, 그대가 다른 면에서 무엇을 손에 넣었든 또 무엇을 잃어버렸든 당신은 모든 것을 잃어버린 것이다. 영원은 그대를 모른다. 즉 영원은 근본적으로 그대를 모른다. 그러나 더 무시무시한 점은, 알려져

*9) 참고. 이동용: 〈스스로 신이 되어라〉, 이담북스 2018, 59쪽부터.

> 있는 그대로의 당신을 영원이 알고 있다는 것이다. 영원은 그대를 그대의 자기와 함께 절망 속에 굳게 붙들어 매고 있는 것이다. (203쪽)

"영원은 그대를 모른다.", "그러나 더 무시무시한 점은, 알려져 있는 그대로의 당신을 영원이 알고 있다는 것이다." 모순이지민 모순으로 읽히지 않는다. 소위 자연自然은 나를 모른다. 하지만 자연은 내가 아는 대로, 그 앎의 방식과 내용대로 나를 알고 있다는 것이 놀라울 따름이다. 자연은 스스로 있는 존재이지만, 내가 아는 만큼만 자기 자신을 보여 줄 뿐이다. 마찬가지로 나의 존재 역시 내가 아는 만큼만 자연이란 영역 속에서 모습을 드러낼 것이다. 이것이야말로 사람의 삶이라 불리는 신비로운 현상이고, 인간의 인생이라 일컬어지는 수수께끼 같은 이야기이다.

철학자는 무시무시한 말을 남겨 놓았다. 경고의 메시지가 담겨 있다. "만일 그대가 절망하고 살아왔다면, 그대가 다른 면에서 무엇을 손에 넣었든 또 무엇을 잃어버렸든 당신은 모든 것을 잃어버린 것이다.", '그대는 모든 것을 잃어버린 것이다'라는 말이 전하는 무시무시함은 말로 형용이 안 된다. 지금 다짐할 수 있는 말이라면, '절망하며 살지 말아야 한다'는 것이다. 스스로 절망이라는 병상에서 벗어나 자신의 두 발로 일어서고 진정으로 건강을 되찾는 비결을 습득해야 한다. 이런 인식이 들 때

마침내 키르케고르의 철학은 도움의 손길을 내밀 것이다. 그때 그의 책은 인생에 힘이 되는 책이 되어 줄 것이다.

III.

유한한 현실성 대 무한한 가능성

I

개념적으로 구성되는 자기라는 자유의 형식

사람의 삶, 인간의 인생, 존재자의 존재 등을 고민하는 것이 실존철학의 본질이라고 했다. 중세 천 년 동안 신학이라는 틀 안에서 성장을 거듭해온 형이상학적 개념들은 이제 인문학이라는 영역으로 옮겨 놓아야 한다. 뭐든지 하나를 제대로 이해했다면 이런 전환은 쉬울 것이다. 기본을 잘 습득한 상황이라면 종목을 아무리 바꿔도 그 새로운 종목에서 또 다시 제 힘을 발휘하는 운동선수를 떠올려도 좋겠다. 하나님이 있던 자리에 사람을 대체해 놓고 나면 무슨 말을 해야 할까? 이런 생각으로 철학자가 남겨 놓은 글을 읽어 보자.

절망의 여러 형태는, 추상적으로는 종합으로서의 자기가

> 성립되는 여러 계기를 반성함으로써 개념적으로 구성되는 것이다. '자기'는 무한성(가능성의 개입)과 유한성(현실성)으로 성립되어 있다. 그러나 이 종합은 하나의 관계이므로, 게다가 그것은 파생된 것이기는 하지만 그 자신에 관계하는 관계로서, 이 관계는 바로 자유이다. 자기(정신)란 자유인 것이다. 그러나 자유는 변증법적인 것으로, 가능성 및 필연성(명증성)이라고 하는 규정을 가지고 있다. (203쪽)

사람은 누구나 자기가 있다는 사실을 안다. 사람은 누구나 거울 앞에서 자기의 존재를 확인한다. 이런 능력은 다른 동물들에게서는 발견할 수가 없다. 거울 앞에서 소위 타인을 발견하고 긴장하는 다른 동물들과는 달리 거울 앞에서 사람은 전혀 다른 현상을 목격하고 생각하는 일에 돌입하게 되는 것이다. 거울 앞에서 한 말 중에 가장 대표적인 것이라면 "거울아, 벽에 달린 거울아, / 이 나라에서 가장 예쁜 사람은 누구지?"[10] 하는 것이리라. 이런 질문이야말로 가장 인간적인 것이다. 인간은 소위 거울을 가진 존재라고 말해도 무방할 것 같다.

거울 앞에서 무엇을 보느냐는 보는 사람 마음이다. 현상이 하나로 규정되어 있다고 함부로 말하는 실수는 없어야 한다. 두 사람만 모여도 진리가 문제된다고 했다. 사랑에 빠진 사람이 가장 자주 하는 말이 '나를 사랑하느냐?' 하는 질문이다. 자식을 얻은 부무가 가장 자주 하는 말이 '엄마가 좋아? 아빠가 좋아?'

*10) 그림 형제: 《그림 동화전집》, 김유경 옮김, 동서문화사 3쇄/2010, 333쪽.

하는 질문이다. 굳이 거울이라는 비유를 끌어들이지 않아도 인간이라면 누구나 할 수 있는 말이 '나는 누구인가?' 하는 질문이다. 이제 이런 고민으로 철학의 길을 걸어보자. 철학자는 무슨 말을 하고 있는지 귀를 열고 들어 보자.

지금 키르케고르는 절망을 보편성으로 가진 존재로서 인간의 존재 형식을 가르치고 있다. 절망하지 않는 사람은 아무도 없다는 것을 인간이란 존재에 대한 정의로 간주해도 된다. 그런데 사람은 누구나 자기를 아는 존재이다. 도대체 자기란 무엇인가? 분명히 알고는 있는데 그 자기가 무엇인지가 문제가 된다는, 즉 알고 있는 것이 문제라는 이 수수께끼 현상을 인식의 소리로 들을 수 있어야 한다. 이것이야말로 신학에서 인문학으로 넘어서는 첫 번째 관문이라 할 수 있겠다.

신은 신의 소리라고 말하면 그것으로 충분조건이 될 수 있지만, 인간은 자기라는 개념을 떠올리고 또 그것을 전제할 수 있어야 하겠기에 문제가 간단하지 않다. 왜냐하면 자기는 누구나 자기 자신을 떠올릴 수밖에 없고, 아무리 낯선 타인을 만나도 '자기소개'를 요구할 수밖에 없기 때문이다. 우리는 신에게 자기를 소개하라는 요구는 하지 않는다. 그는 그냥 '스스로 있는 자'(출애굽기 3:14)임을 인정하고, 그가 무슨 생각을 하고 있는지에 대해서만 궁금해 할 뿐이다.

하지만 사람은 상황이 다르다. 사람을 대할 때는 상황이 여간 복잡한 것이 아니다. 나이도 알아야 하고, 취향도 알아야 하고, 알아야 할 것이 무궁무진해진다. 어쩌면 죽을 때까지 '너는 누구인가?' 하고 물을 수도 있다. 소위 셰익스피어는 1564년에 죽었고, 그 이후 수많은 학자들이 그에 대해 설명을 해 놓았지만, 과연 우리는 그 셰익스피어라는 단 한 명의 저자조차 제대로 이해하고 있는 것일까? 아무도 장담할 수 없을 것이다.

신을 알고 싶으면 성경을 읽고, 신이 한 말만 추려 놓으면 된다. 그것에 대한 해석은 무궁무진할지 몰라도 신이 한 말은 한계가 있다는 얘기이다. 하지만 사람이 한 말은? 한계가 없다! 사람은 단 한 사람으로 끝나지 않기 때문이다. 신은 유일신 사상으로 설명이 가능하지만, 사람은 유일한 사상으로 설명해 낼 수 없다는 것이 문제의 핵심이다. 이런 지경에서 철학자 키르케고르가 선택한 개념은 '자유'이다.

인간은 '자유로운' 존재이다. 이것이 바로 실존철학이 들려주는 최고의 이념이다. 실존철학이 들려주는 최고의 복음소식이 바로 이 '자유'의 이념 속에 녹아 있다. 이 자유의 주체는 자기이고, 이 '자기가 성립되는 여러 계기들을 반성함으로 개념적으로 구성되는 것'이 바로 절망이라는 것이다. 그런데 절망이 개념적으로 구성되다 보니 어떤 개념에 의해 어떻게 구성되느냐에 따라 그 구성의 결과는 무궁무진하게 열려 있는 형태로 나타날 수밖에 없다. 즉 절망의 계기는 예상을 할 수 없을 정도로 무한하다.

하지만 인간이 사용하는 개념에는 한계가 있다. 개념이 아무리 많아도 하나의 사전으로 엮어 낼 수 있다. 그래서 '자기'는 '무한성'과 '유한성'으로 성립되어 있다는 모순이 주어진다. 이 모순이 삶을 수수께끼 같은 현상으로 연출해 낸다. 마찬가지로 사람이 지향할 수 있는 '자유'도 '가능성'과 동시에 '필연성'을 공유하게 된다는 모순이 주어진다. 가능성은 열린 공간을 연출해 내지만, 동시에 필연성은 닫힌 공간을 연출해 내고 있기 때문이다.

'무한성' 대 '유한성', '가능성' 대 '필연성', 즉 가능성은 무한성과 어울리고, 필연성은 유한성과 어울린다. 이 두 가지 서로 다른 어울림의 영역에서 사람은 '추상적으로는 종합'의 형식으로 인식되는 '자기'를 발견하게 된다. 사람이 자기를 유한한 존재로 볼 것인가 무한한 존재로 볼 것인가는 그것을 바라보는 자기 자신의 문제일 뿐이다. 이 동시성의 균형을 잃지 않고 자기를 바라본다는 것은 무수한 훈련이 뒷받침되지 않으면 실현될 수 없는 것이다.

자유에 대한 인식도 마찬가지다. 구속이나 제한을 아니까 자유도 알 수 있게 되는 것이다. 구속이나 제한을 모르면서 자유를 논할 수는 없는 것이다. 그래서 병으로서 질병은 나을 수 있는 기회를 얻게 된다. 질병이 병으로 인식되는 한 건강 회복은 늘 기회의 순간으로 제공될 것이다. 절망을 안다는 것, 혹은 절망에 빠져 있다는 사실을 깨닫는 것, 이런 것이야말로 무궁무진하게 열려 있는 공간으로 나아갈 수 있는 계기가 될 것이다.

2

의식과 자기 그리고 의지의 돌고 도는 정비례 관계

수학에는 정비례 관계라는 개념이 있다. 하나가 많으면 다른 하나도 그에 비례해서 많아진다는 논리이다. 의식은 앎의 형식이고, 그 의식 속에 자기의 이념이 구축된다. 자기와 의식은 결국 정비례 관계에 놓이게 되는 것이다. 중세 천 년 동안 이런 소리는 들을 수 없었다. 하물며 관념론에서조차 이런 말은 찾을 수 없었다. 이제 키르케고르에 의해 진정으로 인간적인 소리가 발설되고 있는 것이다.

> 의식이 증가하면 그만큼 자기도 증가하고, 자기에 대한 의식이 증가하면 그만큼 의지가 증가하고, 의지가 증가하면 그만큼 자기가 증가하는 것이다. 의지를 조금도 가지지 않

> 은 사람은 자기가 아니다. 그러나 인간은 의지를 많이 가지면 가질수록 그만큼 또 많은 자기의식을 가지는 것이다.
> (204쪽)

돌고 돈다. '의식'과 '자기' 그리고 '의지'가 서로 주고 또 받으며 돌고 도는 것이다. '엄마가 좋아? 아빠가 좋아?' 둘 다 좋다. 그 양쪽을 좋아하는 자기가 중심을 잡아주니까 좋다는 것이 의미를 갖출 수 있는 것이다. '달이 클까? 해가 클까?' 과학적 정보와 지식이 갖춰지기 전에는 대답하기 애매한 사안이 아닐 수 없다. 둘 사이는 거리가 너무도 멀다. 밤에 뜨는 달은 낮에 뜨는 해와 비교가 안 된다. 달라도 너무나 다르다. 하지만 그 다른 두 존재를 우리는 알고 있다. 즉 우리는 둘 다 잘 안다는 것이 문제의 핵심이다.

질문이 있으면 답을 추구하는 것이 사람의 생각이다. 생각을 한다는 것은 이런 식으로 질문을 형성하고, 거기서 답을 찾아가는 과정이라 말할 수 있다. '오늘은 뭐하고 놀지?' 하고 질문이 던져지면 무슨 일이든 만들어 내야 한다. 이것도 해 보고 저것도 해 본다. 이런 시도 자체가 선線을 긋는 행위와 같다. 말하자면 한계를 정해 놓아야 놀 수 있다는 얘기이다. 놀려며 규칙이 정해져야 한다. 규칙도 없이 놀 수는 없기 때문이다. 소꿉장난을 하려 해도 가족 구성원이 형성되어야 가능한 일이다. 물론 상상으로 인물을 정할 수도 있다.

생각은 상상을 초월한다. 생각이 생각할 수 없는 것은 없다. 생각은 이성의 길, 즉 논리의 길을 따른다. 그러니까 '엄마가 좋아? 아빠가 좋아?' 하고 질문이 던져지면 여러 가지 가능한 대답을 생각해 보지 않을 수 없다. 하지만 반드시 선택해야만 하는 것이 현상의 논리이다. '둘 다 좋다!'도 대답이 될 수 있지만, 그것은 듣는 이를 실망시키는, 즉 만족할 수 없게 만드는 대답이 된다. 마찬가지로 우리는 두 개의 길을 다 갈 수 없다. 이럴 수도 있고 저럴 수도 있지만, 그 순간은 하나의 경우를 선택해야만 하는 것이다.

삶은 과정이다. 그래서 단 한 번의 선택으로 삶이 규정될 수 없다. 삶은 또 다시 현상의 논리 속에 돌입할 수밖에 없고, 그래서 영원히 '시간'과 '공간'의 원리 속에서 새로운 선택에 임해야 하는 것이다. 선택하지 않고 살 수는 없다. 삶은 매순간 선택이라는 기로岐路에 서게 한다. 삶은 살아야 삶이라 불릴 수 있기 때문이다. 사람도 자신의 삶을 지속하고 있어야 사람 자격이 있는 것이다. 삶은 현상의 논리 속에서만 진행되고, 그 현상은 늘 '시간'과 '공간'이 힘을 합치면서 다양한 현상으로 모습을 드러낼 뿐이다.

사람의 삶은 다양하다. 그 이유는 의식이 주어져 있기 때문이고, 그 의식에 의해 연출되는 것이 자기이며, 그 자기에 대한 의식이 의지를 발현시킨다. 하지만 모든 의지는 시간과 공간이 합쳐진 무대 위에서 무궁무진하게 이야기를 펼칠 수 있다. 몸이 도달하는 공간은 제한되어 있을지 몰라도, 생각이 도달하는 공간은 무궁무진하다. 의지가 나아갈 수 있는 방향이 미리 정해져 있는 것도 아니다. 말 그대로 이럴 수도 있고 저럴 수도 있다. 이 가능성의 존재가 바로 사람이고, 그 사람이 자신의 삶을 가지고 증명할 수 있는 것도 무궁무진하다.

물론 사람은 운명을 무시할 수 없다. 운명은 필연이고, 필연은 모두 한계를 지닐 수밖에 없다. 사람이라면 모두 운명을 알아야 한다. 할 수 있는 것과 할 수 없는 것을 깨달아야 한다. 하지만 세계를 내면으로 옮겨 놓고 나면 마음으로 품을 수 없는 것은 없게 된다. 생각으로 생각할 수 없는 것은 존재하지 않게 된다. 뭐든지 도전할 수 있고, 또 뭐든지 모험할 수 있다. 금기의 대상은 없다. 아니 있을 수도 없다. 아무리 하지 말라 해도 하는 게 인간이다. 오히려 하지 말라는 것을 하면서 자신의 용기를 확인하기도 한다.

니체도 이런 말을 했다. "니티무르 인 베티툼Nitimur in vetitum(우리는 금지된 것을 추구한다): 이 말과 함께 나의 철학은 언젠가 승리를 거둘 것이다."[11] 키르케고르는 "폭탄은 터뜨려 주위를 불태울 것이다"[12]라는 유언을 남겼다. 니체도 이성의 막바지에 이르러 "나는 사람이 아니다. 나는 다이너마이트다"[13]라고 자기 자신을 소개했다. 두 철학자의 의지가 서로 닮았다. 둘은 모두 사람과 사람의 삶을 설명하는 데 총력을 기울였다. 생각을 가두는 틀 앞에서 이들은 폭탄이 되기를 자처했다. 이들은 모두 사람과

*11) 니체: 《이 사람을 보라》, 위의 책, 17쪽.

*12) 재인용, 강성위: 〈키르케고르 생애와 사상 저작〉, in: 키르케고르: 《불안의 개념/죽음에 이르는 병》, 동서문화사 2쇄/2018, 531쪽.

*13) 니체: 《이 사람을 보라》, 위의 책, 247쪽.

사람의 삶을 자유의 형식으로 설명하는 데 결코 주눅 들지 않았다. 사람이라 적어 놓고 무궁무진한 존재라고, 또 사람을 신이라고 말하는 데 주저함이 없었다. 그 점은 반드시 본받을 만하다.

더욱 중요한 것은 '의식'과 '자기' 그리고 '의지'가 증가하고 있다는 말을 하고 있을 뿐, 그것이 어떤 것이라고 제한하며 말하지는 않는다. 그저 의식이 선명하고 분명할수록 자기에 대한 생각도 선명하고 분명해질 것이고, 그와 더불어 자기가 원하는 의지의 방향도 선명하고 분명해질 것이다. 의지가 강하면 강할수록 의식이 자기를 자극할 것이고, 자극 받은 자기는 자신의 의지를 발동시키는 데 있어서 주저함이 없을 것이다. 이것이 사람의 삶을 작동시키는 원동력이 된다.

무한성과 유한성의 구체적인 종합으로서의 자기

사람은 유한하기도 하고 무한하기도 하다. 이 두 가지의 현상을 모두 이해해야 진정한 사람, 사람다운 사람, 인간다운 인간으로 거듭날 수 있게 된다. 두 개의 서로 다른 현상을 하나의 존재로 연결시켜 놓는 것이 관건이다. 사람과 삶의 의미라는 이런 말을 중세인들이 믿었던 하나님의 뜻처럼 떠받들고 신앙하며 세월을 보내야 한다. 그 치열한 추궁 속에서 인문학이 인도하는 또 다른 형식에 이르게 될 것이고, 거기서 전혀 다른 진선미眞善美의 내용을 파악할 수 있게 될 것이며, 거기서 인간적인 너무나 인간적인 경지에 도달하게 될 것이다.

자기라는 것은 무한성과 유한성의 의식적인 종합이요, 이

> 종합은 그 자신에게 관계되는 것이다. 종합으로서 그 과제는 자신이 되는 것이지만, 이것은 신과의 관계를 통해서만 행해질 수 있다. 자기 자신이 된다고 하는 것은 구체적인 것이 된다는 것을 이르는 말이다. 그러나 구체적으로 된다는 것은 유한적인 것이 된다는 것이 아니다. 그렇다고 무한적인 것이 됨을 말하는 것도 아니다. 왜냐하면 구체적인 것이 되어야 함은 종합 이외의 다른 것이 될 수 없다는 것이기 때문이다. 따라서 자기 자신의 발전은 자기의 무한화에 있어 자기 자신으로부터 무한히 떨어져 나가고, 그리고 유한화에 있어 자기 자신에게 무한히 되돌아올 수 있는 것이어야 한다. (204쪽)

'구체적인 종합'이 문제다. 종합은 구체적인 의미에서만 실현된다. 구체적이지 않다면 종합은 말장난에 불과할 것이다. 종합을 이뤄냈다면 반드시 구체적이어야 한다. 그런데 그 구체적인 현상 속에는 유한성과 무한성이 공존하고 있다는 것이 수수께끼를 연출하게 한다. 아폴론 신이 말했다는 '너 자신을 알라!'라는 명령은 인간에게 주어진 근원적인 숙제가 된다. 아무리 알아도 죽을 때 또 다시 '나는 누구인가?' 하고 아쉬운 질문을 남기며 삶과 작별을 해야 할 것이다.

사람은 구체적인 존재이다. 그 구체적인 형식과 구체적인 내용에 의해서 사람은 사람다워지는 것이다. 구체적인 것은 각각의 요소들에 대한 관계가 분명할 때 실현되는 것이고, 그 관계 형성이 분명한 자기 자신의 출현을 가능하게 해 줄 것이다. 그런데 그 자기 자신이 무궁무진한 존재이다. 그 자기가 연출해 내는 종합의 영역은 무궁무진하다. 늘 한계를 인식하게 하면서도 동시에 그 한계를 넘어서기를 자처한다. 늘 눈물을 흘리며 쓰러지기도 하지만 동시에 모든 것을 훌훌 털고 일어서기를 반복한다.

사람은 누구나 자기를 아는 존재이다. 자기를 알기에 '나는 누구인가?'라는 질문이 형성될 수 있는 것이다. 아니까 질문이 있을 수밖에 없는 것이다. 이 모순을 깨달아야 한다. 모순이지만 모순 그 자체로 머물지 않는 그 모순을 인식해 줘야 한다는 얘기이다. 진리도 아니까 '진리가 무엇인가?' 하고 질문을 던질 수 있게 되는 것이다. 사랑에 빠진 사람이 던지는 질문도 '나를 사랑하는가?' 하는 것이다. 함께 하는 것이 좋다는 것을 아니까 '임마누엘'을 하나님의 이름으로 정해 놓는 것이다. 사랑이 좋다는 것을 아니까 '하나님은 사랑이심이라'(요한일서 4:8)는 말을 성경의 소리로 간주할 수 있게 되는 것이다.

사람의 의식은 참으로 오묘하다. 자기를 아는 존재라는 말이 주는 진리의 영역은 무궁무진하다. 거울 앞에서 자기를 질문 속에 던져 넣는 행위를 할 줄 아는 존재는 가히 신적이라 말할 수 있다. 사람이 의식을 잃었을 때 의사가 하는 일은 눈에 빛을 비춰 보고 홍채가 반응하는지를 관찰하는 것이다. 일단 육체가 반응을 해야 의식이 돌아오고 있다는 증거를 확보할 수 있기 때문이다. 의식이 돌아오면 삶은 지속될 수 있다. 그때 그 사람의 삶은 가능성의 길로 들어서게 된다. 모든 불가능이 가능의 영역으로 들어서게 된다. 절망이 가득 차 있던 곳이 희망의 들판으로 돌변해 준다. 참으로 진기한 현상이다.

인용문 중에 마지막 문장이 가장 감동적이다. "따라서 자기 자신의 발전은 자기의 무한화에 있어 자기 자신으로부터 무한히 떨어져 나가고, 그리고 유한화에 있어 자기 자신에게 무한히 되돌아올 수 있는 것이어야 한다." 이 문장 하나만 제대로 이해해도 키르케고르의 철학을 어느 정도 이해했다고 단언해도 좋을 듯하다. 키르케고르도 헤겔처럼 발전을 언급한다. 하지만 정반합의 과정 속에서 발전을 거듭하여 절대적인 어떤 존재가 되어간다는 일방적인 논리가 아니다. 상승하고 또 상승하여 지금과 여기와는 상관없는 어떤 뜬구름 잡는 존재가 되는 것도 아니다. 의식은 늘 되돌아올 줄 알아야 한다. 이것이 미덕일 수 있는 것은 의식이 떠날 수 있는 것이기 때문이다.

꼭 의식을 잃어야 의식이 떠나는 것도 아니다. 의식은 '제정신'과도 같다. 이는 세르반테스가 돈키호테의 묘비명으로 적어놓은 문구를 예로 이해를 구해도 좋을 듯하다. "미치광이로 세상을 살다가 / 본정신으로 세상을 떠났으니."[14] 본정신은 제정신으로 번역했더라면 더 좋았을 것 같다. 우리는 자주 '제정신이냐?' 하고 묻기 때문이다. 우리는 또 '미친 거 아냐?' 하고 묻

*14) 세르반테스: 《돈끼호떼》, 김현창 옮김, 동서문화사 2판3쇄/2014, 1271쪽.

기도 한다. 이때 '미쳤다'는 말은 '제정신이 아니다'라는 뜻으로 받아들이면 되는 것이고, 이때 '제정신이 아니다'라는 말은 일상에서 요구하는 보편적인 형식을 무시하고, 그 틀 밖으로 나가버렸다는 뜻으로 이해하면 되는 것이다.

사람은 누구나 '자기의 유한화'와 '자기의 무한화'를 동시에 실현시켜야 하는 숙제를 떠안게 된다. 이는 사람이 '유한적인 것이 된다는 것'도 아니고, '무한적인 것이 된다는 것'도 아니다. 둘이 동시에 되어 줘야 사람이 되는 것이다. 자기를 알지만 그 자기를 자유의 형식으로 알아주는 것이 관건이다. 한계를 알지만 그 한계를 다시 수평선 앞에 내세울 수 있는 시선이 요구될 뿐이다. 생각을 영원히 틀 안에 가둬 놓을 수는 없기 때문이다.

틀이 있어야 생각이 가능하겠지만, 그 틀은 다시 생각을 구속하는 것이 된다는 이 모순의 과정을 이해해야 사람의 삶을 이해할 수 있게 된다. 사람은 늘 '떠나감'과 '돌아옴'을 실천하며 살아야 한다. 가는 사람 가게 하고, 오는 사람 오게 하는 것이야말로 진정 사람의 일이라 할 수 있겠지만, 그것을 자연스럽게 실천해 내는 사람은 드물다. 사람은 자기를 무한히 떠나며 자기의 무한화에 기여해야 하고, 또 자기에게로 무한히 되돌아 오며 자기의 유한화에 종사할 수 있어야 한다. 자유는 구속을 전제할 때에만, 또 주인은 노예를 전제할 때에만 의미 있는 것이기 때문이다.

가능성의 결핍에 의한 유한성의 절망

사람은 모르고 있다는 것을 알게 될 때 진정한 의미를 얻을 수 있게 된다. 소크라테스처럼 “나는 내가 모르고 있다는 것을 알고 있다”[15]고 말하는 것이 곧 이 철학자의 아이러니라고 말하지만, 그것이 곧 인식의 현상과 맞물린다. 그런데 모든 사람이 앎과 모름의 경계를 선명하고 분명하게 가지는 것은 아니다. 아는 것을 모르는 것처럼 말하며, 즉 문제를 제기하며 생각을 펼치는 것이 대부분 학자가 취하는 방법이지만, 모르는 것을 아는 것처럼 말할 때도 있다는 것이 문제의 핵심이다.

*15) https://de.wikipedia.org/wiki/Ich_weiß,_dass_ich_nichts_weiß ; 소크라테스 철학에서 안다는 것과 모른다는 것은 서로의 조건이 된다. 모르니까 알 수 있는 것이고, 아는 것도 모를 수 있다. 아무리 많이 알고 있어도 질문으로부터 자유로운 사람은 없다. 오히려 알면 알수록 질문도 많아지는 법이다.

그런데 사람은 일종의 절망에 있어서 무한 속으로 빠져 들어가 자기 자신을 잃어버리고, 이것에 대해 다른 일종의 절망에서는 스스로의 자기를 다른 사람들에게 편취당한다. 그와 같은 인간은 자기 주위에 있는 많은 인간의 무리를 보고 여러 가지 세상사적인 속된 일에 종사하며, 분주히 일하면서 세상 일에 익숙해짐에 따라 자기 자신을 망각해버리고 만다. 그래서 자기(신적인 의미에 있어서)가 어떤 이름을 가진 사람인가 하는 것도 잊어버리고, 또한 자기를 믿으려고도 하지 않고, 자기 자신이고자 하는 것은 도리에 어긋난다고 생각하기에 이른다. 다른 사람들처럼 행동하고 있는 편이, 즉 원숭이처럼 흉내나 내며 있는 것, 다시 말해 많은 사람들 가운데 평범한 하나가 되어 섞여 있는 편이 훨씬 마음 편하며 안전하다고 생각해버리는 것이다. / 그런데 이런 형태의 절망을 세상 사람들은 전혀 알아차리지 못하고 있다. (208쪽부터)

아느냐 모르느냐, 이것이 사람의 문제이다. 알아도 아는 것이 문제이고, 몰라도 모르는 것이 문제이다. 젊을 때의 실수는 모범을 두고 배운 것을 자기 자신의 것으로 착각할 때 발생한다. 예를 들어 책에서 읽고 배운 것은 자기 자신의 생각으로 착각할 때가 많다는 얘기이다. 시간이 조금만 흘러도 그렇게 배운 것은 잊혀지고 만다. 그때 뭔가 좋은 생각을 한 것 같은데 그 좋았던 생각이 다시 떠오르지 않는 것이다. 그런 생각은 자기 자신의 생각이 아니어서 쉽게 떠나고 마는 것이다.

'일종의 절망에 있어서' 사람은 자기 자신을 잃어버리는 실수를 자초한다. 자기 자신이 아닌 다른 것에 희망을 걸 때 사람은 본질이 되어야 할 자기 자신을 상실하게 되는 것이다. 이것이야말로 심각한 사람의 문제이다. 자기를 알고 있는 사람이 자기 자신을 오해하는 순간이기 때문이다. 그래서 철학자는 '일종의 절망에 있어서' 또 '일종의 절망에서는' 하는 식으로 반복적으로 상황을 설명하고 있는 것이다. 제발 좀 깨달아 달라고 애원하며 후렴구처럼 반복하고 있는 것이다.

소위 신앙인들은 자신이 믿는 그것 때문에 자기 자신의 가치를 상실하기도 한다. "'신앙'이란 무엇이 참인지를 알고자-하지-않는다는 것을 의미한다."[16] 이것은 니체의 말이다. 맥락이 같아서 인용해 본 것이다. "진리가 너희를 자유롭게 하리라."(요한복음 8:32) 맞는 말이다. 하지만 그 진리의 내용은 오로지 하나님으로 제한하는 실수는 없어야 한다. 신이 있던 그 자리에 사람을 채울 수도 있어야 한다. 그것이 곧 인문학이 도전하는 영역이다. 신학적 사고에서 인문학적 사고로 전환하는 것이 이토록 힘들다는 얘기이다.

자기를 잃어버리고, 빼앗기고, 망각해버리고 있으면서도 그 잃음과 빼앗김과 망각의 현상을 제대로 인식도 못하는 사람들이 곧 대중들이고 어리석은 군중들이다. 군중들의 보편적 현상은 서로 똑같은 형식 속에 갇혀 있으면서도 답답함을 느끼기보

*16) 재인용, 이동용: 《신을 탄핵한 철학자 니체와 안티크리스트》, 휴먼컬처아리랑 2022, 243쪽.

다 그것이 더 편하다고 판단하는 것이다. 이들은 남들이 아는 것을 자기도 알고 있다는 것에 대해 보람으로 또 긍지로 여기며 살아간다. 니체의 '여론에 맞춰 생각하는 모든 사람들'을 '교양의 속물들'이라고 칭하며 그들을 향해 비판의 목소리를 쏟아내는 《반시대적 고찰》에도 이와 비슷한 문구가 있어 인용해 본다. "세상 사람들은 모두 풍속과 의견 뒤에 숨는다."[17] 의견은 자유여야 하는데, 하나의 의견 뒤에 스스로 숨어버린다. 그러면서 편안함을 느끼는 자들이 현대인이라 불리고 있을 뿐이다.

'원숭이처럼 흉내나 내며 있는 것'을 당연하게 여기는 사람들도 많다. 이 원숭이에 대한 비유는 니체의 철학에서도 큰 강물을 형성하며 진행된다. "사람에게 있어 원숭이는 무엇인가? 일종의 웃음거리 아니면 일종의 견디기 힘든 부끄러움이 아닌가. 초인에게는 사람이 그렇다."[18] 원숭이 같은 사람이 분명 있다. 그런 원숭이가 거울 앞에서 타인을 발견하는 것이다. 자기를 상실한 인식은 또 다른 타인, 정말 다른 존재인 타인을 자기로 인식하는 실수를 범하게 되는 것이다. 이것이야말로 정신없이 사는 삶이 아닐 수 없다.

절망스러운 사람들이 있다. 절망에 빠져 있으면서도 절망에 빠진 줄 모르고 살아가는 사람들이 있다. 철학자 키르케고르는 이런 절망을 가르쳐 일깨우고자 한다. 사람들을 절망이라는 거울 앞에 세워 놓고자 한다. 그리고 민망한 모습을 보여 주고자 한다. 니체의 말로 이해를 구해도 된다. "볼품없는 사람이 거울

*17) 재인용, 이동용: **《망각 교실, 니체의 〈반시대적 고찰〉로 읽는 현대의 한계 논쟁》**, 이파르 2016, 310쪽.

*18) 재인용, 이동용: **《니체, 문학과 철학의 두물머리》**, 휴먼컬처아리랑 2019, 57쪽.

앞에 서서 수탉처럼 거드름을 피우며 거울에 비친 자신의 모습과 찬탄의 눈길을 주고받는 광경을 바라보는 것보다 더 민망한 일이 어디 있겠는가."[19]

자기를 잃고서도 편안해 하고, 자기를 망각하고서도 행복을 느끼는 그런 사람이 절망에 빠져 있는 것이다. 그런 마음 편안함이 삶을 위기로 몰아간다. 그런 행복감이 사람을 근거 없는 낭만주의에 빠지게 한다. 이런 환상 속에서, 예를 들어 괴테의 파우스트는 헬레나라는 신화 속 여인과 사랑에 빠져 '오이포리온Euphorion'이라는 자식을 얻지만, 그런 결실은 죽음이라는 관문을 쉽게 넘어서고 만다. 오이포리온은 늘 비상을 꿈꾸면서 허공을 선택한다. 자신이 추락하고 있다는 것을 깨닫지도 못한다. "라틴어에서 오이포리아Euphria는 '증상은 나쁜데 느끼는 쾌감' 혹은 '죽음 직전의 쾌적감' 등을 의미하는 말이다. 지극히 병적인 증세를 지칭하는 말이다."[20]

*19) 재인용. 이동용: 《망각 교실. 니체의 〈반시대적 고찰〉로 읽는 현대의 한계 논쟁》, 이파르 2016, 31쪽.

*20) 이동용: 《방황하는 초인의 이야기. 불후의 명작 괴테의 〈파우스트〉를 읽다》, 휴먼컬처아리랑 2020, 187쪽부터.

5

필연성의 결핍에 의한 가능성의 절망

앞서 유한성의 절망을 설명했다. 키르케고르는 세상 사람들만 주목하며, 그들의 시선만을 의식하고, 그렇게 일상에 젖어 사는, 그러면서도 기분이 좋다고 또 한가하다고 말하며 사는 사람들의 삶에서 유한한 삶에 갇혀 사는 가능성의 절망을 설명했다. 그런 사람들은 '정신적인 의미에서의 자기'(210쪽)를 잃고 사는 것이라고 설명했다. 이제는 정반대의 현상에 주목해 보자. 이번에는 가능성의 절망을 이해할 때이다. 유한성의 절망이 남이 한 말에 귀를 기울이고, 남의 생각만 주목하는 실수에 기인한다면, 가능성의 절망은 한계를 모르고 독주하는 자기 자신이 처하게 되는 실수를 말한다.

> 자기는 가능태로서 필연적인 것인 동시에 가능적인 것이다. 왜냐하면 자기는 물론 자기 자신이지만, 또 장차 자기 자신이 되어야 할 것이기도 하기 때문이다. 자기가 자기 자신인 한 자기는 필연적인 것이고, 자기가 장차의 자기 자신이 되어야 하는 것인 한 자기는 가능성인 것이다. 그런데 가능성이 필연성을 뒤로 하고 혼자서 독주하면, 자기는 가능성 속에서 자기 자신으로부터 도망하는 것이 된다. 이렇게 하여 자기가 돌아가야 하는 필연적(명증적)인 것을 갖지 못하게 되는데, 이것이 가능성의 절망이다. (211쪽)

다시 한번 반복해 보자. 키르케고르는 '죽음에 이르는 병'을 가르치고 있다. 여기에는 '죽지 말라'는 교육적 내지 교화적이고 훈육적 내지 설교적인 의도가 담겨 있다. 철학자가 하는 말은 모두 삶을 지향하고 있다. 살려면 어떻게 살아야 하는지를 설명하고 있는 것이다. 즉 '죽음에 이르는 병', 우리가 이 병을 모른다고 판단해서 그것을 철학적으로 설명하고자 하는 것이다. 철학자는 '죽음에 이르는 병'을 '절망'이라고 말했다. 그런데 그 절망의 현상은 간단하지 않다. 지금 철학자는 '유한성의 절망'과 '가능성의 절망'으로 구분하여 설명하고 있다.

앞선 장에서는 세상 사람들에게 마음을 쓰는 일상적인 사람들이 겪는 절망을 가르쳤다. 소위 "사람들이 하는 모든 말에 네 마음을 두지 말라"(전도서 7:21)는 성경 말씀처럼, 하나님의 뜻을 알기 위해서는, 신의 목소리를 듣기 위해서는, 사람들이 하는 말에 귀를 기울이지 말아야 한다는 말처럼, 인문학적으로는 자기 자신을 발견하고, 자기 자신의 목소리를 듣기 위해서는, 똑같은 방식으로 세상 사람들이 하는 말에 마음을 쓰지 말아야 한다는 것을 가르쳤던 것이다.

이제 '가능성의 절망'이 무엇인지, 이 개념으로 철학자는 무슨 설명을 하고 있는지 귀를 기울여 보자. 가능하려면 능력이 따라 줘야 한다. 해 낼 수 있으려면, 그럴 수 있는 힘이 받쳐져야 한다. 서려면 두 발이 필요하고, 두 발이 제 기능을 하려면, 근육이 제대로 작동해 줘야 한다. 가능성을 무시하고 자기 하고 싶은 대로 하는 것은 무모한 도전이 될 수 있다. 꿈만 꾸면 꿈은 실현되지 못한다. 현실 감각이 부족하면 현실은 그 자체로 이미 생지옥을 연출해 낼 것이다. 살아도 사는 게 아닌 것이 되고, 숨을 쉬어도 가슴이 답답함을 느낄 것이다.

절망은 병이다. 절망은 정신의 병이다. 외부에서 도울 수 있는 방법이 없다. 정신은 자기 자신의 문제이다. 정신이 처한 병에서 나오고 또 건강을 회복할 수 있는 것은 오로지 자기 자신만이 해 내야 하는 것이다. 밖에서는 그저 길이 어디에 어떻게 나 있는지만 가르쳐 줄 수 있을 뿐이다. 그 길을 걷는 것은 자기 자신이어야 한다. 대신해서 걸어 줄 수가 없다. 정신이 하는 일을 대신해서 생각해 줄 수도 없다. 절망하지 말라고 지금 철학자는 이토록 간절하게 설명하고 있는 것이다.

세상일에 갇혀 자기 자신을 놓치고 살지 말라는 말을 철학자는 '유한성의 절망'이라는 말로 설명했고, 한계를 모르고 까불지 말라는 말을 그는 또 '가능성의 절망'이라는 말로 설명했다. 이 두 가지 가르침이야 말로 '죽음에 이르는 병'의 핵심 내용이 될 수 있다. 키르케고르를 읽은 독자라면 적어도 이 두 가지의 병을 구분하여 설명할 수 있어야 한다. 땅만 보고 걷지도 말고, 하늘만 보고 걷지도 말라는 이 두 가지 서로 다른 병을 이해하고 있어야 한다. 땅만 보고 걸을 때 유한성의 절망에 빠질 수 있고, 하늘만 보고 걸을 때 가능성의 절망에 빠질 수 있기 때문이다.

6

가능성의 결핍에 기인하는 또 다른 절망으로서 필연성의 절망

'유한성의 절망'과 '가능성의 절망'이 분명하고 선명하게 해명되었다면, 이제 또 다른 절망으로 인식의 탑을 쌓아 올려야 할 때가 되었다. 가능성의 결핍에 의해 발생할 수 있는 절망으로 '유한성의 절망'을, 그리고 필연성의 결핍에 의해 발생할 수 있는 절망으로 '가능성의 절망'을 이해했다면, 이제 가능성의 결핍에 의해 발생할 수 있는 또 다른 절망으로서 '필연성의 절망'으로 인식의 그물을 짜야 할 때가 된 것이다.

사실 '필연성의 절망'은 '유한성의 절망'과 '가능성의 절망'을 모두 아우를 수 있는 절망이다. 이들 두 절망이 서로 얽혀 발생하는 것이 필연성의 절망이다. 절망이라 말하면서 이들의 서로 다른 현상을 구분할 수 있어야 한다. 현상은 다양하다. 아는 만큼 보인다고 했다. 보이지 않는다면 모르고 있는 것이다. 일상에 젖은 눈으로는 도저히 발견할 수도 없는 것이다. 그래서 우리는 지금 철학자의 철학으로 세상을 바라보는 훈련에 돌입하고 있는 것이다.

> 결정적인 것은 신에게 있어서는 모든 것이 가능하다고 생각하는 것이다. 이것은 영원한 진리이고, 따라서 모든 순간에도 진리다. 사람들은 그런 말을 곧잘한다. 일상의 습관처럼 무심결에 말하는 것이다. 그러나 인간이 막다른 골목에 몰릴 때, 즉 인간적으로 말하면 벌써 그 어떤 가능성도 존재하지 않게 되었을 때, 그때야 비로소 그 말은 결정적인 의미를 가지고 온다. 신에게 있어서는 모든 것이 가능하다는 것을 인간이 믿으려고 하는지가 문제로 등장한다. (214쪽)

'결정적인 것'이 읽혀지는가? '진리', 그것도 '영원한 진리'가 인식의 소리로 들리는가? 키르케고르는 기독교의 언어를 사용하지만 그것을 신학적으로 설명하지 않고 인문학적으로 설명하고 있다. 그 방법의 신선함과 새로움이 읽혀지는가? 철학자는 '영원한 진리'를 인정한다. "신에게 있어서는 모든 것이 가능하다"는 말도 인정하고 믿는다. 철학자에게도 신앙이 있다. 다만 신이 있던 자리에 인간을 대체해 놓을 수 있는가? 그것이 관건이 될 뿐이다. 철학자는 신앙을 말하지만, 거기에는 신도 있고 인간도 있다. 때로는 신이 등장하고, 또 때로는 인간이 등장한다는 사실을 깨달아 줘야 한다.

사람이 자기 자신을 인식하고 있는 한, 무한한 가능성의 존재로 군림할 수 있다. 자기 자신을 잃지 않는 한, 세상은 무궁무진한 모험을 가능하게 해 줄 것이다. 한계에 직면했을 때 자기 자신과 세상은, 안과 밖은, 내면과 외면은, 개인과 사회는 전혀 다른 길을 모색하게 해 줄 것이다. 상상도 못했던 길이 보이기도 할 것이고, 없던 길도 개척할 수 있게 해 줄 것이다. 결정적인 것은 결정적인 의미를 가지고 온다는 데 있다. 그때 말하는 결정적인 것이 바로 필연적인 것이다. 그것이 운명이라 불릴 수 있게 되는 것이다.

그런데 운명을 모르는 것이 일상이라 문제이다. 대부분의 사람은 자기 자신의 운명조차 알지 못하고 살아간다. 그래서 공자도 인생 50년쯤 살아봐야 '지천명'을 깨닫는다고 말했지만, 이것조차 군자의 길을 거듭해서 걸은 자의 인식이 되어줄 뿐이다. 대부분의 사람들은 50줄에 들어서서도 자기가 누군지도 모르고 살아갈 뿐이다. 이런 삶을 철학자는 '속물근성'이라는 개념으로 설명한다.

> 생각건대 속물근성은 가능성을 마음먹은 대로 처리할 수 있다고 생각한다. 이 속물근성은 자신의 거대한 능력의 탄력성을 비단정적인 것의 함정 또는 정신병원으로 유인해

서 그 안에 넣었다고 생각한다. 다시 말해 그 능력을 마치 포로로 삼은 것처럼 생각하고 있다. 가능성을 포로로 하고, 그것을 비단정성의 울타리 안에 넣어 끌고 다니면서 구경거리로 삼음으로써 거기에서 자기가 가능성의 주인이 된 듯이 만족하고 있다. 하지만 사실은 도리어 그것으로 말미암아 자기 자신이 포로가 되고, 무정신의 노예가 되고, 가장 불쌍한 신세가 되어 있다는 것을 모르고 있는 것이다. 바꾸어 말하면 가능성 속에 잘못 빠진 자 즉, 내일을 모르는 절망 때문에 허공을 뛰어오름으로써, 모든 것을 필연적인 것으로 만든 사람(숙명론자)은 절망에 눌려 찌그러지고 세상의 중압에 짓눌리지만, 속물근성은 정신이 없는 덕분에 승리감에 잠기는 것이다. (218쪽)

철학자는 우리 모두가 '모르고 있다'고 훈계한다. 우리 모두가 절망에 빠져 허덕이고 있다고, 우리 모두가 성공을 지향하며 치열하게 발버둥치지만, 그런 행위를 통해 우리는 오히려 자기를 '구경거리'고 만들고 있다고, 우리 모두가 이런 '속물근성'에 사로잡혀, 그 근성에 포로가 되고 노예가 되어 자기의 삶에 휘둘리게 하고 있다고. 이쯤에서 가시에 찔린 눈처럼 눈물이 쏟아지는 지경이 되어야 키르케고르가 한 말을 제대로 들었다는 증거가 될 것이다.

땅에도 길이 있고 하늘에도 길이 있다. 그래서 길에서도 길을 물어야 한다. 산은 산이요, 물은 물이다. 하지만 산은 산이 아니고, 물은 물이 아니다. 그래도 산은 산이요 물은 물이다. 첫 번째, 두 번째, 그리고 세 번째 인식이 구별되어야 한다. '유한성의 절망', '가능성의 절망', 마지막으로 '필연성의 절망'이 인식의 소리고 구별될 수 있어야 궁극적인 인식이 주어질 것이다. 그때 마침내 인문학이 연출하는 천국의 이념이 인식될 것이다.

IV.

의식적인 절망과 절망의 기술

사람은 절대적인 존재가 될 수 있다는 말의 의미

허영심은 대부분의 사람들이 보여주는 그 사람의 한계이다. 자기 자신이 무엇에 긍지를 갖고 있는지를 알고 나면, 그의 한계가 드러나는 것이다. 대부분의 사람들은 자기가 아는 것에 만족을 하며 살아간다. 그래서 사람이 자신의 한계에 직면하는 일은 거의 없다. 그렇게 무의미하게 웃고 즐기는 사이에 소중한 세월은 하염없이 빠져나간다. 의식도 하지 못한 채 망각의 강물 속에 떠나보내고 마는 것이다. 그런 시간을 통해서는 어떤 진리도 빛을 얻을 수 없다. 아무리 시간이 흘러줘도 소용없다.

그런데 그 허영심을 허영심이라고 깨닫고 나면 그 허영심은 엄청난 것을 선사해 주는 요인이 된다. 허영심은 사람이기에 가질 수 있는 공허한 마음이지만 그 공허 속에 의미를 채우고 나면 전혀 다른 눈을 뜨게 해 준다. 마음을 어떻게 쓰느냐의 문제일 뿐이다. 밖의 사물에 마음을 쓰지 않고, 안으로 시선을 돌려 안의 것에 신경을 쓸 수 있을 때, 사람은 전혀 다른 관념觀念으로 세상을 바라보게 된다. 그것이 곧 '사람이 절대적인 것이 될 수 있다'는 사실을 깨닫게 해 준다.

> 아무리 허영심과 자기만족에 강한 인간이라 하더라도 대부분은 자기가 자신에 대해서 아주 적은 관념만을 가지고 있을 뿐이다. 그들은 정신이라는 것에 대해서, 인간이 절대적인 것이 될 수 있다는 것에 대해서, 아무런 관념도 가지고 있지 않는 것이다. 그러나 그러면서도 그들은 허영심과 자기만족이 강하다. 서로 사이좋게 말이다. (220쪽)

키르케고르는 부정적인 말로 설명의 옷을 입혀 놓았지만, 여기서 우리는 그가 원하는 긍정적인 내용도 알아 볼 수 있을 것이다. 대부분의 사람들은 관념을 갖고 있지 않다. 그 관념이라는 말과 연결되는 수식어는 '무엇에 대해서'라는 말로 표현된다. 키르케고르는 모두 세 가지의 '대해서'를 언급한다. 첫째는 '자기 자신에 대해서'이고, 둘째는 '정신이라는 것에 대해서'이며, 셋째는 '인간이 절대적인 것이 될 수 있다는 것에 대해서'이다. 이 세 가지는 키르케고르의 철학을 지탱해 주는 기둥들이라고 봐도 될 것 같다.

첫째부터 훈련을 거듭해 보자. 키르케고르는 '자기 자신에 대해서' 일종의 관념을 가져줄 것을 바란다. 대부분의 사람들은 자기 자신보다는 신적인 것에 더 호감을 느낀다. 신적인 것에서 절대적인 것을 얻어내려고 애를 쓴다. 하지만 바로 그런 형식 속에 인간적인 것을 채우려 하는 것이 인문학적 시도이고 실존철학적 의도가 되는 것이다. 철학자는 자기 자신에 대한 무한 신뢰를 펼치고 있다. 자기 자신이야말로 모든 것의 중심임을 설명하고자 한다. 자기 자신이 모든 것의 지표가 되어 줄 것을 희망하는 것이다.

둘째는 '정신적인 것에 대해서' 관념을 가져 줄 것을 바라는 내용이다. 사람은 정신을 가지고 살아가는 존재이다. 정신이 있기에 생기는 현상들을 관찰하고 습득하여 마침내 정신의 주인이 되어 주기를 바라는 것이다. 정신은 이성의 영역이고, 이성은 생각이라는 수수께끼 같은 현상을 연출해 낸다. 사람이 생각하는 존재라는 것은 이미 '호모 사피엔스'라는 명칭이 생겨날 때부터 세상에 알려진 바다. 그런데도 사람은 여전히 생각하는 일에 미숙하기 짝이 없다. 오히려 자신의 생각에 희생되는 일이 너무도 많다.

셋째는 개인적으로 너무도 중요한 메시지라고 말하고 싶다. '인간이 절대적인 것이 될 수 있다는 것에 대해서' 관념을 가져 달라는 요구이기 때문이다. '인간은 절대적인 존재가 될 수 있다'는 이 발언이야말로 중세 천 년의 이념을 넘어서는 것이다. 신의 한계를 넘어서고 나니 보이는 인간이라는 현상이다. 수평선 너머 떠오르는 인간이라 불리는 태양이 연출되기도 한다. 인간이 절대적인 것이 될 수 있다는 말은 희망의 메시지이다. 실존철학이 들려주는 복음 소식이다.

2

진리가 사람이라는 논리

'진리'와 '구원'은 기독교 교회가 치열하게 정의하고 가르쳤던 교리의 내용들이다. 하지만 기존의 설명 방식은 오로지 하나님의 뜻을 헤아리는 데 주력했다. 하나님이 어떤 의도로 이 세상을 창조했고 또 인류를 만들었는지, 그런 뜻을 알려고 애를 썼던 것이다. 이런 뜻을 헤아리기 위해 신학자들은 늘 믿음부터 요구했던 것이다. 소위 지식을 얻기 위한 조건으로 믿음이 전제되었던 것이다. 그런데 키르케고르는 다른 방식으로 접근해 들어간다.

> 자기가 절망하고 있음을 모르고 있는 절망자는, 그것을 의식하고 있는 절망자에 비하면 진리와 구제로부터 한걸음의

> 부정만큼 동떨어져 있는 것에 불과하다. 절망, 그 자신은 하나의 부정성이고, 절망에 대한 무지는 또 하나의 새로운 부정성이다. 그런데 진리에 도달하기 위해서는 온갖 부정성이 뽑혀 나가야 한다. (221쪽)

지금 철학자가 다루는 개념들을 모아 보면, 재미난 현상이 발견된다. '진리'와 '구원'이 문제의 중심에 서 있고, 그 중심을 빙빙 돌고 있는 것이 절망과 절망자이다. "그런데 진리에 도달하기 위해서는 온갖 부정성이 뽑혀 나가야 한다." 그 부정성을 뽑아 제거하려면 그것이 무엇인지부터 알아 볼 수 있어야 한다. 알아 봐야 그것을 뽑아 낼 수 있기 때문이다. 무엇이 부정성이란 말인가? 철학자는 그것을 두 가지 요인으로 설명한다. 이들은 마치 양파의 껍질처럼 하나씩 감싸고 있는 현상을 연출해 낸다.

"절망, 그 자신은 하나의 부정성이고, 절망에 대한 무지는 또 하나의 새로운 부정성이다." 하나의 부정성은 절망 그 자체이고, 다른 또 하나의 부정성은 절망 그 자체를 모르는 절망자의 무지이다. 절망은 부정적 개념이다. 그 부정의 부정성부터 알아야 한다. 무엇이 부정적이라는 말인가? 절망이 부정적이다. 그런데 인간이 절망자의 가능성을 내포하고 있다. 즉 인간인 자기 자신이 스스로 절망하고 있다는 사실을 인지하지 못하고 있다는 것이 부정적인 문제를 양산해 내고 있는 것이다.

그리고 개인적으로 가장 눈길을 끄는 것은 '진리에 도달하기 위해서'라는 구절이다. 철학자의 설명을 아무리 반복해서 읽어도 여기서 말하는 '진리'는 하나님의 뜻으로 연결되지 않고 있어서 놀랍다. 진리에 도달하려면 부정성을 하나씩 제거해야 한다는 것이 철학자의 주장이었다. 그런데 그 부정성을 제거하면 할수록 드러나는 대상은, 즉 접근해 들어가는 대상은 스스로 절망을 하고 있다는 사실을 잊고 있던 절망자의 마음, 말하자면 존재자의 존재라 말할 수 있는 그 내면이다. 이런 논리가 형성되면 경악을 금치 못할 것이다. 왜냐하면 '진리가 곧 사람'이라는 이런 놀라운 주장, 소위 혁명적인 주장이 발견되고 있기 때문이다.

사람이 진리의 주인공이 될 수 있다? 아니 철학자는 될 수 있다고 말하는 것이 아니라, 사람이 진리라고 단정적으로 말하고 있다. 철학자는 그 진리에 도달하는 길을 개척하고 있는 것이다. 길은 있다. 하려는 의지만 있으면 언제든지 길은 찾을 수 있다. 마음만 먹으면 없던 길도 만들어 낼 수 있다. 그것이 사람의 일이다. 사람이 해야 할 일 중에 가장 중요한 것이 자기 자신이 진리라는 사실을 깨닫는 것이다. 자기 자신을 깨닫는다는 것이 곧 진리를 깨닫는다는 말과 같은 말임을 깨달아야 한다.

절망이라는 개념을 모르는 것도 나쁘지만, 그 절망에 빠져 허덕이고 있는 자기 자신의 모습을 인지하지도 못한다는 것이 더 나쁜 것이다. 바로 이 현상은 더 깊은 곳에 은폐되어 있기 때문이다. 절망에 빠져 있는 자기 자신을 발견해 내기 위해서는 절망이 무엇인지에 대한 인식이 먼저 주어져야 한다. 하나씩 하나씩, 자기 자신을 감싸고 있는 껍질을 벗겨 내야 한다. 그 수많은 껍질 속에 자기 자신이 모습을 드러내기를 기다리고 있기 때문이다. 또 다른 실존철학자 하이데거의 개념으로 설명하자면, 자기 자신은 그 깊은 곳에서 현존재가 될 기회를 기다리고 있는 것이다.

진리는 사람이다. 진리는 자기 자신이다. 진리는 절망에 빠져 있는 절망자가 찾아내야 하는 대상이다. 모름은 어떤 형식으로든 부정적이다. 사람은 이성적 존재이니 앎만이 미덕이다. 사람은 알아야 한다. 그래서 사람에게 주어진 최고의 숙제가 바로 깨달음이라는 것이다. 인식의 숙제야말로 사람이 살아서 풀어야 하는 것이다. 삶이 주어진 이상 앎만이 해답이다. 그 앎이 사람을 구원에 이르게 해 줄 것이다. 그 앎이 진리에 도달하게 해 줄 것이다. 중세 신학자들의 발언처럼, 진리는 존재한다. 진리는 반드시 존재해야 한다. 그런데 그 진리가 사람이라는 논리가 지금 펼쳐지고 있어서 잠시 독서의 발걸음을 멈춘 것이다.

3

무지에 기인한 가장 위험한 형태로서의 절망

사람이 모른다는 것은 부정적이라는 이 말부터 곱씹어 봐야 한다. 정신이 있다는 것은 의식을 전제하고, 의식이 있다는 것은 이성을 전제한다. 이성이 있어 합리적인 사고를 할 수 있고, 합리적으로 사고를 할 수 있어 현실을 현실로 인식할 수 있는 것이다. 그런데 정신이 없을 수 있어서 문제가 된다. 철학자 키르케고르는 정신의 부재 가능성이라는 이런 현상이 발생할 수 있음을 경고한다. 사람이 자기 자신을 정신적인 존재로 인식하지 못할 때 가장 위험한 절망의 늪에 빠진다는 사실을 다음과 같은 말로 경고하고 있는 것이다.

> 그러나 무지는 절망을 제거하든지, 절망을 절망이 아닌 것

> 으로 변경하는 것은 아니고, 도리어 반대로 무지는 절망의 가장 위험한 형태일 수 있다. 무지하기 때문에 절망자는, 이것이야말로 그 스스로의 파멸이지만, 절망을 느끼지 못하게 하는 어떤 작용에 의해 지켜지고 있다. 다시 말해 그는 절망의 수중에 맡긴 채 아주 안심하고 있는 것이다. / 자기가 절망하고 있음을 모르고 있을 때, 인간은 자기를 정신으로 의식하는 상태에서 가장 많이 멀어져 있다. (221쪽)

무지는 인간에게 부정적이다. 생각하는 존재는 어떤 형식으로든 알고자 하는 것을 운명으로 삼기 때문이다. 결국 무지는 운명을 외면하는 것이고, 그때 무지는 삶 자체를 깊은 수렁에 빠뜨리고 만다. 무지 중의 무지로, 가장 위험한 무지로 철학자는 절망을 소개하고 있다. "무지는 절망의 가장 위험한 형태일 수 있다." 그럴 수 있어서 문제가 된다는 얘기이다. 앞선 절에서 설명했듯이, 첫째 '자기 자신에 대해서' 무지하고, 둘째 '정신이라는 것에 대해서' 무지하며, 셋째 '인간이 절대적인 것이 될 수 있다는 것에 대해서' 무지하다면, 이것이야말로 치명적인 절망이 아닐 수 없다.

사람이 자기 자신에 대해서 아는 바가 없다면 가장 위험한 상태에 빠진 것이다. 자기 자신에 대해서 모른다는 말은 곧 자기 자신을 '정신으로 의식'하지 못한다는 말과 같은 의미이다. 정신으로서의 자기를 모르는 그 모름, 즉 그 무지는 '스스로의 파멸'을 자초하는 지경에 이르게 된다. 자기 자신을 정신적인 존재로 의식하지 못한다는 것은 실존철학적 시각으로 보면 자기 자신의 파멸과 같다는 얘기가 된다. 자기의 파멸은 무지에 기인한 절망에 의해 발생하게 되는 것이다.

절망의 늪에 빠진 자, 즉 그런 절망자는 자신의 절망 상태를 인식하지도 또 의식하지 못함으로써 자기 자신을 스스로 파멸로 이끈다. 그런 파멸의 길 위에서도 절망자는 착각으로 일관한다. 말하자면 절망자는 자신의 '절망을 느끼지 못하는 어떤 작용에 의해 지켜지고' 있다고, 또 '절망의 수중에 몸을 맡긴 채 아주 안심하고' 있는 것이다. '지켜지고 있다'는 생각도 착각이고, 스스로 '안심하고 있다'고 믿는 것도 지극히 위험한 발상이다. 이 모두 삶을 방해하는 미신에 불과하다.

인간은 자기 자신을 정신으로 의식할 때, 비로소 스스로 '절대적인 것'이 될 수 있는 기회가 주어지는 것이다. 정신이 맑을 때 신명神明 나게 놀 수도 있게 되는 것이다. 정신은 차려야 한다. 정신은 들어야 한다. 정신은 자기 자신을 절대적인 것으로, 즉 신적인 존재로 만들 수 있는 힘을 지녔다. 정신력精神力이 강할수록 자기 자신의 삶을 통해 도달할 수 있는 경지는 높을 것이다. 정신이 인도하는 세상이야말로 빛의 의미로 출현하는 천국이라 말할 수 있을 것이다.

절망은 '제거'의 대상이다. 절망은 '절망이 아닌 것으로 변경'되어야 마땅하다. 절망을 극복하지 못한 절망자는 자신의 절망으로 인해 인생 자체가 꼬이고 만다. 풀리지 않은 끈에 묶인 채 옴짝달싹하지 못하는 인생처럼 안타깝고 안쓰러운 것이 또 없다. 절망은 무지와 관련한다. 몰라서 절망에 빠지는 것이지만, 절망에 빠져 있다는 그 사실조차 인지 못하는 상황이 자기 자신을 더 깊은 어둠 속에 가둬 놓는다. 이 주장과 이 설명은 늘 구원에 이르는 길을 찾게 해 주는 동아줄처럼 여기며 기억 속에 담아 두고 명심해야 한다.

절망한 줄 알면 절망하지 않을 수 있다. 절망이 무엇인지 알고 나면 절망을 피할 수도 있고 또 극복할 수도 있는 것이다. 아무리 어렵고 힘든 일이라 해도 알고 나면 쉬워지는 법이다. 반대로, 아무리 간단한 일이어도 모르는 상황에서는 허우적거릴 수밖에 없다. 갑자기 어두운 공간 속에 들어간 사람처럼 두 팔을 벌리고 어정쩡한 자세로 걷고 있는 것을 보는 것처럼 우스꽝스러운 장면은 없을 것이다.

가장 희극적인 장면은 관객은 알고 있는데, 무대 위에 서 있는 배우는 모르고 있다는 상황 속에서 연출된다. 그래서 관객은 실수를 연발하는 배우를 향해 배꼽을 잡고 웃게 되는 것이다. 마찬가지로 가장 비극적인 장면도 같은 원리에 의해 펼쳐진다. 피할 수도 있는 실수를 비극적 인물은 전혀 감지도 못하고 정면으로 충돌하고 만다. 가지 말라고, 다가서지 말라고 아무리 소리쳐도 그는 어떤 소리도 듣지 못한다. 이것이 바로 비극적인 운명을 연출해 내는 것이다.

절망에의 무지는 스스로를 파멸로 이끈다. 문제는 절망자의 절망이 '어떤 작용'을 펼치며 절망에 빠져 있는 것이 아니라는 생각을 연출해 낸다는 것이다. "다시 말해 그는 절망의 수중에 몸을 맡긴 채 아주 안심하고 있는 것이다." 안심하고 있지만 절대로 안심할 수 없는 상황이다. 자기는 좋다고 말하는데, 그 상황은 절대로 좋은 상황이 아니다. 이것이야말로 잘못된 안심이고, 잘못된 인식이다. 사람은 생각하는 존재이지만, 그 사람의 생각이 실수를 할 수 있다는 것이 문제의 핵심이다.

사람은 자신의 생각으로 인해 파멸할 수 있는 존재이다. 사람은 자기 생각 때문에 파멸을 자초할 수 있는 존재이다. '자기가 절망하고 있음을 모르고 있을 때' 삶은 온갖 환영과 망상을 동원하며 비극적인 일들을 연출해 낼 것이다. 아무것도 아닌 그림자를 향해 소스라치게 놀라기도 하고, 땅바닥에 누워서도 추락하고 있다고 생각하며 허우적대기도 할 것이다. 아무것도 아니지만, 생각은 그 모든 것을 엄청난 것으로 연출해 낼 수 있다. 생각은 그럴 수 있는 힘을 소지하고 있다. 그 힘에 지배당하는 노예가 되느냐, 아니면 그 힘을 다루는 주인이 되느냐는 전혀 다른 문제이다.

또 개인적으로 주목을 끄는 것은 '인간은 자기를 정신으로 의식하는 상태'라는 구절이다. 철학자가 긍정적 의미로 제시해 주는 모든 설명들을 모아 보면 철학자가 지향하는 궁극적인 목적지, 즉 그 철학적인 이념이 엿보인다. '인간이 자기를 정신으로

의식하는 상태'가 바로 철학적 여정을 통해 '도달하고자 하는 진리'이며, 그 진리에 마침내 도달했을 때, '인간은 절대적인 것이 될 수 있다'는 논리가 발견되고 있다. 정말 놀랍다. 이것이야말로 선구자의 발언이다. 이것을 읽어내야 그가 걸어간 길에 동참할 수 있고, 또 그 길 위에서 철학자가 무엇을 보았는지도 함께 바라볼 수 있게 될 것이다.

절망을 공부하면 절대적인 것이 될 수 있다. 질병을 공부하면 필연적인 것을 알 수 있다. 질병으로서의 절망을 인식하고 나면 운명까지 알게 된다. 절대적인 것이 되고 나면 인생은 전혀 다른 세상을 연출해 낼 것이 틀림없다. 그 세상에 질병이 없다는 것이 아니라, 질병이 있어도 그 질병과 더불어 또 다른 세상을 펼쳐 놓게 된다는 것이다. 그 세상에 절망하지 않는 인간이 탄생한다는 얘기가 아니라, 그 절망 속에서도 길을 찾고 헤쳐 나가는 도전과 모험에 임하는 인간이 등장해 준다는 얘기이다.

4

구원에 이르게 하는 의식적인 절망

앞서 철학자는 절망에 빠져 있다는 사실을 인지하지 못하는 절망자의 현상에 대해서 설명을 해 주었다. 이제는 절망에 빠져 있다는 사실을 인지하는 절망자의 절망에 대해 알아봐야 할 때가 되었다. 알고 나면 쉽다고 말했다. 절망도 알고 나면 길을 가르쳐 줄 것이다. 나쁜 것도 알고 나면 도움이 될 것이다. 독약도 알고 나면 예방주사 속에 들어 있는 약물쯤으로 간주할 수 있게 될 것이다. 안다는 것이 사람에게는 이토록 위대한 현상을 인식하게 해 준다.

이렇게 해서 의식적인 절망에는 한편으로는 절망이 무엇이냐에 대한 참된 보편적 관념이 요구된다. 그리고 명료성과

> 절망을 관련시켜 생각하는 경우에 한해서 자기 자신에 관한 명료함이 요구되는 것이다. 자기가 절망하고 있다는 것에 대한 완전한 명료함이 절망하고 있다는 것과 어느 정도까지 결합되느냐, 다시 말해 명료한 인식과 명료한 자기의식이야말로 인간을 절망에서 구출하고, 자기 자신의 상태에 놀라게 만들어 인간이 절망 상태에 있지 않도록 하는 것인지에 대해, 우리는 지금 여기서 결정하려고 생각하지는 않고, 또 그러한 것에 대한 연구를 뒷장에서 볼 수 있겠기에 여기서는 그것을 시도하지 않겠다. (225쪽)

우리는 지금 《죽음에 이르는 병》이 도달하고자 하는 종착역의 이름을 이미 제공받은 셈이다. 철학자가 자신의 철학적 여정을 통해 도달하고자 하는 목적지가 어딘지를 분명하게 밝혀 놓았기 때문이다. 철학자는 '뒷장에서', '인간을 절망에서 구출'하고, '인간이 절망 상태에 있지 않도록 하는 것'이 무엇인지 설명하겠노라고 밝히고 있다. 그때가면 사실 여기서 언급한 내용이 반복되고 있을 뿐일 것이다. 정답을 미리 말해 놓고 문제를 풀게 해 주는 꼴이다.

답을 알고 나서 문제를 풀기, 아마도 철학자는 이런 전술을 펼쳐야 하는 이유를 알고 있었을 것이다. 과거 선배들이 펼쳐 놓은 학문적 발언과는 전혀 다른 말을 하고 있는 자신의 철학을 혹시나 오해받지 않도록 하기 위함일 것이다. 자신의 철학적 미로 속에서 길을 잃지 않도록 배려한 것이다. 도달해야 할 항구는 분명하다. 그것은 진리이며 구원이다. 구원이 구제로 번역되든 구출로 번역되든 상관하지 말아야 한다. 다 같은 이념을 전하려는 낱말들일 뿐이기 때문이다.

철학자는 사람을 구원에 이르게 하고 싶은 것이다. 사람이 구원에 이르는 길이 어떤 것인지 가르쳐 주고 싶은 것이다. 그 구원은 신의 은총에 의해서 이뤄지는 것이 아니라, 자신의 생각을 통해서 이뤄질 수 있다는 사실을 깨닫게 해주고 싶은 것이다. 중세 어둠의 시대, 즉 그 암흑기에 빠져 있는 정신을 구출해 내고, 일깨워 '각성'하게 해 주고 싶은 것이다. 심정지 상태에 빠진 정신에 심폐소생술을 시도하고 싶은 것이다. 어떻게 해서든지 사람을 살려 내고 싶은 심정이 이 철학의 근본을 이루고 있다. 이것이 실존철학의 이념이라는 얘기이다.

'뒷장'에서 다시 반복하는 일이 있더라도, 철학자가 지금 실행하고 있듯이, 반복하는 의미에서, 아니 그때 가서 반복을 제대로 할 수 있기 위해, 철학자가 제시해 준 말들을 지금 곱씹어 두어야 한다. '명료한 인식과 명료한 자기의식이야말로 인간을 절망에서 구출'해 주고, 또 그런 인식과 그런 자기의식이 '자기 자신의 상태에 놀라게 만들어 인간이 절망 상태에 있지 않도록' 해 준다. 구원은 자기 자신의 문제이고 자기 자신의 책임이며 자기 자신의 일이다. 구원과 관련된 일을 타인에게 전가할 수 없다는 얘기이다. 누구 보고 '구원해 달라'고 말하는 것은 자기를 대신해서 자기 삶을 살아달라고 말하는 것과 같은 것이 되고 만다.

'죽음에 이르는 병'에서, 즉 그 질병을 통해 '구원에 이르는 처방'이 소개 되고 있다. 절망은 질병이지만 그것을 알고 나면 변증법적인 힘으로 작동하게 된다. 소위 정반합의 논리에 의해 전혀 다른 세상이 펼쳐지게 되는 것이다. 절망자가 자신의 절망을 딛고 일어서면 스스로는 전혀 예상하지 못한 인생을 접할 수 있게 되는 것이다. 상상을 초월하는 세상과 그 세상 속에서 살아가고 있는 자기 자신을 발견하게 되는 것이다. 이것이야말로 르네상스적인 발견에의 기쁨일 것이다. 그 발견 속에 인간적인 너무나 인간적인 현상이 가득 채워져 있다는 사실이 인식의 대상으로 주어지고 있기 때문이다.

의식적인 절망에 대한 참된 보편적인 관념이 무엇인가? 그것은 명료성과 절망이 하나의 관계 속에서 엮이는 것이다. 쉽게 말하면, 절망이 명료성의 의미로 밝혀지는 것이다. 더 분명하게 말하면, 절망이 빛 속에 모습을 드러내는 것이다. 빛 속에 드러난 모든 것은 보편적인 관념으로 인식될 수 있다. 어둠 속에서는 온갖 망상을 끌어들였을지는 몰라도, 빛이 도래하고 나면 모든 것은 한 순간에 밝혀지고 만다. 절망은 절망할 일이 아니었다.

이런 지경에 이르고 나면, 즉 절망을 빛으로 밝히고 나면, 예수 그리스도가 한 말, 즉 철학자가 이 책의 '서문'에서 인용하며 언급했던 그 신의 말까지 이해할 수 있을 것이다. “이 병은 죽을 병이 아니다.”(181쪽) 절망은 절망할 일이 아니었다. 절망은 절망할 정도의 대상이 아니었다. 절망은 자기 자신을 그토록 어둠 속에 갇히게 할 정도로 강력한 권력을 지닌 것도 아니었다. 이러한 ‘의식적인 절망’이 밝히는 명료함에 의해 정신은 구원에 이르게 되는 것이다. 하지만 철학자가 말했듯이, 쉽게 결론에 이르려고 하지 말자. 스스로 끝도 없는, 끝이 안 보이는 그런 길 위에 머무르게 하려는 의지로 독서에 임해 보자.

5 자기 자신이기를 거부하는 약함의 절망

절망에 빠진 절망자의 대표적인 하나의 현상은 자기 자신이기를 거부하는 태도이다. 이때 절망자는 자기 자신을 얽어매는 절망의 원인을 자기 자신에게서 찾는 실수를 범하게 된다. 소위 '내가 밉다' 혹은 '내가 싫다'는 일종의 후회와 원망이 섞인 감정이 형성하게 되는 것이다. 결과를 놓고 원인을 추궁하는 실수, 즉 자기 자신이 밉고 싫어서 절망에 빠진 것이라고 판단하는 이런 생각이야말로 나약한 생각인 것이다. 이런 현상을 두고 철학자는 '단순한 상대적 대립'을 일삼는 '약함의 절망'(227쪽)이라 칭하며 다음과 같이 설명한다.

이것은 순수한 직접성(외적영향)이다. 혹은 어느 정도 약간

> 의 반성을 포함하는 직접성이다. 그래서 여기에는 자기에 대한 절망이 무엇인가에 대한, 또는 자기 상태가 절망이라는 것에 대한 자기의 무한한 내적 의식은 존재하지 않는다. 절망은 단순한 수난이고 외부로부터의 압박에 굴하는 것이지 내부로부터 행동으로 나타나는 일은 없다. (227쪽)

매우 중요한 지적이다. 요즈음 현대 의학적 용어로 말하자면, 지금 철학자는 '우울증'을 설명하고 있는 것이다. 절망에 빠진 절망자는 '자기에 대한 절망이 무엇인가'에 대한 진정한 판단이 결여되어 있다. 그는 '자기 상태가 절망이라는 것에 대한' 의식이 결여되어 있는 것이다. 소위 그에게는 '자기의 무한한 내적 의식'이 없는 것이다. 바꿔 말하면, 지금 철학자는 '자기의 무한한 내적 의식'이야말로 중요한 사안임을 역설하고 있는 것이다. 그런 자기의식이 바로 구원에 이르게 한다고 이미 밝혀 놓은 바 있다.

절망자가 자기 상황을 자기 때문이라고 자책함으로써 더 깊은 수렁에 빠지고 만다. 이것이 약함의 절망이다. 이에 반해 철학자는 자신의 목소리를 다음의 문장 속에 분명하게 담아 놓았다. "절망은 단순한 수난이고 외부로부터의 압박에 굴하는 것이지 내부로부터 행동으로 나타나는 일은 없다." 철학자는 이 문장을 단정문의 형식으로 제공해 놓았다. 즉 철학자의 주장이라는 얘기이다. 이런 주장을 무시하고 읽으면 전혀 다른 길로 접어드는 실수를 범할 것이다.

절망은 어떤 형식으로든 '단순한 수난'이고 '외부로부터의 압박에 굴하는 것'이다. 이 점은 지금 분명하게 해 놓아야 한다. 예를 들어 젊은 베르테르가 슬픔에 빠진 이유는 사실 사회의 관념과 통념 때문이었지만, 소설 속 그 인물은 이룰 수 없는 사랑 앞에서 무너지고 마는 실수를 범한다. 그런 소설을 읽으며 독자는 눈물을 흘리게 된다. 죽지 않아도 되는 젊은이가 죽어서 슬픈 것이다. 그런 죽음 앞에서 비극적 결말을 인식하는 것이다. '젊은 베르테르의 슬픔'은 일반 대중이 느끼는 슬픔으로 전환을 이루게 될 때 소위 말하는 위대한 작품이 탄생하게 되는 것이다.

하지만 절망자 스스로는 그런 전환을 겪어 보지 못한다. 소설 속 주인공처럼 절망에 빠지고 만다. 무능하기까지 한 자기 자신을 책임질 수도 없는 지경에 이르고 만다. 슬픔이 고통으로 이어지고, 그런 고통이 숨통을 조이게 한다. 도저히 살 수가 없다. 절망에 빠진 자가 생각을 통해, 즉 자신의 생각으로 자기 자신을 탓하기 시작하면 답이 없다. 자기 자신이 자기 자신을 너무도 잘 알기 때문에 온갖 퇴로를 차단하고서 자기 자신을 몰아댈 것이 틀림없기 때문이다. 자기 자신이 적으로 등장하면 자기 자신을 이길 수 있는 자기 자신은 없다. 자기 자신이 자기 자신의 치명적인 약점을 너무도 잘 알기 때문이다.

물론 절망에의 의식이 형성되면 상황은 달라진다. '내부로부터 행동으로 나타나는 일'이 되어 줄 때, 절망은 전혀 다른 세상을 연출해 낼 것이다. 안에서 밖으로 드러나는 행동, 그런 능동적인 행동이 삶을 바꿔 놓을 것이 틀림없다. 하지만 생각의 칼날이 자기 자신을 향하게 될 때는 모든 것이 너무도 쉽게 무너지고 만다. 자기 자신을 지켜주고 돌봐주고 위로해 줘야 할 자기 자신이 적으로 돌변하고 나면 모든 것은 무의미해지고 만다. 그때 하는 말들은 모두 '말의 남용'이요 '말의 유희'(227쪽)에 지나지 않게 된다. 그 장난에 놀아나는 것은 오로지 자기 자신일 뿐이다.

6

절망할 때 잃어버리는 것은 영원한 것

철학자의 철학적 설명을 다시 한번 요약해 보자. 인간은 '절대적인 것'(220쪽)이 될 수 있다. '진리에 도달하기 위해서 온갖 부정성이 뽑혀 나가야'(221쪽) 한다. 명료한 인식과 명료한 자기의식이 '인간을 절망에서 구출'(225쪽)할 수 있다. 여기까지 좇아 왔다면 이제 영원한 것이라는 개념을 접하고서도 당황하지 않을 수 있을 것이다. 중세의 신학자들이 말하는 그런 '영원'을 말하고 있지 않다는 것을 인식의 소리로 들을 수 있어야 한다.

> 그러나 절망한다는 것은 영원한 것을 잃어버리는 것이다. 게다가 그는 이 상실을 전혀 문제 삼지 않고, 또 몽상조차

하지 않는 것이다. 지상적인 것을 잃는다고 해서 그것만으로 절망은 아니다. 그러나 그가 문제로 삼는 것은 바로 그것이고, 그것을 그는 절망이라고 일컫는 것이다. 그가 말하고 있는 것은 어떤 의미에서는 참된 것이다. 그러나 그가 그것을 이해하고 있는 것만 가지고는 참이라고 할 수 없기 때문에 그는 뒤바뀐 위치에 있는 것이다. 그래서 그가 말하는 것도 거꾸로 이해해야 한다. (228쪽)

실존철학에서 감동을 받는 부분은 이런 대목이다. '영원한 것'이 형이상학적 개념이라는 사실은 누구나 인정하는 바다. 하지만 그 형이상학적 개념을 통해 무엇을 내용으로 채우고 있느냐는 전혀 다른 얘기가 된다. '영원한 것'이라 말하면서 신과 신성을 떠올리게 해 놓은 것은 중세 신학의 업적인 것은 인정해야 한다. 이제 우리가 도전해야 할 대목은 '영원한 것'이라 말하면서 인간과 인간성을 떠올리는 일이다. 사람과 사람됨을 생각해내는 일이다. 존재자의 존재라는 실존철학적 의미를 생각 속에 채우는 일이다.

"그러나 절망한다는 것은 영원한 것을 잃어버리는 것이다." 중요한 지적이다. 이 문장을 실존철학의 문장으로 이해하고 해석해 내는 일이 관건이다. 절망자가 자신의 절망을 통해 잃어버리는 것은 영원한 것이다. 그런데 그 영원한 것이 잃어버린 대상으로 인식되지 않는다는 것이 문제의 핵심이다. 예를 들어 영원한 것을 자기 자신으로 바꿔 놓은 형식을 생각해 내면 된다. 자기는 자기를 안다고 착각할 때가 너무도 많기 때문이다. 실제로는 자기가 자기를 상실하고 있는데도 불구하고 자기가 자기를 안다고 또 그래서 자기를 책임지고 있다고 착각하는 것이다. 그런 그가 절망에 빠져 있는데도 불구하고 절망에 빠졌다는 소식조차 접하지 못하는 것이다. 정말 위험천만한 생각이다.

세상은 생각대로 되는 일보다 생각대로 안 되는 일이 더 많다. 아니 생각으로 이 모든 것을 대할 수 있게 하는 것이 생각하는 존재를 구원에 이르게 해 줄 것이다. 현대인이 절망에 빠지는 대표적인 사례라면 돈을 잃어버렸을 때일 것이다. 하지만 돈도 그저 '지상적인 것'에 불과하다. 그 지상적인 것을 잃어버린 것 자체는 진정한 절망이 아니다. 그런데도 현대인은 이런 순간에 마치 모든 것을 잃어버린 것인 양 절망에 빠지기도 한다. 드넓은 공터에서도 길이 없다고, 환한 대낮인데도 앞이 캄캄하다고 호들갑을 떨고 있는 것이다.

"그가 말하고 있는 것은 어떤 의미에서는 참된 것이다." 하지만 그저 '어떤 의미에서'만 인정될 수 있는 사안이다. '지상적인 것'을 잃는 것은 그저 그 어떤 의미에서만 인식될 뿐이다. 그것을 두고 전부라고 판단하는 것이 바로 생각의 실수, 즉 생각이 범할 수 있는 치명적인 실수인 것이다. 지상적인 것을 잃어버린 것을 아는 것도 분명 아는 것이 틀림없다. 하지만 그 참된 것을 안다고 해서 진정한 참, 즉 진정으로 옳은 생각을 할 수 있느냐는 다른 문제이다.

그래서 생각하는 존재는 상황을 바꿔 가며 생각하는 훈련을 해야 한다. 지상적인 것을 잃었을 뿐인데 그런 상황에서 자기 자신의 가치까지 상실하는 실수는 없어야 한다. 지상적인 것의 입장이라는 것도 있다는 사실을 깨닫고 나면, 그 입장에서 자기 자신을 바라볼 수 있는 여유도 생길 것이다. 그런 입장 바꾸기가 가능하다면 생각하는 존재는 생각 때문에 자기 자신을 상실하는 실수는 범하지 않을 것이다. 소위 '뒤바뀐 위치에 서기' 혹은 '거꾸로 이해하기' 등이야말로 생각하는 존재가 도전해야 할 생각의 형식들이다.

7

자기 자신이라는 자기 집의 비유

생각하는 존재는 생각을 통해 자기 자신을 바라볼 수 있는 수수께끼 같은 능력을 지니고 있다. 다른 동물에게서는 절대로 발견되지 않는 능력이다. 거울 앞에서 인간은 자기 자신을 확인한다. 소위 인간은 거울을 가진 존재이다. 거울이 의미하는 바는 무궁무진하다. 거울이 있기에 펼쳐지는 이야기 또한 무궁무진하다. 인간이 인간을 알면 무궁무진한 이야기가 펼쳐진다. 그때 그 이야기 속의 주인공이 바로 인간이다. 그 이야기를 자기 자신이라는 '자기 집'으로 비유를 바꿔 보면 절망자의 절망에 대해 묘한 인식을 전해 준다.

다시 말해 어떤 사나이가 자기 집에 연기가 피어오르기 때문에, 또는 그 밖의 어떤 이유로, 자기 집이 싫어지고 재미가 없게 된다. 그래서 그는 집을 나가버린다. 그러나 그는 이사를 하는 것도, 따로 방을 얻는 것도 아니며, 여전히 지금까지 그가 살고 있던 집을 자기 집으로 생각하고 있다고 하자. 그는 자기가 사는 집이 전처럼 살기 좋은 집이 되기를 기다리고 있는 것이다. 절망자의 경우도 이와 같은 것이다. (233쪽)

자기 집에 불이 나면 밖으로 나가 불을 끄는 것이 급선무다. 그 안에서 무의미하게 불에 타 죽는 일은 없어야 한다. 그런데 불도 불 나름이다. 예를 들어 생철학자 니체가 〈이 사람을 보라〉라는 시에서 "나는 불꽃임에 틀림없다"[21]라고 말한 것은 전혀 다른 불을 의미한다. 신이 된 철학자가 자기 자신을 '나'라고 부르고 그 일인칭 시점에서 '이 사람을 보라'라고 말하고 있기 때문에, 그때 그 '불꽃'은 바로 신의 현상이 되는 것이다. 그는 스스로 타는 불꽃 속에서 그 뜨거움을 견뎌내고 있다. 아니 견디는 것에만 만족하지 않고 세상을 밝히는 그 빛의 존재까지 스스로 인식하고 있는 것이다.

하지만 키르케고르가 여기서 비유적으로 설명한 불이 난 '자기 집'과, 또 불을 바라보는 절망자의 입장은 사뭇 다르다. 불이 난 자기 집을 버리고 밖으로 뛰쳐나간 상황은 지극히 이성적인 듯이 보이나, 그 집을 자기 자신이라는 공식을 적용하고 나면 절대로 그래서는 안 되는 상황이 펼쳐진다. 무슨 일이 있어

*21) 재인용, 이동용: 《사랑한다! 괜찮아!》, 제1권, 위의 책, 89쪽.

도 자기 자신을 버려서는 안 되기 때문이다. 자기는 지켜야 할 대상이다. 그것이 사람이 자기에 대해 펼쳐야 할 일이며 숙제이며 책임인 것이다.

절망자의 희망사항은 간단하다. 자기 자신이라는 집이 예전처럼 다시 살기 좋은 집이 되기를 바란다. 자기 집이 자기 자신이 쉴 수 있는 공간이 되어 주기를 바란다는 것이다. 그런데 그 집에서 쉴 수 없다면, 그 집이 문제인 것이고, 그것은 곧 자기 자신이 문제라는 논리가 서게 된다. 바꿔 말하면 절망자가 절망한 이유는 자기 자신이 자기에게 편안함을 제공해 주지 않고 있다는 결론에 도달하게 된다.

지금 우리는 철학자가 무슨 말을 하고 있는지 깨달아야 한다. 일단 자기 자신은 집이라는 현상적이고 사물적이며 현실적이고 구체적인 개념처럼 불에 탈 수 있는 개념이 아니다. 불에 탄다는 것은 내면의 문제일 뿐이다. 마음의 문제이고 영혼의 문제이며 정신의 문제이다. 자기 자신을 집이라고 말할 때는 그래서 어떤 이유에서 그 집이 불에 타고 있는 것처럼 느껴지는지를 확실하게 인식해 내야 한다. 그리고 또 자기 자신이 불에 타고 있다면 결국 그 불은 자기 자신의 책임이라는 사실을 깨달아 줘야 한다. 그 불은 자기 때문에 발생한 것이기 때문이다.

물론 시간이 지나면 불은 꺼질 수 있다. 소위 잊힐 수는 있다. 잊고 살 수도 있는 것이다. 하지만 다시 기억이 나면 불은 어김없이 되살아날 것이다. 자기 자신이 연료이기 때문에 그 연료가 있는 한 불은 꺼지지 않을 것이다. 잊은 것은 기억남과 동시에 그 힘을 똑같이 발휘할 것이 틀림없다. 그래서 철학자도 이런 의미에서, 즉 절망으로는 어떤 발전이나 진전도 보이지 않는 그 내면의 문제를 언급하는 것이다. 내면의 문제는 잊는다고 해결될 일이 아니다. 내면의 문제는 오히려 끊임없이 다시 끄집어내서 다루는 수밖에 별 다른 해결책이 없다.

> 그때가 오기까지 그는 변화가 일어났는지를 알기 위해 때때로 자기 자신을 찾아가 보곤 하는 것이다. 그러고는 변화가 일어났을 경우, 그는 즉시 다시 자기 집으로 돌아와 또 다시 자기 자신이 된다고 말하지만, 그러나 그것은 그가 그만둔 데서부터 시작할 뿐이다. 즉 그는 어느 정도까지만 자기의 본질로 돌아가 있고, 여전히 그 이상의 것으로는 되지 않고 있는 것이다. (233쪽)

늘 떠난 그 자리에서 다시 시작할 수밖에 없다. 이것이 마음의 문제이다. 싫다고 떠났어도 결국에는 다시 그 자리로 돌아오는 것이 마음이다. 아무리 싫어도 다시 껴안아 주어야 하는 것이 자기 자신이다. "즉 그는 어느 정도까지만 자기 본질로 돌아가 있고, 여전히 그 이상의 것으로는 되지 않고 있는 것이다." 이 말 속에 이미 철학자는 자신의 철학적 이념을 밝혀 놓았다. 무슨 일이 있어도 사람은 '자기 본질로 돌아가야 한다'고.

V.

약한 절망과 강한 절망

현실로부터의 도피

현실은 사람의 문제이다. 사람은 현실로부터 도피를 선택할 수 있다. 현실? 사실, 현실이란 것은 객관적인 사안이 아니다. 사람마다 자신이 직면한 현실은 다르다. 현실이라고 다 현실이 되는 것이 아니란 말이다. '이것이 현실이다!' 하고 함부로 단언해서도 안 된다. 현실은 다양한 의미로 형성된다. 소위 '나의 현실'은 '너의 현실'과 다르다. 아니, 절대로 같을 수가 없다. 달라도 뭔가가 다를 것이다. 그렇다고 해서 현실을 주관적인 영역으로 몰아붙일 수도 없다. 현실은 사람의 문제이고, 다양한 사람들의 문제라서 간단하지 않고 복잡할 뿐이다.

절망자의 입장을 다시 고려해 보자. 절망자는 일차적으로 자기 자신에 대해 절망감을 느낀다. 아무리 외적인 요인이 영향을 끼쳐 발생한 상황이라 해도 그것을 대하는 자기 자신에 대한 실망감이 절망으로까지 치닫고 뻗어나간 것이다. '나는 안 돼!', '나는 여기까지!' 이런 선포와 함께 자기 자신은 무너지는 것이다. 그래서 키르케고르는 앞선 장에서 살펴보았듯이, 자기 자신을 집으로 비유하며 자기 자신이 선택할 수 있는 대안으로서 자기라는 집 밖으로 나갈 수 있는 상황을 설명해 놓기도 했던 것이다. 하지만 '자기 밖'이 정말 편한 세상일까?

> 그러나 그 같은 자기는 현실 속에는 생존하고 있지 않고 현실로부터 도피해서 황야라든지, 수도원 또는 정신병원 같은 데로 가 있는 게 아닐까. 그는 단지 다른 사람과 같은 복장을 한, 다른 사람들과 같은 보통 외투를 입은 현실의 이방인적인 인간일 뿐인가. 과연 그렇다. (241쪽)

수많은 생각을 이끌어 내는 대목이다. 이 구절은 다양한 현대인의 문제를 떠올릴 수밖에 없는 매우 중요한 정보들을 제공해 주기 때문이다. 말이 바뀌면 생각이 바뀐다. 이 간단한 현상부터 깨달아야 한다. 중세 천 년 동안 천국에 매달렸다. 천사와 함께 살겠노라는 말로 양심을 펼쳤다. 자기 곁에 여호와 하나님을 두겠노라고 그토록 간절하게 다짐했다. 그런데 이제 '현실'이 문제다. 현실은 '생존'의 문제이다. "사느냐 죽느냐, 그것이 문제로다." 굳이 이런 문장을 떠올리지 않아도, 그런 인식이야말로 근대 르네상스를 이끈 혁명적인 문제인식이라는 것은 인정해야 할 일이다. 이것이 바로 '가혹한 운명'[22]에 대한 인식이기 때문이다.

운명은 감당이 안 되면 인정사정 봐 주지 않는다. 한마디로 용서가 없다. 사람이 자신의 삶을 책임지지 못하면 삶이 그 사람을 혼내 줄 것이다. 인생이 인간을 궁지로 몰아 댈 것이다. 시간으로 채워진 삶이 역습을 해 오면 답이 없다. 시간의 역습은 아무도 막을 수 없다. 자기 자신이 자기 자신의 가장 약한 곳을 너무도 잘 알고 있기에 자기 자신에 대한 자기 자신의 공격은 치명적일 수밖에 없다. 자기 자신은 자기 자신으로부터 벗어날 수가 없는 것이다.

경우에 따라서는 운명이 우리를 사지로 몰아 댈 수도 있다. 그래도 그런 가혹한 현장이 연출된다면 그나마 다행이다. 천만다행이라는 말이 입에 담길 때 '비극적 인식'[23]이 실현되기 때문이다. '밟히고 밟혀 길이 된다.', '밤이 되어야 별이 보인다.', '새벽이 가까울수록 공기는 차다.', '우는 게 아니야 웃고 있잖아.', '비틀대는 게 아니야 춤추고 있잖아.' 이런 말들이 바로 비극적 인식을 동반한다. 눈물이 앞을 가릴 것 같지만, 그 눈물 때문에 수정체가 깨끗해지는 것이다. 길을 볼 수 있게 된 것도 결국에는 눈물 때문이었다.

마음은 고생해 봐야 한다. 마음고생은 힘든 일이겠지만, 그 힘듦 때문에 마음이 삶을 이끌 수 있는 힘을 얻게 되는 것이다.

*22) 셰익스피어: 《셰익스피어 4대 비극》, 김은영 옮김, 꿈과희망 4쇄/2008, 517쪽.

*23) 이동용: 《야스퍼스의 〈비극론〉과 실존을 위한 근거》, 휴먼컬처아리랑 2020, 114쪽.

지금 이 순간, "상처에 의해 정신이 성장하고 새 힘이 솟는다"는 《우상의황혼》 서문 속에서 불꽃처럼 빛나고 있는 니체의 좌우명이 기억나기도 한다. 상관없다. 어렵고 힘들 것이다. 그런 인식이 오히려 힘을 선사해 줄 것이다. 그런데 절망자는 정반대의 현상 속에 갇혀 있다. 그 논리를 이해하고 따라줘야 한다. 반전을 일으키는 인식을 얻고 싶다면 그 어둠의 원리 속에 스스로를 기둬놓는 집념이 요구된다.

'황야', '수도원', '정신병원', 이런 곳이 바로 자기가 버리고 떠난 자기 자신 밖의 현상이 아닐까? 철학자는 스스로 이렇게 묻고 있다. 자기를 버리면 자기가 있을 것은 이런 곳이 아닐까 하고 묻고 있는 것이다. 인문학이 인간과 인간의 인생을 설명하는 학문이지만, 그 학문이 가르치는 내용은 한결같지 않다는 데 인식의 소리가 담겨 있다. 신과 신의 존재를 가르치는 신학이라면 한결같은 소리로 일관할 수 있겠지만, 인문학은 그럴 수 없다는 것이 문제로 지적될 수도 있다. 하지만 문제가 있어서 절묘하기도 하다.

자기를 버리고 떠난 사람은 '현실의 이방인적인 인간'일 뿐이다. 현실이 자기 자신의 현실이 아니다. 자기 자신의 현실이어야 할 그 현실이 자기 자신의 것이 아니다. 자기 옷인데 자기 옷이 아닌 것처럼 여겨진다. 그런 상황을 이해할 수 있어야 한다. 이런 인식이 주어질 때 마침내 우리의 천재 시인 이상李箱이 내뱉는 소리에도 귀가 열릴 것이다. "나는거울없는실내에있다.

거울속의나는역시외출중이다. 나는지금거울속의나를무서워하며떨고있다. 거울속의나는어디가서나를어떻게하려는음모를하는중일까."[24] 숨이 차다. 띄어쓰기가 배제된 문장을 읽어내기란 쉽지 않은 일이다. 숨을 끝까지 참아가며 읽어내야 하기 때문이다.

거울 앞에서 외출 중인 자기 자신에 대한 인식은 현실 속에서 발견할 수 없는 본질적인 자기 자신에 대한 의혹 제기이다. '지금의 나는 내가 아닐 수 있다'는 그 인식이 이런 현상을 연출해내고 있는 것이다. 현실 속의 자기 자신은 그저 '이방인적 인간'에 지나지 않는다. 이 대목에서 실존철학을 넘어 실존주의 철학자들의 목소리까지 들려오는 듯하다. 현실이라는 감옥에 갇혀있는 이방인의 양심적인 소리가 들려오는 듯도 하다. "나는 항상 앞으로 나에게 일어날 일, 예를 들면 오늘이나 내일의 일에 정신이 팔려 있었던 것이다."[25] 정신이 팔리면 답이 없다.

***24)**
이상: 《오감도》, 미래사 신판 4쇄/2004, 27쪽.

***25)**
알베르 카뮈: 《이방인/페스트/시지프 신화》, 동서문화사 1판 4쇄/2014, 79쪽.

2

틀어박혀 있는 사람의 위험과 자살

이제 키르케고르는 '밀폐된 마음의 비밀'(243쪽)을 추궁하기 시작한다. 소위 '닫힌 마음'의 현상을 밝히고자 한다. 마음이 닫히면 어떤 일들이 벌어지게 되는 것일까? 마음을 붙잡아 두고 가둬 놓으면 좋을 것 같지만, 오히려 그렇게 잡혀버린 마음이 자기 자신을 옭아매는 악순환이 벌어지고 만다. 마음을 풀어 놓으면 '나'를 버리고 달아날 것 같지만, 오히려 자유롭게 활개를 치는 그 마음이 자기 자신을 갖고 돌아와 준다. 마음이 있어 자기 자신이 있다는 것을 알게 해 주는 것이다. 여기서 우리는 마음이 자기를 자신에게 선사해 주는 묘한 현상을 깨달아야 한다. 늘 그렇듯이 깨닫기 위해서는 반전이 필요한 그 지점에 오랫동안 머물러야 한다.

이 틀어박혀 밀폐되어 있는 절망이 절대적으로 모든 면에서 완전히 유지될 경우, 그에게는 자살이 가장 가까이 다가서는 위험이 될 것이다. 물론 사람들은 대개의 경우 그렇게 틀어박혀 있는 사람이 무엇을 그 속에 간직하고 있을 수 있는지에 관해 꿈에도 모른다. 만일 사람들이 그것을 알게 되면 깜짝 놀랄 것이다. 그러나 역시 자살은 절대적으로 틀어박혀 있는 사람의 위험이다. (245쪽)

앞서 불에 타고 있는 '자기 집'이라는 비유로 절망자의 입장을 설명하기도 했다. 그때는 자기가 불에 타고 있어서, 즉 자기가 문제가 있어서 자기를 버리고 밖으로 나가는 현상에 대한 설명이 이뤄졌다. 살기 위한 처방으로 밖으로 나가야 하는 상황이 펼쳐진 것이다. 이번에는 정반대의 현상으로 절망자의 입장을 설명한다. 즉 절망자가 외부로부터의 온갖 소통의 길을 차단하고 스스로 자기 안에 갇히는 현상에 대해서 설명한다. 소위 틀에 박혀 버리고 밀폐되어버린 사람에 대한 설명이다.

스스로 '틀어박혀 밀폐되어 있는 절망'을 떠안고 있는 그런 절망자는 어떤 상황에 놓여 있는 것일까? 마음을 갖고 사는 것이 아니라, 마음에 갇혀버린 상황이다. 이런 현상을 어떻게 이해해야 하는 것일까? 자기가 자기 것이 아니라 자기가 자기 안에 갇혀버린 그런 현상을 어떻게 이해해야 하는 것일까? 자기가 감옥이 되어버린 상황이 펼쳐지면 삶은 어떻게 되는 것일까? 자기가 양심이라는 법정을 마련하고 자기 자신에게 양심의 가책을 종용하면 결국에는 어떤 일들이 벌어지게 되는 것일까?

밖으로 향할 수 있는 모든 길들을 차단하고 온갖 문들을 닫아 버린 상황에서 자기 자신에게 주어진 해결책은 오로지 '자살'뿐이다. 살고 싶어 안으로 파고들기만 한다면 거기서는 신선한 호흡조차 하지 못하게 된다. 숨이 막히는 현상이 발생할 수도 있다. 자기 자신 때문에 자기가 죽을 지경이 되고 만다. 결국 자기 자신의 존재를 제거하는 수밖에 없다. 자기가 살기 위한 유일한 해결책이 바로 이것이라서 정말 위험한 상황이다.

자기가 자기 안에 머문다는 것 자체는 문제가 되지 않는다. 소위 '고독에 대한 욕구'(242쪽) 자체는 아무 문제가 없다. 이때 '고독은 때로는 호흡처럼, 또 어떤 때는 수면처럼 그에게는 생명처럼 필수적인 것'(242쪽)이기 때문이다. 하지만 자기를 찾기 위해 고독을 필요로 하는 것이 아니라 바깥이 문제라서 방해 받지 않으려고 자기 안에 틀어박히는 것으로는 정상적인 고독이 이뤄질 수 없다. 이때 내면은 힘을 상실하고 만다. 외부로 통하는 모든 길을 차단하고 나면 내면은 내면으로서의 역할을 제대로 해 내지 못한다.

소위 한자의 안 내內 자의 형상을 관찰해 봐도 일종의 인식을 얻을 수 있을 것 같다. 들 입入 자를 품고는 있지만 그 머리 부분은 위로, 즉 밖으로 나가 솟아 있고 또 아래로는 벽이 있어 막혀 있지 않고 오히려 트여 있다. 한 쪽 면이 훤히 열려 있는 형상을 띠고 있다는 것이 재미있다. 안을 의미하는 내內 자는 그러니까 전혀 막혀 있지 않다는 것이 인식으로 주어져야 한다. 나갈 수 있어야 하고 또 열려 있어야 한다. 그것이 내면의 현상임을 알려주고 있는 것이다. 속된 말로 들락날락이 가능해야 안의 현상이 빛으로 드러나게 되는 것이다.

3

역전과 반항의 가능성

'자기 집'의 비유에서처럼 자기를 버리고 떠나도 잘못이고, 자기 안에 틀어박혀도 잘못이다. 이 모두 키르케고르는 '취약함의 절망'(227쪽), '약함의 절망'(227쪽), '여성의 절망'(246쪽)이라고 말한다. 자기 자신과 관련한 상황인데도 불구하고 자기 자신은 지극히 소극적이기만 해서 이런 말들로 설명했던 것이다. 이제 철학자는 '남성의 절망'(246쪽)을 설명하고자 한다. 그는 절망도 절망 나름이라는 말을 하려고 한다. 지양해야 할 절망이 있는가 하면, 변증법적으로 받아들여야 하는 절망도 있다는 사실을 가르치고자 한다.

그러나 변증법적으로 한 걸음 나아가서 이 절망자가 왜 자

> 기 자신이고자 하지 않는지 그 이유를 의식(정신의 근저에서)하기에 이른다면, 사태는 역전되어 반항이 일어나는데, 이때야말로 절망자가 절망해서 자기 자신이고자 원하기 때문이다. / 최초에 지상적인 것(전체적·일반적인 것), 또는 지상적인 어떤 것(개별적·개인적인 것)에 관한 절망이 있고, 다음으로 영원한 것, 자기 자신의 본질적인 것에 관한 절망이 온다. 그런 다음 반항이 나타난다. 이것은 영원한 것의 힘을 의식한 절망이기 때문에, 이 반항은 절망해서 자기 자신이고자 하는 그런 자가 자기 속의 영원한 것을 절대적으로 남용하는 것이다. (246쪽)

변증법적으로 한 걸음 나아가기! 이런 표현은 지극히 헤겔적이지만, 키르케고르는 다른 말을 하고 있다. 그 변증법에 의해 진행되는 방향은 절대정신으로 나아가는 것이 아니라, 오로지 자기 자신에게로 향할 뿐이다. 자기 자신을 절대적으로 만들고 다시 그것을 남용함으로써 변증법이 발생하고 있다는 얘기이다. 이를 니체식으로 말한다면, 스스로 신이 되고, 그런 후에는 다시 신이 된 자기 자신을 살해하면서 극복을 지향하는 것이 된다. "오, 차라투스트라여 / 가장 잔인한 니므롯이여! / 신도 사냥했던 최초의 사냥꾼이여 / 모든 미덕을 포획했던 그물이여 / 악을 맞혔던 화살이여! / 이제는 / 자신에게 쫓기고 / 자신에게 먹잇감이 되어 / 자기 안으로 뚫고 들어가는구나."[26]

*26) 재인용, 이동용: 《초인 사상으로 보는 인문학》, 세창출판사 2022, 179쪽.

'자기 속의 영원한 것을 절대적으로 남용하는 것'은 자기 자신에 대한 '반항'이다. 진정한 자기 자신이 되기 위해 자기 자신이 자기 자신에게 반항한다. 자기 자신이 '왜 자기 자신이고자 하지 않는지'를 깨닫고 나면 그 자기 자신을 향해 반항해야 함은 어쩔 수 없는 일이다. 자기 자신이라고 인정할 수 없는 부분은 고통을 감수하고서라도 부정해야 한다. 이런 과정을 밟지 않으면 그 부분 때문에 자신이 힘들어질 뿐이다. 살기 위해 극복해야 할 뿐이다.

사태는 역전될 수 있다. 생각의 범주 안에서 역전될 수 있는 상황을 스스로 연출해 내는 능력이 곧 정신력精神力이다. 아무리 어렵고 힘든 일이 벌어져도 강한 정신력으로 버텨 내고 이겨 내면 그만인 것이다. '그건 아무것도 아니다!' 하고 말하면 그만이다. '마음은 먹기 나름'인데, 그런 마음을 마음대로 먹지 못한다면 문제는 심각해진다. '마음은 마음대로 되지 않는다'는 말은 있지만, 그런 말을 할 줄 아는 정신이라면 다른 길도 찾을 수 있을 것이다.

원하지 않는 자기 자신이라면 변증법적으로 지양해 낼 줄 알아야 한다. 역전을 가능하게 하는 반항을 통해서만 자기 자신은 '영원한 것'으로 승화된다. "이것은 영원한 것의 힘을 의식한 절망이기 때문에, 이 반항은 절망해서 자기 자신이고자 하는 그런 자기가 자기 속의 영원한 것을 절대적으로 남용하는 것이다." 엄청난 발언이다. 이런 말이, 이런 주장이 시대를 앞서간 선구자의 것이다. 어두운 밤하늘을 밝히는 별이 된 말들이다.

자기가 영원하다는 것을 알고 나면 힘이 솟구친다. 그런 힘이 자기 자신을 버리고 극복할 수 있게 해 준다. 이 얼마나 위대한 발언인가! 극장에 가지 말라고 역설했던 스승 플라톤의 이념에 반항하며 극장에 가서 비극을 마음대로 봐도 된다면서 감정의 정화 이론, 즉 카타르시스kátharsis 이론을 펼쳤던 제자 아리스토텔레스의 이념이 엿보이기도 한다.[27] 자기 자신을 고통스럽게 하는 그것이 '똥'이라고 인식되면 카타르시스는 가능해진다. 즉 똥은 누면 그만인 것이다. 이를 두고 그리스어로 우아하게 '카타르시스'라고 말할 뿐이다.

똥으로 인식하고 내보내며 버려야 할 것이 자기 자신이라는 것에서 깨달음을 얻어야 한다. 더렵혀진 감정을 정화하는 것이 카타르시스 이론의 핵심임을 인식해 줘야 한다. '자기 속의 영원한 것'이 방해가 되고 있다면 반항하여 제거해 줘야 한다. 이때 자기 자신은 '절대적으로 남용'될 수 있어야 한다. 영원한 것에 반항한다는 그 어처구니없는 일을 감행할 수 있어야 한다. 그 일을 할 수 있는 것도 오로지 자기 자신뿐이다. 절망에 빠졌던 자기 자신이 해야 할 일이다.

*27)
참고, 이동용: 《쇼펜하우어, 돌이 별이 되는 철학》, 동녘 2쇄/2015, 117쪽.

4

무한한 자기를 얻기 위해 무한한 자기를 잃을 용기

철학자는 '자기 자신을 얻기 위해 자기 자신을 잃어버릴 용기'(246쪽)를 종용한다. 용기가 미덕일 수 있는 이유는 그것이 죽음을 감수한다는 데 있다. 죽을 수도 있다는 그 절체절명의 위기와 위험을 인지하고 있어서 용기가 미덕일 수 있는 것이다. '죽음에 이르는 병'이라는 것을 알면서도 그 절망에 도전하는 것이 곧 용기이다. 용기가 있는가? 자기 자신을 죽일 용기가 있는가? 자기 자신을 죽이고 자기 자신을 살릴 용기가 있는가? 수많은 질문으로 또 다양한 형식으로 자기 자신을 검증해야 할 때가 되었다.

절망해서 자기 자신이고자 바라기 위해서는 무한한 자기라

> 는 것에 대한 의식이 있어야 한다. 그러나 이 무한성의 자기란 원래 자기의 가장 추상적인 형태, 가장 추상적인 가능성에 불과한 것이다. 더구나 그가 절망해서 그것이고자 바라는 것은 정녕 이런 추상적 자기이다. 그래서 그는 자기를 조정한 힘에 대한 모든 관계로부터 떨어져 나가려 하기도 하고, 또는 그런 힘이 현재 존재하고 있다는 관념에서 자기를 떨어트리려고도 하는 것이다. 이 무한한 형태의 힘 때문에 자기는 절망적으로 자기 자신을 자기마음대로 처리하려 들거나 아니면 자기 자신을 창조하며, 자신의 자기를 그가 '존재하고자' 바라는 대로 자기로 만들어 냄으로써, 자신의 구체적인 자기 속에 가지고 싶은 것과 그렇지 않은 것을 스스로 결정하려고 하는 것이다. 물론 그의 구체적인 자기 또는 그의 구체성은, 필연성과 한계를 가지고 있다. 구체적인 일정한 한계 내에 있으면서 일정한 능력과 소질 등을 갖춘, 완전히 특정한 것이다. (247쪽)

사람은 누구나 무한한 존재이다. 운명이라는 한계를 떠안고도 자유를 찬양할 수 있는 존재이다. 구체적인 자기를 인정하면서도 추상적인 자기를 향할 수 있는 존재이다. 존재에 대한 그 '추상적인 가능성'으로 인해 사람은 스스로 '무한한 자기'의 주체가 될 수 있다. '무한성의 자기'는 사람이기에 주어진 가능성이다. 이 말은 곧 자기야말로 자신의 존재를 가능하게 하는 힘의 원동력이 된다는 얘기이다. 결론적으로 말하자면 사람은 무한한 존재인데, 사람이 스스로를 무한하게 하는 것은 자기 자신뿐이라는 것이다.

'무한한 자기', '무한성의 자기', '가장 추상적인 형태', '가장 추상적인 가능성' 등, 철학자가 나열해 놓은 개념들을 반복해서 읽다 보면 일종의 후렴구처럼 들려오는 소리가 있다. 그것은 사람의 본질을 일깨우는 소리다. 사람이 자신을 추상할 수 있는 한, 사람은 스스로 무한한 존재의 가능성이라 불리는 범주의 중심에 서 있을 수 있다는 것이다. 이때 범주는 한계를 전제하지만, 그 한계는 다시 무한하다는 모순을 감수하게 해 준다. 한계가 있는데 한계가 없다. 이 모순이 곧 사람이라는 존재의 형태이다.

'가장 추상적인 형태'는 '힘'을 지니고 있다. 그 힘은 '자기를 조정'한다. 때로는 자기가 자기 밖에 서서 자기를 버리고 떠나려 하고, 또 때로는 자기 안에서 자기를 떨어트려 제거하려고도 한다. 이 추상적인 형태의 힘이야말로 '무한한 형태의 힘'이 되는 것이다. 사람은 힘을 가진 존재이다. 근육만 '근력'이 있어 힘을 발휘하는 것이 아니라, 정신에도 힘을 발휘하게 하는 근육이 있어 '정신력'을 말할 수 있는 것이다.

사람이 자기 자신과 관련하여 '스스로 결정'할 수 있 때, 그는 진정으로 자유인이 되는 것이다. 소위 '자결권'이란 말로 독립을 주장할 수 있고 또 인정할 수 있는 상황을 연출해 낸다. 모든 것을 '스스로 결정'할 수 있을 때 자기 자신은 '완전히 특정한 것'이 된다. 완전히 특별한 것이라 말해 된다. 이때 개인은 현존재의 의미로 구현되는 것이고, 이때 개인은 완전한 존재의 형식을 갖추게 되는 것이며, 이때 개인은 타인과 구별되지만 동시에 그 타인과 화합할 수 있는 기회도 주어진다. 즉 사랑의 기적은 바로 이런 의식을 기반으로 하여서만 실현되는 것이다.

완전한 것은 한계를 드러낸 상태이지만, 그 한계 안에서도 무한성을 즐길 수 있는 상태이다. 건강한 자기는 어떤 형식으로든 '구체성'을 띨 수밖에 없고, 또 그것은 '필연성'과 '한계'를 가지고 있을 수밖에 없지만, 그래도 그 안에서 무한한 자기를 즐길 수 있는 것이다. 공자가 말한 지천명知天命의 의미처럼, 운명을 알고 나면, 그 앎은 한계를 드러낼 수밖에 없지만, 그 인식이 무궁무진한 가능성으로 자기 자신을 인도해 줄 것이다. 그래서 사람은 누구나 알고 싶은 욕망을 포기할 수 없는 것이다. 아니 그런 욕망이 사람을 사람답게 해 줄 뿐이다.

문제는 자기가 스스로 자기 자신으로부터 '떨어져 나가려' 할 때, 혹은 스스로 자기를 '떨어트리려' 할 때를 감당할 수 있느냐 하는 데 있다. 쉽게 말은 했지만, 그것을 인식하고 실천해 내기란 결코 쉬운 일이 아니다. 나이가 들면 들수록 강해지는 것은 자의식이다. 자기 자신에 대한 변증법은 고사하고, 자기 자신을 거울 앞에 세우는 것조차 혐오할 때가 있다. 거울 앞에서도 자기 자신을 바라보지 않는다. 사진을 찍어도 싫다고 말하기 일쑤이다. 아니 사진 찍는 것 자체를 싫어하는 묘한 상황이 펼쳐지는 것이다. 늙은 자신을 인정하지 않는 것이다.

사람의 문제는 간단하다. 변하지 않으려 할 때 삶은 문제를 떠안게 해 준다. 생로병사를 인식한다는 것이 그래서 어려운 것이다. '영원한 것의 힘을 의식한 절망'(246쪽)을 결코 자신에게 허용하려 하지 않는다. 늙은 정신의 대표적인 특징이다. 소위 '자기가 잘났다!'는 의식이 지기 자신을 지배하게 내버려 둔다. 이때 철학자가 그토록 경계하라고 가르쳤던 무식한 자기가 탄생하는 것이다. 한계를 모르는 자기야말로 절망을 모르는 자기이며, 절망을 모르는 자기야말로 '자기 자신을 얻기 위해 자기 자신을 잃어버릴 용기'를 상실한 존재일 뿐이다.

5

자기 자신에 대한 비유로서 프로메테우스

기원전 700년경, 헤시오도스는 인류를 위해 불을 훔친 거인의 이야기를 신화의 형식 속에 남겨 놓았다. 그리고 기원전 470년경, 아이스킬로스는 '프로메테우스'라는 인물을 무대 위에 올려놓으며 한 편의 비극을 창조했다. 1772년에 괴테는 〈프로메테우스〉라는 시를 집필하며 질풍노도라는 혁명적인 시대를 열었다. 그리고 정확히 백 년 후, 1872년에 니체는 프로메테우스라는 인물을 《비극의 탄생》 모델로 표지에 그려 놓게 된다. 하지만 괴테와 니체 사이에 키르케고르가 끼어 있다는 사실을 지금 인식해 내야 한다.

프로메테우스가 여러 신들로부터 불을 훔치고 있을 때, 그는 신이 사람을 보고 있었다고 하는 그 본질적 진지함 자체인 사상을 신에게서 훔쳐 낼 뿐인 것이다. 절망하는 자기는 신이 사람을 보고 있었던 것 대신 자기 자신을 보고 있는 것으로 만족한다. 그러고 나서 자기는 자신의 여러 가지 계획에 무한한 관심과 의의를 주는 것으로 생각하는 것이다. 하지만 사실은 그것이야말로 그의 계획을 실험케 하는 데 불과한 것이다. 왜냐하면 그의 그런 자기가 자신이 실험한 신과 같은 정도로 절망에 빠지는 일은 없다고 치더라도 파생적인 자기인 이상, 자기 자신을 보는 것을 통해서 자기 자신보다 이상의 것을 자기 자신에게 줄 수는 없기 때문이다. 자기는 처음부터 끝까지 어디까지나 자기로서 자기를 이중화시켜 본다고 하더라도, 자기보다 그 이상으로도 그 이하로도 되는 것이 아니다. 이런 의미에서 이 자기는 자기 자신이고자 바라는 절망적 노력을 하면서 도리어 정반대의 것을 향해 노력하게 되어, 그것은 사실 자기가 되지 않는 것이다. (248쪽)

자기가 된다! 자기가 안 된다! 둘 다 맞는 말이다. 이것이 키르케고르가 철학적으로 연출해 내는 변증법이다. 건강한 자기는 끊임없이 자기를 떠나지만 결국 자기로 귀환한다. 떠나면서 돌아온다. 이것이 거울 앞에서 자기 자신을 인식한다는 비유에 대한 설명이다. 이런 형식과 공식이 바로 사람을 수수께끼 현상으로 비춰지게 한다. 이런 형식과 공식이 사람에게 가능하기에 아폴론은 인류를 향해 '너 자신을 알라'라는 말을 남겨 놓을 수 있었던 것이다.

하나의 자기 자신에게 갇히면 그것은 자기 자신을 모르는 것이나 다름없다. 사람은 자기 자신을 앞에 두고서 무한한 가능성을 인식해 낼 수 있어야 한다. 지금 당장 무엇을 선택할지도 사실 모른다. 내일 일도 예측할 수 없다. 그래서 "너는 내일 일을 자랑하지 말라 하루 동안에 무슨 일이 일어날는지 네가 알 수 없음이니라"(잠언 27:1)라는 말이 성경 구절로 인정받을 수 있는 것이다.

프로메테우스는 거인이다. 그는 신에게 저항하지만 자기 자신 이상의 것을 내 놓을 수가 없다. 그는 '자기 자신을 보고 있는 것으로 만족'한다. 그는 만족한다! 다만 신과의 관계에서만 고집을 피울 뿐이다. 그는 '자신의 여러 가지 계획에 무한한 관심과 의의를 주는 것'에 몰두한다. 자기 자신을 위한 모든 계획은 그저 '실험'에 불과하지만, 그런 실험을 통해 자기는 절대로 '절망에 빠지는 일은 없다'는 것이 거인의 힘이며 덕목이다. 거인의 거인다움은 절망하지 않는다는 데 있다.

거인의 '자기는 처음부터 끝까지 어디까지나 자기로서 자기를 이중화'시켜 본다. 실험의 대상인 자기와 그런 자기를 실험하는 자기가 늘 동시에 작동하는 것이다. 이 이중화의 능력이 바로 사람에게 주어진 능력이다. 이런 이중화의 능력 때문에

'절망적 노력'을 통해서도 '도리서 정반대의 것을 향해 노력'할 수 있게 되는 것이다. 절망이 곧 희망의 원리로 작동할 수도 있다는 얘기이다. 자기 자신을 향한 반항도 이때는 긍정의 힘으로 작동할 수 있게 되는 것이다.

자기는 늘 실험을 통해 '파생적인 자기'를 생각해 낸다. 자기가 자기에게 그런 인식을 허락하는 것이다. 이런 인식을 진행시키는 것이 생각의 능력이다. 생각은 오로지 생각하는 존재인 사람의 능력일 뿐이다. 생각하는 행위는 다른 어떤 동물에게서도 발견되지 않는다. 그 동물들이 생각하는 듯이 보여도, 그것을 사람의 생각과 비교하면 전혀 다른 것이 되고 만다. 사람이 보여 줄 수 있는 생각의 범위는 무궁무진하다. 그 생각의 범주가 사람의 삶이 도달할 수 있는 영역을 결정해 줄 뿐이다.

사람은 '자기보다 그 이상으로도 그 이하로도 되는 것'이 아니다. 사람은 늘 자기 자신으로 남을 것이다. 하지만 생각이 관여하면 상황이 달라진다. 한 사람의 생각이 어디까지 뻗어나갈 것인가? 그것은 전혀 다른 문제이다. 도대체 무슨 생각을 하고 있는가? 그것에 대한 대답은 무궁무진하다. 사람은 그것에 대답할 수 있기 위해 한없이 '노력'에 임해야 한다. 노력이라 말할 때 힘쓸 노努 자를 쓰는데, 그 형태가 예사롭지 않다. 말 그대로 옮기면, 노예奴가 되어 힘쓴다力는 뜻이다. 누가 누구에게 노예가 된다는 뜻일까? 이 질문을 키르케고르의 말로 대답하자면, 그것은 자기 자신이 세운 모든 '계획'에 노예가 된다는 뜻이 된다.

자기 자신을 실험의 대상으로 삼고, 거기서 끊임없이 파생적인 자기를 생각해 내는 한 그는 거인이다. 생각하는 존재가 생각을 포기하지 않는 한 그는 거인의 자격이 있는 것이다. 늘 자신의 한계를 인식하고 그것을 극복해 낼 수 있다면 그는 거인의 품격을 지닌 것이다. 거인이 거인답기 위해서는 '자기 자신을 보고 있는 것으로 만족'할 수 있어야 한다. 신이 나를 보고 있다는 피동적 생각보다는 자기가 자신을 바라보고 있다는 능동적 생각이 자기를 지배하게 해야 한다. "여호와의 눈은 어디서든지 악인과 선인을 감찰하시느니라."(잠언 15:3) 성경의 이런 말에서 '여호와의 눈' 대신 '자신의 눈'으로 말을 바꿔 놓기만 하면 되는 일이다. 하지만 그것이 말처럼 쉽지 않아서 문제가 될 뿐이다.

6

절대적인 지배자라 불리는 국토 없는 국왕

"인간은 절대적인 것이 될 수 있다."(220쪽) 무엇을 두고 절대적이라고 말하든 상관없다. 사람은 자신이 원하는 대로 절대적인 것이 될 수 있다. 남이 자신의 욕망을 대신 원해 줄 수도 없고, 자신이 원하는 바를 오해할 수도 없다. 사람은 자신이 원하는 바는 그 원하는 욕망과 함께 불꽃이 되어 자기 자신을 불태울 것은 틀림없다. 바로 여기에서 자기 자신이 수수께끼 현상으로 모습을 드러내게 되는 것이다. 절대적이지만 절대적이지 않다는 그 모순이 자기 자신의 모습이기 때문이다.

이 절대적인 지배자로서의 자기는 국토 없는 국왕임을 곧 알게 된다. 그는 사실상 무엇 하나 통치하고 있는 것이 없

> 다. 그의 지위, 그의 지배는 그 어떤 순간에도 '반란이 합법적'이라는 변증법에 지배되고 있는 것이다. 다시 말해, 그것은 결국 자기 멋대로의 생각에 달려 있기 때문이다. (249쪽)

자기 자신에 대한 반란은 언제나 합법적이다. 자기 자신을 향한 혁명이라면 늘 환영받을 일이다. 자기를 짓밟고 일어서는 행위는 항상 긍정의 의미로 해석되어야 마땅하다. '자기 멋대로 생각'하는 것은 독단의 형식을 띠고 있지만, 결코 독단으로 해석될 수 없는 형식으로 이해되어야 한다. 독단은 타인의 모든 것을 인정하려 들지 않을 때 발생하는 생각의 형식이다. 하지만 지금 키르케고르가 설명에 임하는 생각의 형식은 오로지 자기 자신의 것을 두고 펼치는 설명일 뿐이다.

인문학적 방법론은 자기 자신을 신이라는 자리에 앉혀 놓고 펼치는 것이다. 과거는 신이 아름답다고 말했다면, 이제는 사람이 아름답다는 말을 하고 있을 뿐이다. 그 사람을 바라보며 자기 자신이라는 추상적인 개념을 떠올리게 되는 것이다. 신학이 펼친 형이상학적 논리로 옷을 입혀도 상관없다. 자기 자신은 지금 이런 형식의 형이상학적 개념이 되는 것이다. 그리고 철학자는 헤겔의 변증법적 논리를 끌어들여 자신만의 철학을 펼치고 있다. 사람의 삶이라는 내용을 변증법적 공식 속에 넣어 펼치고자 하는 것이다.

사람은 절대적일 수 있다. 그 가능성은 무궁무진하게 열려 있다. 어디까지 절대적일 수 있는가? 그것은 생각에 임하는 그 사람의 책임이다. 생각이 도달하는 곳까지 그는 자신의 왕국을 세울 수 있을 것이다. 하지만 그의 왕국은 늘 혁명에 노출되어 있다는 게 존재론적 문제이다. 생각은 결코 생각하기를 멈추지 않을 것이기 때문이다. 죽을 때도 사람은 '나는 누구인가?' 혹은 '신은 누구인가?' 하고 물을 것이다. 절대적인 것을 두고 사람이냐 신이냐 하는 식으로 갈등을 일삼을 필요는 없다. 둘 다 사랑해 주면 될 일이다.

자기는 '국토 없는 국왕'이라는 비유가 눈길을 끈다. 자기는 '있다'고 말하자니 증명하기가 여간 까다로운 게 아니다. 모든 것은 자기 자신의 몫이기 때문이다. 또 자기는 '없다'고 말하자니 마음이 여간 불편한 게 아니다. 분명 자기는 자기가 자기로서 인정할 수밖에 없는 내용과 형식으로 존재하는 것이 틀림없기 때문이다. 자기를 생각이라는 개념으로 바꿔 놓아도 마찬가지이다. 왜냐하면 인간은 생각하는 존재이기 때문이다.

생각? 그 생각이 존재를 구축해 줄 것이지만, 그 생각이 확고하지 못하다. 누구나 생각은 이럴 수도 있고 저럴 수도 있다. 불안하다. 그것이 생각의 현상이다. 생각이 하나로 결정되어 있을 수 없어서 그런 것이다. 자기는 국왕이면서 다스릴 수 있는 확고한 땅은 없다. 자신의 지배력은 늘 혁명에 지배되고 있다. 자기는 언제나 변증법적으로만 존재할 뿐이다. 때로는 있고, 때로는 없고, 때로는 다시 있다. 이때 '자기 멋대로 생각'하는 현상이 모습을 드러내는 것이다. 사람은 누구나 자기 멋대로 생각할 수 있고, 또 그래야 마땅하다.

'반란은 합법적'이다. 이 주장은 희망적이다. 키르케고르가 자신의 철학으로 전하는 복음 소식이다. 여호와 하나님은 그 어떤 반란도 허락하지 않았지만, 사람에게 있어서 반란은 늘 합법적이다. 자기에 대한 반란을 인정할 수 있다면, 또 자기를 죽이고 나서 '신은 죽었다'고 말하는 정신을 인정할 수만 있다면, 니체의 허무주의 철학도 충분히 이해할 수 있을 것이다. 자기와 관련한 모든 것을 무無로 만들면서도 '즐거운 학문'을 펼칠 수 있는 정신이라면, 자기를 무無로 만들면서도 무아無我의 지경을 행복하게 누릴 수 있을 것이다. 그때 자기 자신은 무아의 형식으로 신성하게 거듭나는 자기 자신의 중생重生을 경험할 수 있게 될 것이다.

7

정정을 거부하는 광기어린 반항

살다 보면 실수도 하기 마련이다. 그래서 독일 속담에는 "실수는 인간적이다"[28]라는 말도 있는 것이다. 하지만 자기가 실수를 반복한다고 해도 자기를 버릴 수 있는 것도 아니다. 현재의 자기를 인정하는 것도 미덕이다. 하지만 인정할 수 없다면 반항해야 한다. 자기 자신에 반항을 일삼아야 한다. 그때가 되면 '악마적인 절망'(253쪽)이 도움의 손길을 내밀 것이다. 사람은 때로 스스로 '악마'의 역할까지 해 낼 수 있어야 한다. 자기를 버리고 떠날 수 있기 위해 악마의 길을 걷고자 하는 것이다. 하지만 그 떠남조차 결국에는 자기 자신에게로 돌아가는 에움길이 될 뿐이다.

*28) Karl Simrock: 《Die deutschen Sprichwörter》, Stuttgart 2000, 271쪽; "Irren ist menschlich."

> 그렇지만 자기가 자기를 어떻게 이해하고 있느냐 하는 것은 결국 언제나 수수께끼이다. (249쪽)

사람은 수수께끼 현상으로만 이해할 수 있다. 사람이 자기를 어떻게 이해하고 있느냐는 언제나 수수께끼일 뿐이다. '나는 이런 사람이다!' 하고 단언하는 순간에도 생각 속에서는 다른 생각이 진행되고 있을 수도 있다. 사람은 진실을 말하는 것처럼 말하면서 거짓을 말할 수도 있고, 또 거짓을 말하는 것처럼 말하면서 진실을 말할 수도 있다. 때로는 침묵하면서도 말을 할 수 있고, 역설하면서도 단 한 마디 내뱉지 않을 수 있다. 사람은 사람이 존재하는 한 수수께끼 자체가 맞다.

> 그는 그렇게 자기 자신이고자 원한다. 그는 자기의 무한한 추상화를 가지고 시작했다. (252쪽)

어디까지 생각할 수 있을까? 그 한계는 무한대까지다. 사람은 '자기의 무한한 추상화'를 그릴 수 있는 화가이다. 사람은 자기 인생 이야기를 적어 놓고도 '이 사람을 보라'라고, 즉 신을 보라라고 말할 수도 있는 것이다. '신은 죽었다'고 말하면서 자기 자신의 사망 선고를 내릴 수도 있다. 이런 살해 행위조차 오로지 '자기 자신이고자 원한다'는 그 근원적인 욕망 때문에 발생하는 사건일 뿐이다. 또 니체가 《비극의 탄생》을 위한 재판을 준비하면서 써놓은 〈자기비판의 시도〉라는 글을 연상케 하는 글이 있어 인용해 본다.

> 비유해서 말하면 이 악마적 자기이고자 하는 이는, 어느 저작자가 정신없이 잘못 쓴 부분이 있다고 할 때, 바로 그 잘못 쓰인 부분 자체가 잘못 쓰인 자기 자신인 양 의식하기에 이른 경우와 같은 것이다. 그러나 사실을 말하며 그것은 본디 잘못이 아니라 더 높은 의미에서 서술 전체의 본질적 목표를 이루기 위한 의도적 부분일지도 모른다. 그러기에 그 잘못 쓰인 부분은 저자에게 반역을 기도하고, 저자에 대한 증오에서 정정 거부와 광기어린 반항을 하면서 저자를 향해 다음과 같이 말하는 것 같다. "싫어, 나는 고쳐 써주기를 원하지 않아, 나는 너를 반증하는 증인으로서, 다시 말해 네가 평범한 작가라고 말하는 증인으로서 여기 이대로 서 있을 테다." (254쪽)

실수도 인간적이라 했다. 사람은 실수를 범할 수 있다. 생각은 잘못할 수 있다. 판단은 잘못 내릴 수도 있다. 잘못했다는 것을 알고 나면 수정하면 된다. 사람은 오해할 수도 있다. 하지만 어떤 때는 그 오해조차 역사적인 사건이 될 수도 있다. 니체는 한때 쇼펜하우어와 바그너를 추종했다. 하지만 알고 보니 이들은 모두 자신이 원했던 허무주의의 이념과는 상관없는 인물들임을 깨닫게 되었다. 하지만 니체는 《비극의 탄생》을 다시 쓸 생각은 없다. 그것은 그것대로 충분한 '반증하는 증인'의 역할을 해 낼 수 있으리라 믿었기 때문이다.

VI. 죄의 속성으로서의 절망

신 앞에서 절망하는 죄

제1편의 소제목은 '죽음에 이르는 병이란 절망을 말하는 것이다'라고 했다. 그리고 지금부터 읽게 될 제2편은 '절망은 죄다'라는 말로 소제목이 형성되어 있다. '죽음에 이르는 병은 절망이다'라는 말과 '절망은 죄다'라는 말은 서로가 서로를 규정하고 설명해 준다. 돌고 도는 형식을 띠고 있지만 그 내용은 오직 하나뿐이다. 그것은 '죽음'과 '병'과 '절망'과 '죄'가 모두 함께 어울려야 형성된다. 다양한 현상적 개념들이 지향하는 단일한 본질적 이념을 인식해 내는 것은 독서에 임하는 독자의 책임이다. 제2편의 시작 문단을 통째로 한번 읽어 보자.

죄란 '신 앞에서 또는 신의 관념을 갖고서 절망하는 것이다. 그래서 자기 자신이 아니고자 바라든 자기 자신이고자 바라든 그것은 죄이다.' 그러므로 죄란 지나치게 심해진 나약함, 또는 지나치게 심해진 반항이다. 다시 말해 죄는 절망의 강한 정도를 나타내는 것이다. 중심은 신 앞에, 또는 신의 관념을 갖고 있는 지점에 있다. 인간은 그런 높은 신의 관념을 가졌다. 그래서 그는 절망하여, 죄를 변증법적으로, 윤리적으로, 종교적으로, 법률가가 말하는 '상황의 가중'이라는 절망에 이르게 하는 것이다. (264쪽)

늘 첫걸음은 중요하다. 이제 제2편을 읽고자 한다. 이제부터 형식은 '죄'라는 개념으로 탈바꿈하고 있다. 죄와 절망의 관계 규명이 이 제2편의 핵심 과제가 되는 것이다. 사람은 절망하지 않을 수 없고, 죄를 짓지 않을 수 없다. 죄의식은 사람이기에 품고 살아야 할 생각의 형식이다. 그것을 철학자 키르케고르는 어떻게 해석하고 설명에 임하고 있는지 관찰해야 한다. 사람은 사람이기에 문제가 없을 수 없지만, 그 문제 때문에 삶 전체를 몰락으로 끌고 가서는 안 되겠기에, 바로 이 지점에서 실존철학이 철학적으로 전하려는 메시지를 반드시 깨달음의 소리로 알아들을 수 있어야 한다.

지금 제2편의 시작을 알리는 첫 번째 문단을 읽었다. 여기서 철학자는 반복적으로 '죄'를 설명하고 있음을 확인할 수 있다.

제1편에서 지속적으로 절망이 무엇인지 가르쳤다면, 이제부터는 왜 절망이 죄가 되는지를 설명하고자 하는 것이다. 첫 번째 문단의 첫 번째 문장과 두 번째 문장에서 철학자 키르케고르가 주장하는 바는 선명하게 제시되고 있다. "죄란 '신 앞에서 또는 신의 관념을 갖고서 절망하는 것이다. 그래서 자기 자신이 아니고자 바라든 자기 자신이고자 바라든 그것은 죄이다.'"

키르케고르는 신의 존재 자체를 문제 삼지 않는다. 신의 존재, 그것은 피할 수 없는 관념이 된다. 이성적 존재가 이성을 통해서 제시할 수 있는 것은 오로지 신의 존재에 의해서만 정점에 도달할 수 있다. 이성으로 번역된 라틴어는 '라치오Ratio'란 개념이고, 이 말의 뜻은 '계산 능력'이다. '1+1=2(일 더하기 일은 이)'라는 말을 이해할 수 있는 존재는 오로지 사람뿐이다. 다른 어떤 동물도 이 말을 이해하지 못한다. 하지만 사람은 말을 할 수 있는 능력이 생기면서 이런 계산은 자연스럽게 해 낼 수 있게 된다.

그런데 바로 이 계산 능력 때문에 발생하는 문제도 있다. 다른 무수한 가능성이 생각의 대상으로 제시될 수 있다는 것이 바로 문제의 핵심이다. 아무리 공부를 해도 모르는 것이 있을 수밖에 없다. 인간에게 완벽이란 존재하지 않는다. 그저 완벽을 지향할 뿐이다. 사람은 언제나 부족함을 인정하며 살아야 한다. 아리스토텔레스도 이런 '부족함'을 그리스어로 '하마르티아Hamartia'[29]라고 언급하면서, 이것이야말로 비극의 원인임을 인

*29) 참고, 이동용: 《쇼펜하우어, 돌이 별이 되는 철학》, 위의 책, 348쪽.

정하고 주장했다. 하지만 아리스토텔레스는 비극이 없을 수는 없지만, 바로 이 비극으로 인해 사람은 '카타르시스', 즉 감정의 정화를 경험할 수도 있음을 주장했다. 바로 이것이 아리스토텔레스 철학이 전하고자 하는 핵심 메시지이다.

사람은 자신이 부족함을 인정하지만 완전한 신적 존재를 생각해 낼 수 있다. 생각해 낼 수 있으니, 그런 존재를 포기할 수가 없다. 늘 사람은 그런 존재 곁으로 다가설 수 있기를 원할 뿐이다. 그런 열망 자체를 두고 잘못이라고 말한다면 지나친 독단과 독선이 될 수 있다. 키르케고르는 분명하게 말했다. 신을 알면서도 신 앞에서 절망하는 것은 죄가 된다고. 그런 절망으로 인해, 즉 그런 절망이 원인이 된 모든 생각들은, 말하자면 자기 자신이 되고자 원하든 자기 자신이 되지 않으려고 원하든, 이것들은 모두 죄가 된다는 것이다.

또 말을 이렇게 해석할 수도 있다. '신의 관념'을 갖고 있지 않은 상태라면 문제가 죄로까지 해석될 수는 없다고. 신을 몰라서 절망에 빠진 절망자라면 그에게 신의 관념을 가르치고 일깨워 주면 될 일이다. 신은 존재하고, 그 존재가 있어서 발생할 수 있는 수많은 이득과 이익을 고려함으로써 발생하는 행복의 순간은 절대로 부정할 수도 없고 또 부정해서도 안 된다. 신이 무궁무진한 존재로 인식될 수 있는 것처럼, 그 무궁무진한 영역 안에서 사람은 자신의 삶을 펼칠 수도 있다.

"중심은 신 앞에, 또는 신의 관념을 갖고 있는 지점에 있다."

이 지점을 사람은 갖고 있다. 사람은 바로 이 지점에 있기 때문에 신의 나라로 입성할 수 있는 가능성까지 가질 수 있게 되는 것이다. "인간은 그런 높은 신의 관념을 가졌다." 그런 높은 생각으로 인해 사람은 높은 곳에 도달할 수 있는 것이다. 그런데 그런 관념을 갖고 있으면서도 절망한다면, 즉 오를 수도 있는데 오르지 않는다면, 그것은 알면서도 절망하는 일이 되는 것이고, 그래서 법률적인 용어로 말하자면 '가중 처벌'이 가해질 수도 있는 것이다.

2

'신 앞에서'라는 규정이 허락하는 자기의식

사람은 신을 알고 있다는 것이 문제의 시작을 알린다. 이성이 있으니까 신을 문제 삼을 뿐이다. 신을 알고 있으니, 끊임없이 신을 물을 뿐이다. 신 대신 '나'를 대체해도 마찬가지 현상이 펼쳐진다. 내가 나를 알고 있으니 끊임없이 나에 대해 질문을 쏟아놓을 수밖에 없다. '나는 누구인가?' 이 질문을 '신은 누구인가?'로 바꿔놓는다 해도 전혀 어색함이 없다. 둘 다 무궁무진한 공간을 연출해 낼 뿐이다. 그래서 신 앞에서의 자기를 의식한다는 말이 의미하는 바는 지극히 실존철학적 이념을 담게 되는 것이다.

그러나 여기에서의 '자기'는 그것이 신 앞에서의 자기라는

> 것에 의해 새로운 성질과 자격을 얻는다. 이 자기는 이미 단순한 인간적인 자기가 아니다. 그것은 내가 신학적인 자기, 신을 향한 자기라고 부르고자 하는 것이다. 그러니 이에 대해 오해 없기를 바란다. 자기가 현실적으로 신 앞에 있다는 것을 의식하고, 신을 척도로 하는 인간적인 자기가 된다면, 자기는 얼마나 무한한 실재성을 획득할 것인가. (266쪽)

사람은 신을 아는 존재라고 말해도 된다. 사람은 소위 종교적 존재라고 말해도 된다는 것이다. 사람은 신을 필요로 한다. 신을 근거로 하여 사람은 진정한 사람으로서 거듭날 수 있게 되는 것이다. 신에 대한 모든 생각은 무한한 공간으로 나아가게 해준다. 신이라는 말은 하나에 불과하지만, 그 하나가 품을 수 있는 것은 상상을 초월한다. "하나님은 사랑이심이라"(요한일서 4:8)라고 말해도 마찬가지 현상이 벌어진다. '사랑이 무엇인가?'라는 질문에 적합한 대답은 무궁무진하기 때문이다.

대답할 수 있는 만큼 생각은 자신의 범주를 허락해 줄 것이다. 신을 아는 만큼 사람은 자신의 존재를 확장시킬 수 있다. 신앙인의 자세를 문제 삼고 싶다면, '믿는 만큼 자기 자신이 확보된다'고 말해도 된다. 어디까지 믿을 수 있는가? 어떤 기적까지 허락할 수 있는가? 그곳까지 의식은 자기 자신을 끌고 가 줄 것이다. 소위 그 끝에서 사람의 자기의식은 자신의 한계를 인식하게 해 줄 것이다. 하지만 신 앞에서의 자기가 허락하는 그 한계는 무궁무진하다는 모순과 겹치면서 신비로움을 더해 준다.

한계가 있다. 한계가 없다. 이 두 가지 모두 같은 말이 된다. 생각은 의식을 형성하게 하고, 그 의식은 다시 생각을 통해 새롭게 거듭남을 연출해 낼 수 있다. 어디까지 거듭날 것인가? 그것은 생각이 진행되는 한 멈출 수가 없다. 생각하는 존재가 생각을 멈출 수 있는 순간은 오로지 죽음의 순간뿐이다. 그때까지 생각하는 존재는 생각과 함께 존재할 수밖에 없는 것이다. 그래서 사람은 '새로이 변증법적으로 회전되어야'(266쪽) 마땅하다.

답이 있다. 답이 없다. 이 두 개의 정의도 생각의 범주 안에서는 같은 말이 된다. 답이 있다고 생각하니 질문을 형성하게 되는 것이다. '이게 뭐야?' 하고 어린아이들은 시도 때도 없이 질문을 던진다. 여기서 '이것'에 해당하는 내용은 무궁무진하다. 어린아이가 바라보는 그 대상은 상상을 초월한다. 그 동심을 유지할 수만 있다면 어른이 되어서도 상상력으로 삶을 대할 수 있을 것이다. 그런 어린아이가 될 수 있다면 예수조차 자기 곁을 내 줄 것이다. "어린 아이들이 내게 오는 것을 용납하고 금하지 말라 하나님의 나라가 이런 자의 것이니라."(누가복음 18:16) '하나님의 나라', 즉 천국은 어린아이의 마음을 유지하는 자의 것이다.

하나님이 있다. 하나님이 없다. 이 또한 생각의 범주 안으로 끌고 들어와야 할 두 개의 서로 다른 명제이다. 하나님이 있다고 말해도 하나님을 생각하게 만들고, 하나님이 없다고 말해도 자기 자신을 하나님 앞에 내세운다. 하나님이라는 낱말 자체가 이미 자기 자신을 그 앞에 세워 놓기 때문이다. 이때 자기는 '이미 단순한 인간적인 자기'가 아니다. 이때 자기는 신의 이념에 노출된 자기 자신이고, 그 자기를 일컬어 철학자는 '신학적인 자기'니 또는 '신을 향한 자기'라고 부르고 있을 뿐이다.

철학자가 '신학'이라는 학문을 어떻게 다루고 있는지, 그것을 관찰하고 인식해 내야 한다. 신학을 말하면서 중세 선배들이 다뤘던 방식으로 말을 하고 있지 않다는 지점을 깨달아야 한다. 위에서 인용한 부분만 제대로 읽어도 '인간적'이라는 말을 두 개의 서로 다른 의미에서 설명에 임하고 있다는 사실을 깨달을 수 있을 것이다. '이미 단순한 인간적인 자기가 아니다'라는 말과 '신 앞에 있다는 것을 의식하고, 신을 척도로 하는 인간적인 자기'는 서로 대립을 일삼고 있다.

인간적인 자기도 인간적인 자기 나름이다. 무엇을 두고 인간적인 것이라고 말할 수 있는지가 문제의 핵심이라는 얘기이다. 신을 모르고 있는 자기도 인간적인 자기이긴 하지만, 그런 자기는 자기 자신의 범주 안에서만 머물 뿐이다. 그러나 신을 아는 자기는 자기 자신을 넘어 서고 있고, 또 동시에 상상을 초월하는 자유의 공간 속으로 자기 자신을 허락하는 행위가 이뤄진다. 소위 신을 아는 자기는 '얼마나 무한한 실재성을 획득'하게 될 것인가? "그러나 신을 척도로 삼게 된다면 얼마나 무한한 악센트가 자기 위에 놓이겠는가!"(267쪽) 키르케고르는 바로 이런 말을 하면서 실존철학의 이념을 설교의 형식 속에 담아내는 것이다.

3

단독적 자기에서 무한의 자기로

실존철학은 실존을 이야기하는 철학이지만, 그 실존 속에서 철학자는 무궁무진한 것을 허락하고자 한다. 사람의 삶을 이야기하지만, 그 삶이 무한하다는 발언을 하고자 한다. 중세 천 년 동안 신학자들은 천국의 존재에 연연했었다면, 이제 실존철학자 키르케고르는 사람 사는 이야기에 몰두하고자 한다. 형식이 바뀌면서 내용에도 변화가 일어난다. 무엇이 바뀌었고 또 무엇이 변화를 일으키고 있는지, 그것을 깨달아 줘야 할 때가 된 것이다. 그때 선구자가 걸어간 길목에 스스로 들어서게 될 것이고, 그때 비로소 철학자가 바라본 것을 스스로도 자기 눈으로 바라보며 확인하게 될 것이다.

> 절망의 정도는 자기의식에 비례하여 강해진다. 그리고 자기의 정도는 자기를 재는 척도에 따라 강해진다. 신이 척도가 될 경우에는 한없이 강하게 된다. 신의 관념이 증가함에 따라 그만큼 자기도 증가하고, 자기가 증가함에 따라 그만큼 신의 관념도 증가한다. 자기가 그러한 단독적 자기로서 현실적으로 신 앞에 있을 것을 의식할 때, 그때 자기는 무한이 자기가 되는 것이다. (268쪽)

자기와 신은 비례한다. 자기의식과 신의 관념은 비례한다. 신을 믿는 만큼 자기를 믿는 바도 커지고, 자기를 믿는 만큼 신을 믿는 바도 커진다. 하지만 문제는 "절망의 정도는 자기의식에 비례하여 강해진다"는 데 있다. 결국 절망도 절망 나름이라는 얘기가 되는 것이다. 모든 절망은 주관적인 형식 속에서 형성되지만, 자기 자신을 벗어나 상대적으로 해석될 수밖에 없다. 이것이 사람의 삶을 이야기할 때 조심해야 하는 부분이다.

사람이 삶을 이야기하고자 할 때 늘 제한을 두고자 하지만 삶은 결코 그 제한에 가둬지는 것이 아니다. 신도 그렇고 사랑도 그렇다. 그렇다고 무작정 제한을 두는 것 자체를 부정적으로 인식할 필요도 없고 또 그래서는 절대로 안 된다. 여기서 반드시 인식하고 넘어가야 할 것은 절망에 대한 부분이다. 누구나 실수를 할 수 있듯이 누구나 절망에 빠질 수 있다. 하지만 그 절망에도 상대적인 의미가 부여된다는 지점이 인식의 소리로 형성되어야 한다.

누구는 절망하지만 또 누구는 이미 그런 단계를 넘어섰을 수도 있다. 즉 그런 정도를 가지고 절망이라 말하지 않는 사람도 있다는 얘기이다. 위의 인용문에서 키르케고르가 선택한 동사만 주목해도 일종의 인식을 얻을 수 있다. '강해진다.' 또 '강해진다.', '증가하고' 또 '증가한다.' 철학자는 지금 생각하는 존재가 강해질 수 있고 증가할 수 있는 가능성을 설명하고 있는 것이다. 그 한계는 미리 정해져 있지 않다. 삶은 있지만 그 삶을 한계로 규정할 수는 없다. 자신의 삶을 살아가는 사람에게 주어진 한계는 미리 정해져 있지 않다.

힘은 증가할 수도 있지만 약해질 수도 있다. 적당히 반복적으로 힘을 쓰면 힘이 강해지겠지만, 지속적으로 힘이 들면 힘이 빠져나가 결국에는 약해질 수도 있다. 이것이 힘의 원리인 것이다. 몸을 갖고 살아야 하는 사람은 자신의 몸을 움직이는 근력을 지혜롭게 사용할 줄 알아야 하듯, 이성을 갖고 살아야 하는 사람은 또한 자신의 이성의 힘, 즉 정신력을 지혜롭게 사용하는 법을 깨닫고 알아야 한다.

신의 관념이 허락하는 절망의 정도는 정말 끔찍한 현상으로 나타날 것이다. 절망 중의 절망이 신의 관념을 가지고서 절망하는 것이기 때문이다. 그런 절망이라 말할 수 있는 그런 지경은 생각이 허락하는 최악의 순간을 펼쳐내고야 말 것이다. 사람이 신이라는 관념으로 생각해 낼 수 있는 것은 최고 중의 최고를 떠올릴 수밖에 없는 것이고, 그런 최고 지점에서 절망할 때는 한없이 나락으로 떨어지는 느낌까지 부여될 것이 틀림없다.

하지만 절망이 큰 만큼 그 절망이 가능하게 했던 신의 관념도 컸다는 것을 의식할 수만 있다면 그런 절망 속에서도 위대한 위로의 소리를 들을 수 있을 것이다. '가지 많은 나무에 바람 잘 날 없다'는 말처럼, '말이 많으면 허물을 면하기 어려우나'(잠언 10:19)라는 말처럼, '지혜가 많으면 번뇌도 많으니'(전도서 1:18)라는 말처럼, 부정적인 의미를 부여하는 말에서도 때로는 지혜의 소리를 들을 수도 있다. 바람 잘 날 없는 이유는 나무에 가지가 많은 탓이고, 허물을 면할 수 없는 이유는 말이 많은 탓이고, 번뇌가 많은 이유는 지혜가 많은 탓이다.

소위 자기 자신이 질투의 대상이 되고 있다면 그것은 자기 자신이 다른 사람들보다 월등하게 우월하다는 것을 의미하기도 하는 것이다. 절망이라 말하면서 어떤 절망까지 감당할 수 있는지에 대한 질문과 내용은 그때그때 달라질 수 있다. 그 가능성이 '무한한 실재성'(266쪽)을 깨닫게 해 주고, 그 '무한한 실재성'에 대한 인식이 '무한의 자기'를 깨닫게 해 주는 것이며, 그 '무한의 자기'에 대한 인식이 또한 전지전능하다는 신의 존재를 알게 해 주고, 또 자기 자신을 그 앞에 세울 수 있게 해 준다.

4

신앙의 정의에 대하여

지금 키르케고르는 일종의 설교의 형식으로 글을 쓰고 있다는 것을 다시 한번 소환해야 할 것 같다. 《죽음에 이르는 병》의 부제목 속에 교화와 선도를 위한 글임을 분명하게 밝혀 놓았고, 또 그런 단어로 번역한 독일어 원어는 '에어바우웅'으로서 사전적 의미로는 설교라는 뜻도 있음을 이미 밝힌 바 있다. 키르케고르는 그러니까 기독교인이 맞다. 다만 기존의 형식으로 말을 하고 있지 않아서 문제일 뿐이다. 그렇다면 기존의 기독교 교리는 어떠했는지, 과거의 그런 것을 낱낱이 밝히는 것은 그의 숙제도 아니었을 뿐더러, 여기서도 전혀 그럴 필요성을 느끼지 못한다. 그런 것은 그냥 대략적으로만 언급하는 것으로도 충분하기 때문이다.

소위 '메멘토 모리Memento mori(죽음을 기억하라)' 같은 중세 시대에 유행했던 말을 가지고 고민해 봐도 좋다. 중세인들은 이 말을 왜 했던 것일까? 이유는 간단하다. '너희는 죽을 테니 하나님을 믿고 구원받아라!', 뭐 이런 경고의 메시지가 여기에 담겨 있는 것이다. 살면서 죽음만 생각하도록 만들어 놓은 것이다. 죽음 이후에 대해서만 준비하도록 해 놓은 것이다. 이런 상황에서 사람들은 살려 달라고 애원할 수밖에 없다. 죽음이라는 관문을 피해 갈 수 없기 때문이다. 하지만 생각이 변하면 모든 것이 변한다. 근대 르네상스인들은 '메멘토 비베레Memento vivere(삶을 기억하라)'를 외쳐 댔다. 생각 속에 삶을 가득 채우고 나면 어떤 일들이 벌어지게 되는 것일까? 그것은 중세인들은 상상도 못했던 일이다.

근대를 넘어 이제 키르케고르에게까지 도달했다. 우리는 지금 훗날 실존철학이라 불리게 되는 철학의 형식과 내용을 배우고 있는 중이다. 실존철학의 선구자가 남겨 놓은 말들을 유언처럼 읽어내야 하는 숙제가 주어진 것이다. '죽음에 이르는 병'은 '절망'이라 했고, 그리고 '절망'은 '죄'라는 어마어마한 말을 하고 있다. 이 말이 전하는 역사적 사건을 인식해 내야 하는 순간이다. 그런데 묘하게도 키르케고르는 이 모든 것을 신앙의 논리로 풀고 있다는 것이 독특하다. 그는 정의를 말하면서 신앙과 연결시킨다.

만일 내가 여러 가지 죄에 관해 하나하나 상세하게 기술하려 해도 그것은 이 작은 저서로선 불가능한 일이며, 게다가 그러한 시도는 틀림없이 실패로 끝날 것이다. 중요한 것은 정의가 그물처럼 모든 형태를 포괄하고 있다는 그 사실뿐이다. 그리고 이 죄의 정의가 그러하다는 것은, 그 반대의 것, 즉 신앙의 정의를 세워서 이를 음미해 보면 곧 알 수 있다. 그 신앙이야말로 내가 이 책 전체의 중심으로 마치 항로 표지를 목표로 하여 키를 잡고 있는 것과 마찬가지인 것이다. 신앙이란 자기가 자기 자신이고자 함에 있어 신 안에 투명한 기초를 두고 있는 것이다. (270쪽)

신앙은 정의이다. 정의는 신앙을 통해서만 구축된다. '신앙의 정의'는 정당하다. 키르케고르는 이런 말이야말로 자신의 철학을 대변하게 될 '이 책 전체의 중심'을 관통하고 있음을 주장하고 있다. 이런 관점에서 그는 '신앙'에 대한 자신만의 정의를 또 한 가지 언급한다. "신앙이란 자기가 자기 자신이고자 함에 있어 신 안에 투명한 기초를 두고 있는 것이다." 이것이야말로 선구자적인 발언이다. 무엇이 처음 발설되고 있는 것인가? 무엇이 새로운 소리인가? 그것은 바로 '자기가 자기 자신이고자 함'에 있다. 신앙? 그 단어는 과거 선배들도 내뱉었었다. 하지만 철학자 키르케고르가 남다르게 말하고 있는 것은 '자기 자신'과 관련한 신앙의 내용에 있다.

'신앙이란 자기가 자기 자신이고자 함에 있다.' 이런 소리가 혁명의 부르짖음이다. 역사가 된 현장에 좌표처럼 존재하는 소리는 이런 것이다. '자기 자신이 되고자 함이 진정한 신앙이다.' '사람이 신앙을 필요로 하는 이유는 자기 자신이 되기 위함이다.' 우리는 다양한 말들을 더 양산해 내야 하는 숙제를 떠안고 있다. 실존철학이라는 강물에 동참해서 함께 흘러가기 위해서는 그 말들의 의미를 자기 소리로 전환하는 노력이 요구된다는 얘기이다. 자기 자신이 신앙의 대상이다. 믿고 싶다면 자기 자신부터 믿어라! 이런 명령까지 듣고 있다면 진정 실존철학의 인간적인 외침이 귓가에 들려오고 있는 것이다.

하지만 신앙이 자기 자신만 위한 것이었다면 키르케고르의 철학은 쓸모없는 것으로 평가되고 말았을 것이다. 자기 자신을 찾기 위한 조건, 자기 자신이라는 탑을 쌓기 위해 지대석으로 제시하는 그것, 자기 자신을 결과물로 양산해 낼 수 있게 해주는 원인으로서의 그것, 그것으로 철학자는 '신'을 언급하는 데서 실존철학의 독특한 면모를 발견할 줄 알아야 한다. 철학자에게 있어 '신'은 말 그대로 절대적이긴 하지만 그렇다고 유일한 목표가 되는 것이 아니라 그저 과정 속의 일부에 해당할 뿐이다.

사람들이 짓게 되는 죄는 다양하다. 현상의 원리처럼 다양성 그 자체가 죄의 속성으로 드러나게 되는 것은 당연하다. 그래서 다양함 앞에서 사람들은 오리무중이 되는 것이다. 심지어 쇼펜하우어는 이런 다양성을 '마야의 베일'[30]로 설명하기도 했다. 즉 현상이 너무 현란하면 망상에 빠질 수 있다. 이런 의미에서 현상은 눈을 감게 하고 사물을 바라보게 하는 힘을 지녔다고도 말할 수 있다. 사람이 지을 수 있는 죄는 말 그대로 무궁무진하다. 아직도 죄라고 명명되지 못한 죄들이 수두룩하다. 그런 것을 낱낱이 고하는 것은 철학자의 일이 아니다. 그는 바로 이 지점에서 이렇게 말한다. "중요한 것은 정의가 그물처럼 모든 형태를 포괄하고 있다는 그 사실뿐이다"라고. 그러면서 그는 '신앙의 정의'를 부르짖었던 것이다.

*30) 재인용, 이동용: 《쇼펜하우어, 돌이 별이 되는 철학》, 위의 책, 212쪽.

5

죄의 반대로서 신앙

키르케고르는 성경을 잘 알고 있다. 그 성경을 토대로 하여 철학의 길을 걷고 있다. 철학자는 성경의 구절을 근거로 하여 철학적 사고를 펼치고 있다. 그에게 있어 성경에서 언급된 말들은 '정의의 그물'이고 배를 움직이는 '키'이며 '신 안에 터를 잡은 기초'가 된다. 1520년에 루터가 《기독교인의 자유》라는 책을 집필하여 세상에 내놓음으로써, 특히 이 책을 당시 교황으로 재직 중이던 레오 10세에게 헌정하는 사건을 통해 종교개혁이 절정으로 치달았던 것처럼, 키르케고르는 지금 새로운 혁명의 시대를 관통하는 주역으로서 부족함이 없다. 그가 하는 말 속에서 무엇이 변화를 꾀하고 있는지, 그것을 우리는 인식해 내야 한다.

> 그러나 죄의 반대가 덕이라고 사실 종종 생각되어 온 일이 있다. 그렇게 보는 것은 상당히 이교적인 사고방식으로서, 죄를 단순히 인간적인 척도로 달게 받아들여, 죄가 무엇인지를, 또 모든 죄가 신 앞에 있다는 것을 결코 모르는 것이다. 그래서 죄의 반대는 덕이 아니라 신앙이다. 그러므로 〈로마서〉 14장 23절에는 신앙에 의하지 않은 모든 것은 죄라고 씌어 있다. 그래서 죄의 반대가 덕이 아니라 신앙이라는 것은 기독교 전체에 있어 가장 결정적인 규정 가운데 하나이다. (270쪽)

철학자의 말을 분석하기 전에 그가 언급한 〈로마서〉 14장 23절 속에 무슨 말들이 등장하고 있는지부터 살펴봐야 할 것 같다. "의심하고 먹는 자는 정죄되었나니 이는 믿음에 따라 하지 아니하였기 때문이라 믿음을 따라 하지 아니하는 것은 다 죄니라." 왜 철학자는 이 구절을 떠올렸을까? 왜 철학자는 이 구절을 기억해 내야 했을까? 그것은 이 구절이야말로 '모든 형태를 포괄'할 수 있는 '정의의 그물'로서 손색이 없기 때문이다. 철학자는 '믿음이 없으면 다 죄다'라는 공식을 선포하고 있는 것이다.

믿음은 사람이 되기 위한 조건이다. 신앙은 사람이라는 형식을 갖추게 하는 기본이다. 믿는 바, 즉 신앙의 대상을 신이라고 말하든 자기 자신이라고 말하든 상관없다. 그것은 그저 무궁무진한 영역으로 열어두면 된다. 그런 것에 얽매이지만 않는다면 실존철학은 인생을 위한 책으로 다가올 것이 틀림없다. "모든 죄가 신 앞에 있다"는 것은 철학자의 철학적 정의이며 동시에 그의 철학을 완성하게 해주는 대전제가 된다. 사람이 신을 필요로 하고 신을 믿는 이유는 사람이 자기 자신이 되고자 함에서 발견될 뿐이다.

'죄를 짓지 말고 신앙을 가져라.' 이것이 철학자의 가르침이다. 사람이 신앙인인 한 무한의 존재가 될 수 있는 가능성 앞에서 있게 되는 것이다. 여기서 '신 앞에 있다는 것을 의식하면 자기는 얼마나 무한한 실재성을 획득할 수 있는 것인가' 하고 감격하며 했던 말을 다시 떠올려도 좋다. 신 앞에 설 수만 있다면 우리는 모두 구원의 대상이 될 수 있다. 반대로 신 앞에 서지 않는 것은 그런 가능성 자체를 포기하는 것에서 끝나지 않고, 바로 그 지점에서 죄를 짓게 된다는 것이 철학자가 철학의 형식으로 전하는 경고의 메시지다.

철학자가 자신의 철학적 신조를 이런 식으로 규정하는 이유는 오로지 성경 구절로 귀결된다. 그는 성경에서 그렇게 설명되었다고 증거를 제시했다. "신앙에 의하지 않은 모든 것은 죄라고 씌어있다"고 철학자는 단호하게 말하고 있다. 다시 말하지만 실존철학은 성경을 끌어안으며 실존의 영역을 구축하고 있다. 신을 끌어안으며 사람의 존재를 규명하고 있다. 신에게서 시작하지만 자기 자신으로 향하는 길을 개척하고 있다. 성경에서 시작하지만 자기 자신의 목소리로 귀환하는 새로운 길을 가르쳐 주고자 한다.

죄의 반대는 신앙이다. 신앙이 없는 것은 죄를 짓는 것이다. 신앙을 펼치지 못하고 절망의 늪에 빠지는 것은 죄다. 가장 어처구니없는 죄가 신앙을 품지 못하는 것이다. 무엇을 신앙하든 상관없다. 신적인 것을 신적이라고 간주할 수 있는 것은 사람의 능력이다. 오로지 가능성을 지향하며 더 넓은 곳으로 또 더 높은 곳으로 나아갈 수만 있다면 삶은 지속될 것이다. 그런데 반대로 신앙을 품지 못하면 어쩔 수 없이 절망의 늪에 빠질 것은 틀림없고, 그런 절망의 늪에서 자기는 삶을 원망하게 되는 실수를 저지를 수밖에 없게 되는 것이다.

실존철학은 실존을 위한 철학이다. 실존은 실제로 존재하는 것을 의미한다. 결국 실존철학은 실제로 존재하는 것을 지향하는 철학이 되는 것이다. 실제로 존재하는 실재로서의 실존, 그것을 철학적으로 가르치려는 것이 실존철학의 진정한 과제이다. 키르케고르가 펼친 실존철학은 신을 끌어들이면서 시작하지만 그 목적지는 오로지 사람의 자기 자신이다. 신이 있어 자기 자신도 존재할 수 있고, 자기 자신이 있어 신도 절대적인 동시에 필요한 것으로 인식되는 것이다.

앞에서 인용한 구절의 시작 지점을 형성하고 있는 것은 '죄의 반대가 덕'이라고 말하는 것의 부당함에 대한 지적이다. 그것이야말로 '이교적인 사고방식'이라고 단정한다. 왜냐하면 이런 주장 속에는 신앙이 배제되어 있기 때문이다. 덕 그 자체는 지극히 유동적일 뿐이다. 그것은 '죄를 단순히 인간적인 척도로' 간주하는 실수를 범하는 꼴이 된다. 게다가 죄의 반대를 덕이라고 간주하게 될 경우, 덕을 너무 높이 평가하는 오류를 범하게 된다. 덕은 그저 사람을 위한 조건에 불과하다. 사람이 있고 덕이 있는 것이지, 덕이 있어서 사람이 있는 것은 결코 아니기 때문이다.

죄와 신앙이라는 대립의 조건

키르케고르의 철학은 지극히 기독교적이다. 기독교가 있어서 그의 철학도 가능한 것이다. 기독교가 없었더라면 그의 철학도 없었을 것이다. 철학에의 갈증은 기독교가 있었기에 생겨난 것이다. 하지만 기독교를 하나의 틀에 가둬놓고 그것만이 기독교라고 말하는 실수는 늘 있어 왔다. 루터 이전의 교회가 그랬고, 키르케고르가 직면하고 있던 시대도 그랬다. 이런 혁명적인 움직임은 아직도 현재진행형이다. 혁명은 인류가 존재하는 한 지속될 것이다.

생각은 늘 틀에 갇히기를 원하고, 그러면서 벗어나기를 반복할 것이다. 생각하는 존재는 구속을 원하기도 하면서 동시에 자유를 지향하기도 할 것이다. 생각하는 존재는 이런 과정 속에 있는 자신의 생각을 멈출 수 없을 것이다. 사람은 사랑을 받기를 원하고 또한 동시에 사랑하기를 원한다. 사랑 받기를 원할 대는 구속을 이상으로 간주하고, 사랑하기를 원할 때는 자유를 이상으로 내세울 뿐이다. 생각하는 존재는 그때그때 필요한 생각의 형식을 자유롭게 동원하면 되는 것이다. 그것을 철학자는 '대립'의 형식으로 설명하고 있을 뿐이다.

> 죄와 신앙, 이 대립은 기독교적인 것이며, 그것은 기독교적으로 모든 윤리적인 개념 규정을 개조하고 이를 더 깊이 있게 하는 것이다. 이 대립의 밑바닥에는 '신 앞에서'라는 결정적으로 기독교적인 것이 가로놓여 있다. (270쪽)

삶은 대립 속에 있다. 몸과 생각, 두 가지의 서로 다른 삶이 공존한다. 뭐가 먼저라고 말하는 것 자체가 독단이다. 사랑에도 육체적 사랑과 정신적 사랑은 공존한다. 다만 그 공존이 대립의 형식으로 비춰진다는 데 문제가 있을 뿐이다. 이건 좋고 저건 나쁘다는 식으로 말을 하게 될 때 문제가 발생한다는 얘기이다. 바로 이런 맥락에서 철학자는 '결정적으로 기독교적인 것'을 인식해 낸다. 진정으로 기독교적인 것이 무엇인가? 이 질문에 대해 철학자는 '죄와 신앙'이라는 대립을 대답으로 들려주고 있다.

그리고 죄도 신앙도 모두 '신 앞에서'라는 조건이 제시된다.

죄도 신 앞에서라는 조건이 제시되었기에 가능한 것이고, 신앙도 신 앞에서라는 조건 속에서만 실현될 뿐이다. 결국 사람은 죄도 신앙도 모두 떠안고 살아야 한다. 사람에겐 이 둘을 모두 감당해 내야 하는 숙제가 주어진 셈이다. 무엇이 죄인가? 사람이라면 이런 질문 앞에서 뭐가 되었든 간에 생각해 내고야 말 것이다. 또 신앙이 있는가? 사람이라면 이런 질문 앞에서도 뭐가 되었든 간에 자신이 믿는 바를 밝힐 수 있을 것이다. 죄도 신앙도 모두 사람이기에 문제가 될 뿐이다.

사람은 대립 속에서 살아간다. 사람의 삶은 대립 속에서 형성된다. 존재자의 존재는 대립의 형식을 통해서만 구축된다. 사랑한다, 사랑하지 않는다라는 말은 늘 함께 공존한다. 그래서 사랑에 빠진 자는 '나를 사랑하는가?'라는 질문에서 벗어날 수 없게 되는 것이다. 사람은 늘 궁금한 것이다. 사랑에 빠진 자가 사랑을 질문한다는 그 모순을 깨닫기까지는 수많은 시간이 흘러줘야 한다. 말은 쉽지만 그 의미를 깨닫기까지는 많은 것이 충족되어야 하기 때문이다.

사람은 신 앞에 설 수 있는 존재이듯이, 사람은 거울 앞에 설 수도 있는 존재이다. 신 앞에 설 수 있는 것도 능력이고, 거울 앞에 설 수 있는 것도 능력이다. 다른 동물에게서는 발견되지 않는 능력이다. 신의 형상으로 인정받고 있는 십자가를 앞에 두고서 사람은 다른 동물과는 다른 형식과 내용으로 생각에 임할 수 있다. 마찬가지로 거울 앞에 서면 사람은 다른 동물과는 다르게 생각에 임할 수 있다. 그 다름을 통해서 사람은 사람다워지는 것이다. 그 다름을 통해서 사람의 삶은 다른 동물의 생존과 구별되는 것이다.

결국 신앙의 조건은 '자기가 자기 자신이고자 함'이다. 그 조건이 없다면 신앙은 무용지물이 되고 만다. 앞서 인용된 문구는 정말 짧다고 말할 수 있다. 하지만 그토록 짧게 인용한 구절 속에 '기독교적'이라는 말이 세 번이나 반복해서 등장한다. '기독교적인 것이', '기독교적으로' 그리고 다시 '기독교적인 것이' 하며 마치 노래의 후렴구처럼 반복되고 있는 것이다. 이 기독교적인 것이 있고, 그것을 인식하는 것에서부터 키르케고르의 철학적 메시지를 이해하는 기회를 얻게 될 것이다.

7

인간의 목표로서 그리스도

종교는 사람이 있어서 존재할 수 있는 것이다. 사람이 있고 종교가 있는 것이다. 사람이 사람이라서 종교를 필요로 하는 것이다. 사람의 존재를 무시한 종교는 독단이고 독선의 전형이 될 뿐이다. 그런 종교가 사람의 삶을 옥죄는 것이다. 실존철학은 기독교, 즉 종교라는 형식에서 출발하지만 그 안에 사람의 삶이라는 내용으로 채우기를 원한다. 사람은 좌절할 수도 있고 절망할 수도 있는 존재이다. 그것을 깨닫게 하는 것이 이토록 힘든 것이다. 사람을 무시하고 신의 신적인 것만 주목하려 할 때 이런 문제는 심각해지고 만다.

지금 철학자가 지속적으로 설명에 임하는 것은 '신 앞에서' 사람이 실망하고 좌절하고 절망에 빠질 수 있다는 가능성이고,

그 가능성에서 어떻게 벗어날 수 있는가 하는 해결책을 제시하는 것이다. 하지만 기존의 기독교 변호인들은 이런 가능성 자체를 제거하고 말았다. 신 앞에서의 좌절이라는 말을 떠올리지도 못했다. 이에 반해 철학자는 그것이 얼마나 어리석은 짓인지를 역설한다. 게다가 기독교라는 종교 앞에서 좌절하게 만들어 놓은 소위 너무도 높은 교리 앞에 세우고 있는 기독교 변호인들의 주장을 비판하기에 이른다.

> 사람이 기독교 앞에서 좌절하는 것은 기독교가 너무도 어둡고 음울하기 때문이라든지, 너무 엄격하기 때문이라든지 하는 말을 오늘날 종종 듣게 된다. 그러므로 왜 인간이 기독교 앞에서 좌절하는가 하는 이유를 일단 설명하는 것이 우선일 것 같다. 그 이유란 기독교가 너무 높다는 것이다. 기독교의 목표가 인간의 목표는 아니다. (271쪽)

철학자는 남의 말이라고 조건을 달아놓기는 했지만 그래도 종교로서 기독교가 '너무 어둡고 음울'하다고 또 '너무 엄격'하다고 지적한다. 기독교가 너무 어둡고 음울해진 이유는 너무 논리적이 되었다는 얘기이다. 설명에 설명을 거듭하면서 도대체 거의 불가능한 이야기를 펼치고 있을 때가 많다. "기독교의 목표가 인간의 목표는 아니다." 중요한 지적이다. 지금 철학자는 '인간의 목표'를 이야기하고 싶은 것이다. 아무리 하나님의 뜻을 운운하고 그 뜻의 목적을 언급한다고 해도 거기에 사람의 생각이 빠져 있으면 아무짝에도 쓸모가 없다.

목표를 너무 높게 두면 안 된다. 물론 높은 경지 그 자체는 문제없다. 점진적으로 다가설 수 있는 통로를 제시해 놓은 상태라면 아무래도 상관없다. 하지만 현실적으로 아무런 대안도 찾을 수 없다면, 그것은 너무도 낭만적인 종교가 될 수밖에 없다. 그런 낭만적인 종교가 낭만적인 교리만을 제시하게 될 때 그 종교의 이념은 그저 비현실적인 것으로 인식될 뿐이다. 철학자는 그러니까 신적인 너무나 신적인 신을 이야기하는 것이 아니라 인간적인 너무나 인간적인 신을 이야기하고 싶은 것이다.

> 그리스도는 종종 몹시 마음 아파하면서 좌절하는 일이 없게 하라고 훈계하고 있는데, 이것은 다시 말해 좌절의 가능성이 그곳에 있고, 또 그곳에 있기 마련임을 그리스도 자신이 시사하고 있는 것이다. (271쪽)

키르케고르가 발견한 그리스도는 지극히 인간적이다. 그가 발견한 신의 모습 속에는 신도 좌절하고, 신도 마음 아파한다는 점이 포함되어 있다. 그래서 철학자는 '좌절하는 일이 없게 하라'는 그리스도의 말을 훈계의 소리로 들을 수 있었던 것이다. 좌절할 수 있으니 좌절하지 않도록 조심하라는 말이야말로 지극히 인간적이다. 사람은 실수할 수 있으니 실수하지 않도록 조심하라는 말보다 더 인간적인 말이 또 있을까. 사람은 절망할 수 있으니 절망하는 일이 없도록 경계하고 또 경계하라는 말보다 더 사랑스러운 말이 또 있을까.

실존철학은 경계의 끈을 놓지 않도록 경고한다. 죄를 짓지 말라고 훈계한다. 신 앞에서 죄를 짓은 어리석은 자가 되지 않도록 하라고 가르친다. 실존으로 머무르는 것은 지속적인 경계가 요구되는 일이다. 잠시라도 딴 생각하면 절망에 빠질 수 있기 때문이다. 생각이 연출해 내는 절망의 늪은 무궁무진하다. 말로 다 설명할 수 없다는 얘기이다. 아직도 발견하지 못한 절망의 얼굴도 있을 것이다. 이 모든 것은 죄에 해당한다. 사람이 신을 알면서도 신 앞에서 절망한다는 것이야말로 최고의 어리석은 죄이며 어처구니없는 죄이다.

VII.

무지의 논리와 죄의 실존적 의미

소크라테스의 철학적 시작 지점을 형성해 주는 무지와 죄의 관계

소크라테스는 인류 역사상 최초로 자신을 일컬어 '철학자라고 말한 철학자'이다. 그에 의해 처음으로 '철학'이라는 개념이 주목받기 시작했다. 그리스어로 '필로소피아 philosophia'가 철학으로 번역되었고, 그것을 말 그대로 직역하면, '지혜를 사랑하는 것'이다. 지혜를 사랑하는 것이 이토록 혁명적인 발상이었고 또 발언이었던 것이다. 그가 걸어간 발걸음을 따라가며 선구자적 흔적을 찾아내고 알아보는 것도 능력이다. 그가 남겨 놓은 철학 속에서 남들에겐 생소하고 낯선 현상으로 비춰졌을 그런 측면들을 인식해 주는 것도 능력이라는 얘기이다.

무엇이 남달랐을까? 무엇이 남들은 몰랐던 것이었을까? 무엇이 그를 영원한 선생先生으로, 즉 '먼저 살아간 사람'으로 만들어 주고 또 무엇이 그를 선생으로서 보여줄 수 있는 모범의 원형으로 인정해 주는 것일까? 소크라테스가 먼저 살아간 그 삶은 도대체 무엇으로 설명이 가능하단 말인가? 인류가 소크라테스의 가르침을 기억해 주는 이유는 무엇일까? 이런 질문이 무르익을 때쯤이면 키르케고르의 말들이 의미 있게 읽혀지게 될 것이다.

> 죄는 무지이다. 다 알고 있듯이 이것이 소크라테스적(철학적·반어적) 정의이며, 그 정의는 소크라테스적인 정의가 다 그러하듯이, 항상 주목해 볼 만한 견해이다. 그러나 소크라테스적인 죄(무지)도 다른 많은 소크라테스적인 것과 마찬가지로, 새롭게 진보하는 욕구를 느끼게 될 운명이다. 얼마나 수많은 사람들이 소크라테스적인 무지를 넘어서 다시 진보하려는 욕구를 느꼈을까. 살펴보건대 그것은 그들이 무지 앞에 머물러 서 있는다는 것이 자기들로서는 불가능하다고 느꼈기 때문일 것이다. (276쪽)

스스로 무지를 말하는 자가 정말 무식하다고 판단하면 실수이다. 소크라테스에게 무지는 목표 지점이면서 동시에 시작 지점이다. 무지를 알아야 새로운 지식에 대한 욕망이 불타오를 수 있다. 한계를 넘어선 자가 새로운 범주에서 멀리 있는 수평선을 바라보듯이 그렇게 또 하나의 새로운 한계를 바라볼 수 있다. 그 이전의 한계조차 넘어서지 못한 정신은 그 한계를 넘어선 정신이 바라보고 있는 새로운 한계에 대해서는 상상도 할 수 없다.

우리는 하나의 사물을 제시하며 '무엇이 보이는가?' 하고 질문을 던질 수 있다. 하나의 사진을 보여주며 '무엇이 보이는가?' 이렇게 질문을 할 수도 있다는 얘기이다. 본다고 다 똑같은 것을 보지는 않는다. 외부의 것은 이성이라는 거울에 비치면서 왜곡이 발생한다. 누구나 이성을 갖고 있지만, 그 이성이 보여주는 사물의 형상은 사람마다 다르다. 모든 것은 다르게 형성된다는 얘기이다. 한 마디를 내뱉어도 그 얘기를 들어주는 사람마다 해석은 제각각이다.

무지 앞에 머물러 서 있을 수 있는 사람은 아무도 없다. 공허함을 느끼면서 새로운 것에 대한 욕망을 불태우지 못한다는 것은 사람에게 있어서는 불가능한 일이다. 사람은 끊임없이 삶을 지향할 뿐이다. 삶은 과정 속에 있고, 과정은 늘 새로운 것으로 나아감을 뜻한다. 사람이 여행을 필요로 하는 이유도 이런 데서 찾을 수 있다. 여행이 필요 없는 존재라면 감옥에서도 충분히 살아갈 수 있다. 하지만 사람은 그럴 수 없어서 사람인 것이다. 그래서 또한 사람을 감옥에 가둔다는 것은 형벌을 의미할 뿐이다.

"얼마나 수많은 사람들이 소크라테스적인 무지를 넘어서 다시 진보하려는 욕구를 느꼈을까." 소크라테스를 공부하며 키르케고르는 이런 말을 인식의 소리로 내놓고 있다. '소크라테스적인 무지'는 그 자체로 머무는 것이 아니라 또 다른 의미에서의 새로운 시작을 의미하고 있음을 깨달은 것이다. 소크라테스에게 있어서 무지는 목적이며 동시에 시작을 알리는 지점이다. 인식이며 동시에 새로운 문제가 등장하는 지점이다. 모르는 게 무엇인지 알아야 공부할 마음이 생겨나는 법니다. 그런 마음이 생겨야 즐거운 공부도 할 수 있게 된다.

무지에 돌입했을 때의 상황은 '아포리아Aporia'[31] 상황이라 말할 수 있다. 출구가 없는 상황이고, 길이 안 보이는 상황이며, 눈앞이 캄캄한 상황이고, 억장이 무너지는 상황이며, 숨이 막히는 상황이고, 죽을 것 같은 지경에 처한 상황이다. 무지를 의미할 수 있는 수많은 비유들이 더 있을 것이다. 하지만 이 아포리아라는 개념으로 소크라테스가 하고자 하는 말은 그것이 그가 연출하는 철학의 목적지가 아니라는 사실이다. 여기까지 논리를 좇아 왔다면, 이제야 "죄는 무지이다"라는 정의가 갖는 의미를 제대로 이해할 수 있을 것이다.

사람은 스스로 죄인임을 고백할 수 있다. 그때가 되면 마침내 회개할 수 있는 기회가 주어진다. 후회할 줄 알아야 반성의 기회가 주어질 것이고, 반성할 줄 알아야 자기 자신에 대한 성찰이 이뤄질 것이며, 자기에 대한 성찰이 이뤄져야 새로운 자기에 대한 출현의 기회를 스스로 쟁취할 수 있다. 사람은 달라질 수

*31) 참고, 이동용: 《사막의 축제》, 제2권, 이파르 2017, 442쪽.

있다. 사람은 완전히 다른 사람으로 거듭날 수도 있고, 전혀 다른 사람으로 돌변할 수도 있다. 이것이 바로 동물은 모르는 세계이며, 그 세계에서 사람은 진정한 행복뿐만 아니라 진정한 불행까지도 경험할 수 있게 되는 것이다.

물론 무지는 상대적이다. 어디까지 몰라 봤는가? 자기가 모르고 있는 범주가 분명해야 읽어야 할 책도 찾을 수 있다. 사람마다 무지의 현상은 다를 수 있다. 그 다름까지도 몰라 봤어야 한다. 그 다름의 현상을 알아보려면 알아보기 이전의 현상이 선명하게 보였어야 한다. '아하!' 하고 외칠 수 있는 것은 이전과 이후의 차이가 분명해졌을 때뿐이다. 이때 소위 '아름다운 마무리'를 하고 새로운 세상으로 떠날 수 있게 되는 것이다. 이때 또한 온갖 불행을 극복하고 스스로에게 '천만다행이다!'라고 말하면서 '비극적 인식'[32]을 얻게 되는 것이다.

다행多幸이라고 말할 때 많을 다多 자의 형상이 주는 의미는 남다르다. 저녁夕이 위아래로 겹쳐 있다. 그런데 그 글자가 '많다'는 것을 뜻한다. 재밌는 현상이다. 얼마나 많은 저녁을 경험했는가? 얼마나 많은 아침을 맞이해 보았는가? 뭐 이런 질문을 만들어 주기 때문이다. 얼마나 많은 밤을 뜬 눈으로 지새워 보았는가? 그 어둠을 관통하는 정신이 아니라면 진정한 행복을 맛볼 수 없다는 메시지까지 전해 준다. 무지 앞에서, 이것은 '불가능하다'는 말을 한 적이 얼마나 있었던가? 이런 질문까지 형성해 낼 수 있었던 키르케고르의 정신이야 말로 소크라테스의

*32) 이동용: 《야스퍼스의 〈비극론〉과 실존을 위한 근거》, 휴먼컬처아리랑 2020, 114쪽.

형이상학을 넘어 현상과 현실에서, 즉 사람이 살아가는 삶의 현장 속에서 의미를 찾으려는 인문학적 사고로 넘어서는 선구자의 길을 밝혀주는 빛이라 말할 수 있다.

2

소크라테스를 끌어들인 키르케고르의 의도

왜 갑자기 소크라테스인가? 왜 느닷없이 소크라테스를 바라보고 있는 것일까? 왜 갑자기 그의 철학에 귀를 기울이는 것일까? 키르케고르는 '소크라테스'를 가지고 무엇을 하려는 것일까? 키르케고르에게 소크라테스는 과정에 불과하다. 후배는 선배를 소개하며 자신의 철학으로 나아가려 하는 것이다. 다양한 물들이 뒤섞이며 바다를 형성하듯이 다양한 철학적 이념들이 모여들어 생각하는 존재가 직면하게 되는 혹은 직면할 수 있는 대양을 소개하려는 것이다.

> 그러므로 나는 무지 앞에서 머물러 설 수 없다는 이유만으로 소크라테스적인 정의를 처리해버릴 생각은 없다. 오히

> 려 나는 기독교적인 것을 염두에 두면서 소크라테스적인 정의를 이용하여 기독교적인 것을 선명하게 묘사해 봤으면 한다. 그 이유는 소크라테스적인 정의야말로 틀림없는 기독교적인 것이기 때문이며, 또한 더 엄밀한 뜻에서 볼 때 기독교적이 아닌 모든 불완전한 정의는 모조리 다 언제나 그렇지만 이 죄의 문제에 있어 분명히 공허한 것에 불과하기 때무이다. (276쪽)[33)]

앞서 키르케고르는 '신 앞에서의 자기'(266쪽)에 대해 심도 있게 설명에 임했었다. 이제 철학자는 소크라테스의 정의를 끌어들이며 '무지 앞에'라는 상황을 설명하고자 하고, 또 이것을 기독교적인 사고의 틀과 비교하고자 한다. 이런 비교에 의해 기독교의 이념이 더욱 선명해질 것이라고 철학자는 굳게 믿고 있는 것이다. 소크라테스가 펼치는 세계상과 기독교가 펼치는 세계상은 동일한 형식을 보여 준다. 소크라테스가 주장하는 바는 무지는 죄라는 것이고, 기독교가 주장하는 바는 절망하는 것은 죄라는 것이다. 정말 멋진 발견이다.

이데아가 있는데 그 이데아를 모른다면 그것은 죄가 된다. '무식한 게 죄'라는 말이 그래서 성립되는 것이다. 마찬가지로 신이 있는데 절망한다는 것은 죄가 된다. 성경에서 여호와 하나님은 시시때때로 '두려워하지 말라'고 했다. 그런데도 두려워하거나 불안에 떨고 있다면, 그것은 죄가 된다. 하나님의 명령을

***33)** 사실 '기독교적'이라는 말은 동서문화사 판본에 따르면 '그리스도교적'으로 표기되어 있음을 이미 '일러두기'에서 언급한 바 있다. 번역자는 여기서 '그리스도교적인 것'을 말해야 할 자리에서 '그리스적인 것'이라고 번역하는 실수를 범하고 말았다. 이것은 아마도 '그리스~'라는 앞선 세 개의 글자가 동일해서 발생한, 즉 착각에 근거한 실수인 것 같다.

따르지 않는 꼴이 되기 때문이다. 정말 멋진 비교이다. 키르케고르가 소크라테스의 정의를 끌어들임으로써 자기 자신이 말하고자 하는 철학적 주장을 더욱 선명하게 해 놓았다는 데에 대해 이의를 제기할 사람은 아무도 없을 것이다.

무지 앞에 서는 것과 신 앞에 서는 것, 그 비교가 아직도 불분명하다고 판단되는 이들을 위해 더욱 노골적으로 설명에 임하고자 한다면, 이데아 사상을 천국 이념으로 대체해버리면 된다. 이데아가 곧 천국이다! 이렇게 말하면 더 쉽게 이해할까. 사람은 이데아를 알아야 한다. 사람은 이데아가 보여주는 자기 자신을 알아야 한다. 그래서 소크라테스는 아폴론 신전에 적혀 있었다는 '너 자신을 알라'라는 말을 자기 자신의 철학을 위한 명령으로 채택할 수 있었던 것이다. 이탈리아 르네상스의 천재 화가 라파엘로가 〈아테네 학당〉을 그렸을 때 왼쪽에 아폴론 신상을 그려 놓은 것도 바로 이런 상황을 깨달았었기에 가능했을 것이다.

"나는 무지 앞에 머물러 설 수 없다"는 말은 인식의 소리면서 동시에 새로운 숙제를 깨닫게 해준다. 머물러 서 있을 수 없다면 어디로 가야 하는 것일까? 가야 할 곳은 도대체 어디란 말인가? 주장과 함께 던져지는 철학적 고민은 지극히 인문학적 상황을 연출해 낸다. 삶을 살아야 하는 사람은 늘 '그 다음'에 대한 답을 요구하기 마련이다. 그 다음을 생각해 내게 하는 그 상황에 대한 인식이야말로 스스로를 그 '앞에' 세우는 행위가 되는 것이다. 어디 앞에 설 것인가? 그 앞에서 벌어지는 상황은 늘 생각하는 자의 몫이 될 뿐이다.

생각하는 존재에게 생각하는 행위는 운명인 동시에 책임이 된다. 생각하는 존재가 생각을 소홀히 하면 낭패를 당할 수도 있다. 생각 없이 살면 살아도 그 삶은 주체적으로 사는 것이 아니다. 물론 생각하는 존재가 하나의 생각에 얽매일 때는 스스로 자기 삶을 생지옥으로 연출해 낼 수도 있다. 정말 생각하는 존재에게 주어진 고유한 능력으로서 생각에 대한 고민은 끝도 없이 펼쳐질 수 있다. 끝도 없이! 이 말은 곧 생각이 도달할 수 있는 영역은 무궁무진하다는 뜻이기도 하다. 인문학이 펼치는 세상이 이런 것이다. 실존철학이 추구하는 세상도 바로 이런 세상이다.

3

인식과 의지의 상호 관계 속의 모순

이제 키르케고르는 새로운 숙제를 인식한다. 소크라테스가 '무지'의 이념으로 던져 준 숙제로서 '완고하고 끈질긴 어려움'(277쪽)을 인식한 것이다. 그것은 죄가 되는 무지가 단순한 인식 속에 머물러 있는 것이 아니라 의지 속으로 넘어간다는 것, 즉 "거기서 인식과 의지의 상호 관계라는 문제가 일어나게 된다"(277쪽)는 것을 깨달은 것이다. 즉 무지를 알고 나면 의지가 발동해야 하는 상황임을 알게 된 것이다. 이것은 실로 매우 중요한 인식이다. 철학자 키르케고르가 얻어낸 바로 이 인식을 깨닫고 동의하며 동참할 수 있어야 실존철학의 정수를 맛볼 수 있게 될 것이다.

> 소크라테스여, 소크라테스여, 소크라테스여, 이 사람은 스스로에 대해 이해하고 있다 하나 그 이해하는 자기를 자신이 이해할 수 있을까요. (280쪽)

사실 이 말을 하기 전에 키르케고르는 다양한 예를 들며 사람이 저지를 수 있는 '모순'을 설명해 놓았다. 말은 안다고 지껄이는데 하는 행동을 보면 알고 있는 사람이 아니라는 것이 들통나는 그런 상황들이 너무도 많다. 말은 기독교인이라고 주장하는데 하는 말이나 행동은 전혀 사랑하는 사람의 꼴을 보이지 않는 사람들이 너무도 많다. 생각하는 존재가 펼치는 생각의 내용은 정말 가소로울 때가 너무도 많다. 그런 자신의 모순을 사람은 스스로 깨달을 수 있을까? 키르케고르는 지금 진지하게 '소크라테스식으로'(281쪽) 말하고 있다.

생각과 행동은 다를 수 있다. 하지만 그것을 깨닫는 게 어렵다. 생각과 행동이 서로 모순을 일으키고 있다는 사실을 깨달아야 말과 행동에 변화를 꾀할 수 있게 된다. 다름을 알아야 조화를 지향할 수 있게 된다. 말과 행동이 일치하지 않는다는 것을 알아야 합일을 지향할 수 있게 된다는 얘기이다. 철학자 키르케고르는 바로 이것을 발견한 것이다. 이것이야말로 사람이 깨달아야 하는 사람의 문제인 것이다.

왜 사람은 생각의 내용과 행동이 다를 수 있는 것이지? 왜 그렇지? 이런 질문이 형성될 때 마침내 철학자가 인식했던 '완고

하고 끈질긴 어려움'에 동참할 수 있다. 어려움, 힘듦, 이런 말을 사람들은 쉽게 말한다. 하지만 바로 그 지점에 사람의 문제가 있다는 사실을 깨달아야 한다. 사람은 정말 완고하기 짝이 없다. 스스로 어렵고 힘들다는 말을 하면서 거기서 벗어날 생각은 하지 않는다. 그 어렵고 힘들다는 현상을 바라보며 짜증내기 십상이다. 그래서 늙으면 늙을수록 웃음은 사라지고 만다. 웃을 일이 없기 때문이다.

사람은 시간이 흐르면 흐를수록, 즉 세월이 흘러 늙어갈수록 스스로 완고해지고 만다. 자기가 아는 것에서 벗어날 생각을 하지 못한다. 이성적 존재가 이성의 틀 안에 갇히고 만다. 스스로 자기 생각의 노예가 되고 만다. 스스로 노예근성에 휩싸여 있으면서도 자기가 마치 주인인 양 거들먹거리는 것이 노인의 증상이다. 사람이 늙었다는 증거는 그 사람의 완고함에서 발견되기도 한다. 그래서 '늙으면 고집만 세진다'는 말이 있는 것이다. 이 또한 틀린 말이 아니다. 아니 오히려 지극히 높은 곳에 도달한 지혜로운 정신이 남겨 준 말로 인정해야 할 것이다.

> 소크라테스, 소크라테스, 소크라테스! 정말이지 당신의 이름은 아무래도 세 번은 불러야 할 것 같다. 만일 무슨 도움이 된다면 열 번 불러도 지나치지 않을 것이다. (281쪽)

철학자로서 키르케고르는 소크라테스에게서 상당히 많은 영향을 받은 것이 틀림없다. 그는 소크라테스라는 이름을 외쳐 대며 찬송가를 부르고 있는 듯하다. 철학자가 철학적으로 고민할 수 있는 생각의 형식을 그에게서 배운 것이 확실하다. 그래서 그의 이름을 그토록 부르고 싶은 것이다. 그는 문제가 발생할 때마다 이런 식으로 소크라테스에게 도움을 청했던 것 같다. 그래도 그로부터 도움의 손길이 뻗어오지 않으면 세 번씩이나 그의 이름을 외쳤을 것 같다. 그래도 반응을 보이지 않는다면 열 번도 아니 그 이상도 그의 이름을 외쳤을 것 같다. '제발 좀 도와 달라!'고. 참으로 솔직하고 아름다운 고백이다. 인간적이고 너무나 인간적인 고백이다.

소크라테스라는 이름을 '열 번 불러도 지나치지 않을 것'이라는 이 말은 철학자 키르케고르의 확신으로 해석해도 무방하리라. 그의 이름을 여호와 하나님으로 전환시킬 수만 있다면 신학에서 철학으로 형식을 바꾸는 놀이도 충분히 혼자서 연출해 낼 수 있으리라. '하나님, 하나님, 하나님, 제발 좀 도와주소서!' 하고 외쳐 대는 정신을 충분히 이해할 수 있게 될 것이기 때문이다. 바로 이런 소리와 함께 루터도 종교를 개혁했던 것이다. "여기 제가 서 있습니다. 어쩔 도리가 없습니다. 신이여 도와주소서, 아멘"[34] 하고 말이다.

무지 앞에 설 수 있는 자가 지혜를 원할 수 있는 것처럼, 신 앞에 설 수 있는 자가 구원을 추구할 수 있는 것이다. 새로운 지혜가 무지를 극복할 수 있게 해 주는 것처럼, 신과 함께 하는 그

*34) 재인용, 이동용: 《디오니소스의 귀환》, 이담북스 2018, 235쪽.

느낌과 그 감정이 허무한 삶을 극복하고 이겨 내게 해 준다. 한계에 직면한 자가 한계를 극복할 수 있는 기회를 얻게 되는 것이다. 인식은 의지의 원인이 된다. 극복에의 의지는 인식이 없이는 불가능하다. 반대로 인식을 제대로 얻지 못한 사람이 말로는 '사랑한다!' 하면서 실제로는 타인의 가슴에 못을 박는 말을 너무도 쉽게 내뱉는 것이다. 그러면서도 자기가 무슨 말을 했는지조차 알지 못한다.

4 세계가 필요로 해야 할 소크라테스라는 단 한 사람

키르케고르의 철학은 소크라테스라는 지대석 위에 세워진 공든 탑 같다. 소크라테스가 가르쳐준 이념을 토대로 삼을 수 있도록 충분히 그의 곁에 머물러 있어야 한다. 그의 생각을 짊어져야 할 짐으로 삼고 오랫동안 버텨야 한다. 그런 오랜 머무름과 버팀이 튼튼한 토대를 형성하게 해 줄 것이기 때문이다. 오랫동안 머무르지 않고는 견고한 생각의 형식을 얻을 수 없다. 키르케고르가 펼친 실존철학, 즉 그 철학이 펼치는 생각의 형식은 소크라테스가 펼쳤던 형이상학적 사고의 형식 속에서 탄생하고 있다는 사실을 깨달을 때까지 버텨야 한다.

다시 말하지만 실존철학은 형이상학을 밑에 깔고 있다. 그 위에 세워진 탑이라 했다. 형이상학적 형식이 밑에 깔려 있어야 실존철학이 제대로 설 수 있다는 뜻이다. 소위 물구나무서기를 할 줄 알아야 실존철학이 인식의 대상으로 다가올 것이다. 데카르트가 "코기토 에르고 숨(나는 생각한다, 고로 나는 존재한다)"이라는 말을 하며 생각을 존재의 조건으로 제시했듯이, 이제는 그 반대로 '나는 존재한다, 고로 나는 생각한다'는 식의 발언을 이해할 수 있어야 실존철학이 전하고자 하는 메시지를 제대로 들을 수 있게 되는 것이다. 또 이 말을 이해할 수 있어야 "실존은 본질을 앞선다"[35]라고 말한 사르트르의 실존주의 철학의 이념까지도 받아들일 수 있게 될 것이다.

키르케고르가 소크라테스라는 이름을 언급하며 하는 말은 지극히 긍정적이기만 하다. 마냥 좋아서 부르는 이름이 '소크라테스'인 것이다. 그에게서 얻은 것을 말하라 하면 그는 스스로 모든 것이라고 말할 것만 같다. 더 노골적으로 말하면 소크라테스는 그에게 신과 같은 존재인 것 같다. 사람이 깨달아야 할 사람의 전형으로, 즉 사람의 모범으로 그는 바로 이 고대 철학자를 제시하고 있기 때문이다.

> 세계는 하나의 공화국을 필요로 하고 있다고 사람들은 말한다. 새로운 사회질서와 새로운 종교가 필요하다고 말한다. 그러나 이 방대한 지식으로 인해 혼란에 빠져 있는 세계가 필요로 하고 있는 것은, 아무리 생각해도 단지 한 사람의 소크라테스임을 아무도 생각지 못한다. (281쪽)

*35) 재인용, 이동용: 《초인 사상으로 보는 인문학》, 세창출판사 2022, 220쪽.

이보다 더한 찬양가가 있을까. 대단하다. 그리고 또한 부럽기도 하다. 키르케고르가 소크라테스를 이토록 높이 평가하고 인정해 줘서 놀랍고, 또 소크라테스가 자신의 철학을 이토록 간절하게 필요로 하는 후배를 접할 수 있어서 부럽다. 야스퍼스가 말한 것처럼, '소크라테스를 눈앞에 가져 오는 것은 우리의 철학을 펼치는 데 있어서 피할 수 없는 하나의 조건'[36]이 된다. 소크라테스를 눈앞에 가져 오는 행위가 곧 우리 스스로 그가 철학적으로 펼친 이념, 즉 '무지 앞에 서는' 행위와 같은 말이기 때문이다.

여기서 우리는 생각해 내야 한다. 무엇을? 이 방대한 지식으로 충만한 이 세계가 필요로 하는 것은 바로 '단지 한 사람의 소크라테스임'을! 정말 격정적인 표현이다. 이 문장을 구연동화처럼 낭독하며 읽어 보면 혹은 연극 속 대사처럼 입에 담아 보면 그 어감이 실감날 수도 있다. 연극배우가 되어서 이 말을 자신의 대사로 내뱉어야 하는 순간이라면 자신의 감정을 극단으로 끌어 올려야 할 것이기 때문이다. 그렇지 않고서는 이 말은 그저 전달력을 상실한 것, 즉 관객에게 감동을 주지 못하는 것이 되고 말 것이다.

1789년부터 시작된 혁명의 불꽃은 여전히 불타고 있다. 1848년에 그 불꽃은 다시 뜨겁게 타올랐다. 바로 이 시기에 키르케고르는 시대의 정신을 글 속에 담아 내고 있다. 혁명의 소리가 담겨 있다는 얘기이다. 이 말은 곧 독자인 우리가 그때 그

*36) https://de.wikipedia.org/wiki/Sokrates: "Sokrates vor Augen zu haben ist eine der unerlässlichen Voraussetzungen unseres Philosophierens."

소리의 절박함을 들을 수 있어야 한다는 것이다. 태어나면서부터 귀족 집안에서 승승장구하는 사람들이 있는가 하면, 출발부터 모든 기회를 박탈당하고만 사람들도 있다. 그것을 깨달았던 시민들은 자신에게 주어진 세상의 틀을 있는 그대로 받아들일 수가 없었다.

받아들일 수 없다면 만들어야 한다. 없는 것을 받을 수 있게 해야 하기 때문이다. 이런 인식이 혁명을 부르짖게 하는 것이다. 이런 식으로는 살 수가 없다는 생각이 혁명에 도움을 청하게 되는 것이다. 세계는 변했다. 세계는 새로운 것을 필요로 하고 있다. 철학자 키르케고르가 살았던 세계, 그 세계는 지금 '하나의 공화국'을 원하고 있다. 이것이 변화의 지점이다. 공화국이 필요했다는 얘기는 그가 살았던 세계는 공화국이 아니었다는 것을 알게 해 주는 대목이다.

세계는 공화국이 아니었다. 그 세계는 왕정국가였다. 왕이 모든 것을 결정하는 세계였다. 소위 "짐이 곧 국가다" 하는 말이 국가의 이념으로 군림하던 세계였다. 법이라고 말하지만 법이 아니다. 왕의 마음대로 하는 것을 두고 법이라 말하기 때문이다. 이것이야말로 독단이고 독재이다. 이제 시민은 자신의 목소리를 들려 주고자 한다. 자신의 목소리를 밖으로 내뱉고 있는 것이다. '사람들은 말한다', '세계는 하나의 공화국을 필요로 하고 있다'고. 왜 이런 발언이 소크라테스 철학과 연결되고 있는 것일까? 그것을 깨달아야 한다.

소크라테스는 399년 감옥에서 독배를 마시며 최후를 맞이한 철학자이다. 민주주의자들이 마련해 놓은 법정에서 사형 선고를 받고 죽어야 했던 철학자이다. 말은 민주주의자들인데 그들이 펼친 논리는 민주주의적이지 않았다. 다름을 인정할 수 없었던 독단에 빠진 군중들, 아테네 국가의 절반에 해당했던 그 잔인했던 사람들이 소크라테스라는 철학자를 죽음에 이르게 한 것이다. 이런 사실을 깨닫게 될 때, "너 자신을 알라"라는 철학자의 말 속에서 가르침을 제대로 얻을 수 있게 된다.

세상이 혼란에 빠져 있다. 철학자 키르케고르가 직면한 현실 인식이다. 뭐가 뭔지 알 수 없는 지경에 처한 세계를 목도하고 있는 것이다. 과거는 싫고 미래는 불투명하다. 세상은 어둡고 빛은 도래할 줄 모른다. 왜 하필 이런 절박한 순간에 키르케고르는 철학의 길을 선택했던 것일까? 그것은 어쩌면 그가 소크라테스야말로 혼란에 빠진 이 세계를 위한 처방이라고 생각했기 때문이 아닐까. 우리 자신을 '무지 앞에 세우기' 위한 처방으로 말이다. 무지 앞에 설 수 있는 그 비결을 알 수 있다면, 똑같은 방식으로 우리는 '신 앞에도 설 수 있을 것'이기 때문이다.

죄와 방황의 공통점

인간은 방황하는 존재이다. 인간은 질문하는 존재이다. 인간은 방황하며 찾는 존재이고, 인간은 질문하며 답을 구하는 존재이다. 무엇을 질문하고 무엇을 대답으로 얻으려 하는지는 상황에 따라 다를 것이다. 마찬가지로 방황하게 하는 원인도 다양할 것이고, 그 방황으로 찾으려 하는 내용도 다를 것이다. 어쨌거나 사람은 있는 그대로의 현상을 제대로 인식하기보다 끊임없이 현상에 휘둘릴 수 있는 존재라는 것이 문제의 핵심이다.

생각하는 존재는 생각에 희생될 수 있다. 이것이 존재의 문제이다. 이것이 사람의 삶이 직면한 문제이다. 돌이나 물처럼 생각 없이 있을 수 있고 또 흐를 수 있다면 얼마나 좋을까. 하지만 이런 생각 자체가 모순이다. 사람은 그럴 수 없기 때문이다. 사람은 사람으로서만 가치가 있을 뿐이다. 사람의 가치는 오로지 삶을 통해서만 인식될 뿐이다. 그것을 깨닫기가 그토록 힘든 것이다. 그래서 사람은 살면서 방황을 하지 않을 수 없게 되는 것이다.

괴테가 파우스트라는 인물을 통해 남겨 놓은 명언을 떠올려도 좋을 것 같다. "인간은 노력하는 동안 방황한다."[37] 괴테는 이 말을 신의 대사로 만들었다. 신이 한 말이라서 더욱 감동을 준다. 신도 알고 있다는 그 말이 큰 위로를 주고 있는 것이다. 인간은 노력하고 있으니 방황할 수밖에 없다. 노력하고 있다는 증거는 길을 잃고 방황한다는 조건이 주어져야 확보될 수 있는 것이다. 노력한다는 말은 힘을 쓰고 있다는 얘기이고, 힘을 쓰고 있다는 것은 또한 자신의 생명력을 최대한으로 끌어 올리고 있다는 얘기이다. 이를 두고 욕망의 불꽃을 태우고 있다고 말해도 될 것이다. 이런 소리를 이해할 수 있다면, 이제 철학자가 하는 말에 귀를 기울여 보자.

> 방황하고 있을 때는 언제나, 가장 필요한 것이 무엇인지 가장 생각해 내기 어렵다. 그것은 당연하다. 만일 그렇지 않다면 그건 방황이 아닐 테니 말이다. (281쪽)

*37) 재인용, 이동용: 《초인 사상으로 보는 인문학》, 위의 책, 153쪽.

방황은 사람의 문제이다. 방황하고 있을 때의 현상에 대한 고민을 거듭해 보자. 방황하고 있는 사람이라면 도대체 어떤 지경에 처한 것일까? 무엇이 사람을 방황하게 하는 것일까? 세상은 아무 잘못도 없다. 돌도 있는 자리에 있고 물도 그대로 흐르고 있을 뿐이다. 그런데도 사람은 이 세상에서 방황한다. 어제 떴던 태양이 오늘도 떴고 또 내일도 뜰 것이다. 그런데도 사람은 시간이라는 거대한 문제를 떠안을 수밖에 없다. 스스로 '어렵고 힘들다!'는 말을 하는 상황에서 자기 자신을 돌아 볼 수 있는 사람이라면 자기 자신이 지금 방황하고 있다는 사실을 절실하게 깨닫게 될 것이다. 만약 그렇지 않다면 그것은 진정한 방황이 아닐 것이기 때문이다.

> 따라서 우리 시대는 그 같은 풍자적이고 윤리적인 교정이 필요하다고 말해도 무방할 것이다. 사실 그것은 우리 시대가 필요로 하는 유일한 것인지도 모른다. 왜냐하면 그런 필요성은 명백하게 우리 시대가 가장 생각해 내기 힘들다는 사실로 반증되기 때문이다. 우리는 소크라테스보다 더 앞으로 나아가는 게 아니고 그와 똑같이 이해하고 있다 해도, 이해의 방법을 달리는 어떤 새로운 소크라테스적인 것으로 되돌아가는 일이 극히 필요하다. 그러나 되돌아가야 할 그런 소크라테스적인 것은 소크라테스적 죄에 대한 이해는 아니다. 그것은 죄에 대한 이해의 두 가지 구별(옳고 그름을 모르고 행한 죄와 알고 행한 죄의 구별)을 없애버려 결

국 인간을 더없이 비참하게 만들어버리는 셈이 될 것이다. 그런 것이 아니라 일상 생활적 윤리관으로서의 소크라테스적인 것으로 되돌아가는 일이 필요한 것이다. (281쪽)

지금 키르케고르는 소크라테스를 통해 무엇을 원하는지 분명하게 설명해 주고 있다. 그는 고대 철학자에게서 무지가 죄라는 공식 자체를 이해하는 것에서 만족하지 않는다. 그런 단편적인 이분법으로는 만족하지 않는다는 얘기이다. 그는 오히려 이런 공식을 통해 '일상 생활적 윤리관'으로 돌아오려 하는 것이다. 그는 '옳고 그름을 모르고 행한 죄'와 '알고 행한 죄의 구별' 속에서 죄를 관찰하고자 하는 것이다. 소위 형이상학적으로 일관했던 고민을 다양성으로 충만한 현실 세계 속으로 전환시켜 놓으려는 것이다.

삶의 문제는 여기와 저기의 이분법으로는 해결이 되지 않는다. 옳고 그름이라는 이분법으로는 사람의 삶이 현상으로 드러날 수가 없다. 오히려 그런 식으로 삶을 밝히려 할 때 독단이 생기고 만다. 무엇이 옳단 말인가? 무엇이 틀리다는 말인가? 지금은 맞아도 언젠가는 틀린 것이 될 수 있고, 또 지금은 틀려도 언젠가는 옳은 것이 될 수도 있는 법이다. 조금만 상황이 바뀌어도 전혀 다른 해결책이 요구되기도 한다. 현상의 논리는 이토록 변화무쌍할 뿐이다. 현상 속에서 하나만을 고집하는 것이야말로 어리석음을 스스로 증명하는 것일 뿐이다.

'우리 시대'에 '가장 필요한 것'으로서 키르케고르는 '소크라테스적인 것으로 되돌아가는 일'로 꼽았다. '너 자신을 알라'라는 명령을 자기 자신에게 던질 수 있는 마음의 문을 활짝 열어놓고, 그렇게 해서 자기 자신이라는 현상 앞에서 '무지'한 자기 자신을 인식해 낼 수만 있다면, 실존철학이 의도하는 길로 접어들 수 있을 것이다. 그런 인식에 임하는 자기 자신을 신 앞으로 돌려놓고, 거기서 신성한 자기 자신을 발견해 내는 것도 가능해질 것이다.

윤리적 교정을 거친 소크라테스적 윤리

키르케고르는 소크라테스의 철학을 통해 시대에 걸맞은 윤리를 도출해 낸다. 일방적이기만 했던 기존의 윤리에 맞서 싸울 수 있는 양심의 소리를 만들어 내고 있는 것이다. 그가 혁명의 시대에 누구보다도 앞서 나간 철학자로 인정받는 이유는 바로 이런 데서 발견되어야 마땅하다. 그는 시키는 대로 하는 것이 옳은 것이 아니라 스스로 판단하고 결정하고 행동하는 그런 사람을 요구하는 것이다. 사람에게 있어서 무엇이 죄의 조건이 되는지, 즉 죄가 되는 것과 죄가 되지 않는 것이 무엇인지 가르치고 있는 것이다.

어떤 사람이 올바른 일을 하면, 물론 그는 죄를 범하는 것

> 이 아니다. 그리고 그가 올바른 일을 하지 않으면, 그는 그것을 모르고 있는 것이다. 만일 그가 것을 정말 알고 있었다면, 그것은 곧 그를 움직이게 하여 그 올바른 일을 하도록 시켰을 것이며, 당장에 그를 그 이해와 일치시켰을 것이다. 그러므로 이제 무지는 죄와 같다(즉, 우리 시대에 윤리적 교정을 거친 소크라테스적 윤리이다). (282쪽)

말은 같다. '무지는 죄다.' 모르면 죄를 저지를 수 있다. 알면 죄가 되는 것을 스스로 거부할 것이 틀림없다. 사람이라면 그래야 마땅하기 때문이다. 하지만 '무지는 죄다'라는 명제를 통해 이데아의 가치를 설명하려고 애를 썼던 소크라테스와는 반대로, 키르케고르는 이 말과 함께 사람이 스스로 움직이면서 살아가야 하는 삶의 현장으로 돌아오려 애를 쓴다. 그 말을 가지고 삶을 되돌아보게 하려는 것이다. 즉 그는 바로 이 세상에서 죄를 범하지 않고 살아가는 방법을 찾고 또 가르치고자 하는 것이다.

사람이 자기 자신을 움직이게 하는 것이 무엇일까? 그 움직임에 의해 행복을 경험하기도 하지만 바로 그것이 불행의 원인이 되기도 한다. 움직임의 결과는 늘 행복과 불행이라는 두 가지 현상을 맛보게 한다. 둘은 늘 공존하기 때문에, 행복할 땐 불행을 경계해야 하고, 또 불행할 땐 쓸데없이 너무 나락으로 빠지는 일을 경계해야 한다. 사람이 살아가는 것은 다 똑같다. 다만 그것을 어떻게 생각하느냐는 사람마다 다를 뿐이다. 하지만 그 다름이 자기 자신뿐만 아니라 타인에게도 불행의 원인이 되고 있다면 그것을 스스로 '교정'할 줄 알아야 한다.

'교정'의 가능성은 매우 희망적인 메시지이다. 희망은 절망을 딛고 일어서게 해 주는 놀라운 힘을 지녔다. 사람이 스스로 '무지'하다는 것을 아는 것은 사람으로서 존재할 수 있는 시작 지점을 형성해 준다고 했다. 절망 끝, 희망 시작! 이런 말을 스스로 할 수 있게 해 주는 수수께끼 같은 말이 곧 교정의 가능성이다. 모른다는 것을 알 때 아는 것을 지향할 수 있는 기회가 주어지는 것은 기적과 같다. 그 기회는 항상 존재하고 있고 또 항상 존재 자체를 가능성의 영역으로 내 놓게 한다.

알면 아는 대로 행동하는 용기도 필요하다. 그런 용기를 통해 자기 자신의 삶이 펼쳐지게 되는 것이다. 움직임도 의지가 요구된다는 얘기이다. 의지의 발견은 실존철학을 위해 지극히 중요한 것이라고 이미 주장한 바 있다. 의지를 발현하는 것은 자기 몫이다. 아는데도 불구하고 아는 대로 행동하지 않는 것은 죄가 된다. 이런 논리, 이런 이야기가 바로 실존철학이 들려주는 철학적 메시지가 된다.

> 그렇다면 여기서 난해한 문제점은 어디에 있는 것일까. 그것은 소크라테스적인 것이 스스로 어느 정도 그 문제점을 알고 있기에, 교정 수단을 강구하고 있는 것인데, 어떤 일을 알게 된 시점에서부터 그것을 행하려는 순간으로 이르는 이

행과정에 관한 변증법적인 규정이 결여되어 있다는 점이다. 이 이행과정에서 기독교적인 것이 시작되는 것이다. (282쪽)

키르케고르가 펼치는 철학의 핵심을 발견하게 해 주는 대목이다. 그는 소크라테스적인 것에서 기독교적인 것으로 넘어가려는 시도를 하고 있고, 또 그것을 통해서 이것을 설명하려고 애를 쓰고 있다. 그러면서 동시에 그는 '교정 수단'이라는 현실적인 해결책을 강구하는 방향으로 나아간다. 소크라테스적인 것에서 교정의 가능성을 보았고, 그 가능성을 철학자는 다시 기독교적인 것에서 실현시켜 보고자 하는 것이다. 참으로 신선한 시도가 아닐 수 없다.

왜냐하면 그 비밀은 '나는 생각한다, 그러므로 나는 존재한다(cogito ergo sum)', 즉 생각하는 일이 존재하는 일이라고 할 수 있기 때문이다(이에 반해 기독교적으로는 이렇게 말한다. '너희가 믿은 대로 되리라', 다시 말해 '네가 믿는 것처럼 너는 있다' '믿는 것이 존재하는 일이다'). (282쪽부터)

생각하는 일은 존재하는 일이다. 생각과 존재는 서로를 위한 조건이 된다. 사람은 생각하는 대로 존재하게 될 것이다. 이 말을 키르케고르는 사람은 믿는 대로 존재하게 될 것이라는 기독교적인 형식으로 응용하고 있다. 물론 철학자의 이런 모든 시도는 '난해한 문제점'으로 간주될 수도 있다. 그가 소크라테스적인 것에서 발견한 그 난해한 문제점은 다시 그의 실존철학적 문제점으로 인식될 수도 있다는 얘기이다. 하지만 그 문제가 어디까지 이르게 될지는 아무래도 상관없다.

키르케고르는 문제의 핵심으로 '교정 수단'이라는 개념을 주목하고, 다시 '변증법적인 규정'에 시선을 던진다. 그가 철학적으로 연출해 내고 있는 변증법은 오로지 삶의 현장으로 향하고 있다는 데에 문제의 핵심이 놓여 있다. 이데아로, 즉 하늘로 향하고자 하는 그런 이행과정을 이해하는 데서 만족하지 않고, 다시 현실 속으로 돌아오려 하는 데 철학자의 철학적 메시지가 담겨 있다는 얘기이다. 앎과 모름은 움직이며 살아야 하는 삶의 문제라는 말을 이런 식으로 표현한 것이다.

변증법은 의지의 이행과정이다. 이것이야말로 놀라운 주장이고, 혁명을 이끈 발언이다. 정반합의 논리는 사람이 실천하며 실현시켜야 할 일이다. 반대하며 저항하고 다시 인정하고 긍정하며 돌아오기를 반복해야 한다. '행하려는 순간'을 만들어 내는 것은 생각의 몫이다. 이것이 키르케고르의 철학적 메시지이다. 그는 '변증법적인 규정'을 통해 사람이 어떤 식으로 생각에 임해야 하는지를 설명하고, 무지 앞에 서며 신 앞에 서는 기술을 터득하라고 설명하며, 그런 '이행과정에서 기독교적인 것이 시작'되고 있다는 것을 설명하고 있는 것이다.

VIII.

죄는 적극적이라는 말

창조적 반항으로서의 죄

키르케고르는 《죽음에 이르는 병》 제2편 제1장 C항의 제목으로 '죄는 소극적인 것이 아니라 적극적인 것이다'라고 정했다. 이 모든 것은 제2편의 제목이었던 '절망은 죄다'라는 정의를 설명하는 데 집중하고 있을 뿐이다. 이제 우리는 적극적이기만 한 죄에 대해 어떻게 대처해야 하는지에 대해 몰두를 해야 할 때가 되었다. 죄의 공격으로부터 어떻게 자기 자신을 보호하고 지켜야 하는지에 대해 대책을 강구해야 할 때가 된 것이다.

예를 들어 쇼펜하우어는 불행을 적극적이라고 또 행복을 소극적이라고 설명했고, 고통을 적극적이라고 또 만족은 소극적이라고 설명했다.[38] 삶의 현장은 말 그대로 생로병사로 일관할

*38) 참고, 이동용: 《지극히 인간적인 삶에 대하여》, 동녘 2쇄/2016, 209쪽부터.

뿐이다. 사람은 태어나면서부터 울기 시작한다. 울음은 멈출 수 있어도 고통은 현재진행형이다. 어디가 아파도 아프다. 아프니까 삶이라 말할 수 있기도 한 것이다. 하지만 이런 삶이 싫다고 해탈을 꿈꿔야 할까? 이제부터 철학적 고민이 시작되어야 한다.

"죄는 소극적인 것이 아니라 적극적인 것이다." 이 주장은 깨달아야 할 말이 된다. 키르케고르의 철학을 공부한다고 한다면 바로 이런 말을 인식의 소리로 들을 수 있어야 한다. 하지만 수많은 사람들이 이 말을 오해하고 있다고 철학자는 단언한다. 그 오해의 원인을 파악하는 것이야말로 정말 쉽지 않은 일이다. 대부분의 사람들이 저지르는 오해의 형식이기 때문이다. 중세 천 년 동안 듣고 들어 익숙해져버린 형식이 바로 이런 것이기 때문이다.

> 죄가 소극적(신에게로 귀의 등)인 것이 아니라 적극적(창조적 반항)인 것이라 함은 정통파인 교의학과 일반적 정교가 그 옹호를 위해 계속 싸워온 것이다. 일반적 정교는, 죄를 단순히 소극적인 것, 즉 약함, 감성, 유한성, 무지와 같은 것으로 만들어버리는 죄의 정의는 모두 범신론적인 것이라고 하면서 물리쳐 왔다. 정교는 이곳이 전투장이라는 것과, 앞서 말했던 일을 생각해 본다면 여기서 최후의 끝맺음을 분명히 해 두어야 한다는 것, 그리고 여기서 최후의 저항을

하지 않으면 안 된다는 것을 비교적 정확하게 꿰뚫어 볼 수 있었다. 정교는 만일 죄가 소극적인 것으로 규정된다면, 기독교 전체가 중심을 잃게 됨을 정확하게 내다보고 있었던 것이다. 그러므로 정교는 타락한 인간에게 죄가 무엇인가를 가르쳐 주기 위해서는 신의 계시가 있어야만 한다는 것, 그리고 그 계시는 교의이므로 으레 믿을 수밖에 없다는 것을 엄숙히 가르쳐 주는 것이다. (286쪽)

정교가 싸워온 것과 물리쳐 온 것을 철학자 키르케고르는 비판한다. 정교가 옹호하고 변호해 온 것을 철학자는 공격한다. 여기서 선구자의 면모를 발견해 내야 한다. 철학자가 공격하는 부분을 정확하게 인식할 수 있기 위해, 그가 정교를 주어로 내세우며, 그 정교가 해 낸 일들이 무엇인지를 낱낱이 밝히는 부분을 천천히 읽어야 한다. 실수가 없었다면 위의 인용문에서만 보아도 정교라는 주어를 다섯 개나 발견할 수 있다.

물론 위의 인용문 자체에서는 철학자가 공격하는 요점을 읽어 내기가 거의 불가능하다. 하지만 그가 설명하는 부분을 제대로 알아야 그 다음 과정을 쉽게 다가설 수 있게 될 뿐이다. 일단 정리부터 해 보자. 정교는 죄가 적극적이라는 것을 옹호해 왔다. 아니 그것을 옹호하는 데서 그치지 않고 싸우기까지 했다. 죄의 적극성이 없었더라면 '창조적 반항'도 불가능했을 것이다. 이것이야말로 멋진 발견이고 또한 지적이다.

둘째, '정교는 이곳이 전투장이라는 것'을 잘 알고 있었다. 이곳은 바로 죄가 적극적이라는 주장이다. 그 주장을 옹호하며 싸워야 하는 곳으로 파악한 것이다. 그리고 셋째는 이 둘째와 맥락을 같다. 즉 바로 '여기서 최후의 끝맺음을 분명히 해 두어야' 한다는 것이다. 마지막까지 싸워야 한다는 것이다. 속된 말로 죽을 때까지 싸워야 할 곳으로 바로 이곳을 선택하고 있다는 얘기이다. 정통파인 교의학은 바로 여기서 '최후의 저항'을 일삼아야 한다는 것이다.

넷째는, 만약 죄가 소극적인 것으로 규정되고 나면 '기독교 전체가 중심을 잃게' 된다고 경고한다. 기독교가 중심을 잃지 않으려면 죄의 적극성을 옹호하고 그것을 위해 싸워야 한다는 것이다. 그리고 마지막으로 다섯째 '신의 계시가 있어야' 하는 이유를 설명한다. 계시가 있어야 '타락한 인간에게 죄가 무엇인가를 가르쳐' 줄 수 있다는 얘기이다. 모든 것이 교의학적 교리로서 흠이 없는 듯하다. 그런데 반전은 그 다음에서 일어난다.

> 이상이 정교를 보는 법이다. 그런데 소위 사변적인 정통 교의학은, 물론 철학과 의심스러운 관계를 맺고 하는 말이지만, 기묘한 오해로 인해 죄는 적극적인 것이라는 그 규정이 개념적으로 파악될 수 있는 것이라고 생각하고 있다. 그러나 만일 그것이 가능하다면, 죄는 역시 소극적인 것이 된다. (286쪽)

가장 어려운 부분이다. 《죽음에 이르는 병》이라는 이 책 한 권을 통틀어 가장 난해한 부분이다. 죄의 적극성을 개념적으로 이해할 수 있다고 생각하는 것 자체가 오해라고 말하는 그 의도를 정확하게 인지한 사람은 거의 없다. 바로 여기에 사람이 빠질 수 있는 치명적이 질병이 도사리고 있는데도 불구하고 그것을 함정으로 이해해 낸 사람이 거의 없다는 얘기이다.

죄의 적극성, 즉 죄가 창조적 반항으로 역할을 해 내려면 스스로 깨달아야 한다. 이 말을 하려고 이토록 복잡한 이야기를 반복하고 있는 것이다. 정교가 펼친 교리 자체를 공격하고 있는 것이 결코 아니다. 기독교 자체를 기독교답게 굳건하게 세워주고 있는 요인을 철학자는 인정한다. 죄의 적극성이야말로 기독교뿐만 아니라 실존철학적으로도 끝까지 옹호하고 싸워야 하는 장소임을, 최후의 격전지임을 잘 인지하고 있는 것이다.

하지만 교의학자와 철학자 사이에는 차이점이 분명하게 존재한다. 교의학자는 모든 것을 개념적으로 설명하려는 맹점에 휩싸여 있는데 반해, 철학자는 말 그대로 죄에서 그 죄의식이 갖는 혁명적인 의식의 경향을 발견해 내고 있는 것이다. 거기서 바로 '창조적 반항'이라는 개념을 끄집어내고 있는 것이다. 이것이 바로 키르케고르가 그토록 열변을 토하며 설명하려는 변증법적 죄의식인 것이다.

2

부정의 부정으로서의 회개

'부정의 부정'이라는 말은 헤겔 철학에서 특히 변증법적 논리를 설명하는 데 있어서 핵심적인 역할을 하는 개념이다. 하지만 여기서 중요한 것은 키르케고르가 이 말을 가지고 무슨 말을 하려고 하는 것인가를 인식하는 일이다. 헤겔은 절대정신으로 나아가는 길을 설명하려는 데 이 개념을 사용했다면, 키르케고르는 이 말을 가지고 어디로 나아가려 하는지를 깨달아야 한다는 얘기이다.

> 죄의 규정 방법은 회개의 규정에 있어 결정적이다. 그러나 부정의 부정이란 것이 극히 사변적인 것이므로 별 달리 어려운 점은 없다. 회개는 부정의 부정이어야 한다. 따라서

> 죄는 물론 부정인 셈이 된다. 언젠가 공평한 사상가가 나타나서 명백히 해 줬으면 하는 생각이지만, 논리와 문법과의 최초 관계, 즉 이중의 부정은 긍정이다와, 수학상의 이중 부정을 생각나게 하는 이 순수한 논리는, 현실의 세계, 질의 세계에 있어서도 어디까지나 타당한 것인가, 일반적으로 질의 변증법은 그것과는 다른 것이 아닐까, 현실로의 '이행'이 다른 역할을 연출하는 것은 아닐까. (287쪽)

철학자는 기대하고 있다. 수많은 의혹들이 밝혀지기를 기대한다. '언젠가 공평한 사상가가 나타나서 명백히 해 줬으면' 하는 바람을 가지고 있는 것이다. 그것은 형식적인 것이 내용적인 것과 완전히 일치될 수는 없다는 것이다. 형식이 본질의 영역이라면, 내용은 현상의 영역이 된다. 형식이 주제를 요구하는 영역이라면, 내용은 소재를 요구하는 영역이다. 소위 일 더하기 일은 이라는 수학적 공식은 형식적인 영역에서는 맞는 말이다. 하지만 사과 더하기 수박도 이가 되고, 사과 더하기 태양도 이가 되는 것이라고 말한다면 그것은 큰 오해가 발생하고 만다.[39)]

'현실의 세계'는 '질의 세계'이다. 질이 문제가 되는 곳이 바로 우리가 살아가고 있는 이 세계의 속성이다. 사물의 가치나 속성, 등급 따위의 총체를 무시하고 나면 지금과 여기는 그저 허무맹랑한 공간이 되고 만다. 말도 안 되는 것이 되고 만다는 얘기이다. 현실의 세계에서는 모든 것이 고려되어야 마땅하다.

*39) 참고. 이동용: 〈사과 더하기 태양〉, in: 《인간과 문학》, 인간과문학사 2022 여름, 제30호, 273쪽부터.

그냥 일 더하기 일은 이라는 공식처럼 자동적으로 결과물이 탄생하는 것이 아니다. 그래서 철학자는 의혹의 어감을 실어 다양한 질문들을 만들어 놓았다. 그리고 그는 그것들이 '언젠가 공평한 사상가가 나타나서 명백히 해' 주기를 바라고 있는 것이다.

첫 번째 질문은 수학적 순수 논리가 현실의 세계에서도 타당한 것일까? 하는 것이고, 물론 앞뒤 맥락으로 봐서 '타당하지 않다'가 대답으로 숨겨져 있다. 두 번째 질문은 질의 변증법은 수학적 논리와는 다른 것이 아닐까? 하는 것이고, 여기에도 또한 '다르다'는 대답이 숨겨져 있다. 세 번째 질문은 현실로의 이행이 다른 역할을 연출하는 것은 아닐까? 하는 것이고, 당연한 얘기지만 여기에도 '다른 역할을 연출한다'라는 대답이 숨겨져 있다. 하지만 이 모든 것을 질문이 형식으로 만들어 놓았을 뿐이다. 그런 것을 대놓고 공공연하게 주장하기에는 부담이 크다는 것을 인식한 탓이다.

철학자는 말에서 끝나는 것을 원하지 않는다. 교리학자들처럼 말만 하고 실천은 하지 않는 그런 파렴치한 행위는 거부한다. 키르케고르는 지속적으로 '사변적'이라는 개념을 반복한다. 사변적이기만 한 학자들의 차갑기만 한 태도를 지적하는 말이다. 그들의 언행은 수학적 논리처럼 깔끔하다. 하지만 그들이 보여주는 현실 세계 속의 언행은 그 형식에 걸맞은 내용을 찾을 수 없어서 비판하고 있는 것이다. 그래서 철학자는 '현실로의 이행'은 '다른 역할을 연출하는 것'이라고 단언하기에 이른 것이다.

물론 기독교 교리 자체는 문제가 없다. 키르케고르도 "회개는 부정의 부정이어야 한다"는 주장을 인정한다. 회개는 잘못한 것을 잘못한 것이라고 인정할 때 가능할 뿐이다. 부정을 부정으로 인정할 때에만 새로운 국면이 펼쳐질 수 있다. 부정의 부정이 연출해 내는 그 다음의 현상에 대해서는 그것을 가능하게 해 준 정신만이 인식할 수 있다. 넘고 넘은 정신만이 새로운 한계를 멀리 두고서 신선한 바람을 가슴 속에 채울 수 있게 되는 것이다. 그때 정신은 맑아지는 것이다.

기독교적인 것만 주목하는 철학자의 고집

생텍쥐페리의 《어린 왕자》 속에 '설명에 의존하는 어른'의 면모가 우스꽝스럽게 묘사된 부분이 있다. "어른들에게는 언제나 자세히 설명해 주어야 한다."[40], "어른들은 혼자서 아무것도 이해하지 못한다. 언제나 모든 것에 대해 일일이 설명해 주어야 하니 어린 나에게는 여간 벅찬 일이 아니다."[41] 어른과 어린이의 차이가 선명해진다. 어른은 설명에 의존하는 데 반해, 어린이는 직관적이다. 성가신 어른이 되어가는 것이 보통의 노화과정이다. 소위 늙어가는 현상이 바로 이런 것이다. 이런 동화의 이야기가 전하는 메시지는 단 한 가지뿐이다. 그것은 늙지 않고 동심을 유지하는 비결이다. 늙어도 늙지 않는 방법이다.

*40) 생텍쥐페리: 《어린 왕자》, 베스트트랜스 옮김, 더클래식 2012, 11쪽.

*41) 같은 책, 12쪽.

키르케고르는 기독교적인 것에서 눈을 떼려하지 않는다. 오히려 그는 지속적으로 그것을 관찰하며 철학의 길을 걷는다. 그 이유는 진정한 의미의 기독교적인 것이 파악될 경우 진정한 의미의 종교로서 기독교가 탄생할 수 있을 뿐만 아니라 진정한 의미의 기독교인까지 탄생할 수 있으리라 믿기 때문이다. 사람은 설명 없이도 이해할 수 있는 존재이다. 그것이 바로 종교, 특히 기독교의 영역이다. 이 영역에 대한 이해는 진정한 신앙인의 탄생을 기약하는 것이 되기도 한다. 그래서 철학자는 '나는'이라는 주어까지 내세우며 용기 있게 자신의 주장을 펼쳐 나간다.

> 나는 어디까지나 죄는 적극적인 것이라고 하는 기독교적인 것만을 고집한다. 그것은 개념적으로 일일이 파악할 수 있는 것이 아니라 믿을 수밖에 없는 신앙, 역설로서이다. 이것이 올바른 일이라고 나는 생각한다. 개념적으로 파악하려는 모든 시도가 자기모순임을 명백히 할 수만 있다면, 문제는 적합한 방향을 취하게 된다. 그래서 기독교적인 것은 사람이 신앙을 믿으려 하는가, 믿으려 하지 않는가에 위임되어야 한다는 일이 명백해진다. 어디까지나 개념적으로 파악되지 않으면 마음이 놓이지 않고, 단지 개념적으로 파악할 수 있어야 마음이 놓이는 사람에게는 이 일이 아주 초라하게 생각되리라는 것도 나는 개념적으로 잘 파악할 수 있다. (288쪽)

죄는 적극적이다. 죄는 언제나 반항하며 시작한다. 하지만 죄가 의식되면 또 다른 의미에서 반항도 가능해진다. '이것은 이것이다, 그런데 이것은 이것이 아니다, 다시 이것은 이것이다' 하는 식으로 반전을 거듭할 수 있는 것이 생각의 영역이다. 생각한 것 자체를 무한한 가능성의 공간 속에 남겨 두는 일에도 용기가 필요하다. 죄는 오로지 적극적인 사람만이 선택할 수 있다. 신화 속 거인 프로메테우스도 신에게 저항하며 불을 훔치는 범죄자였다. 하지만 그런 죄가 인류에게는 영웅으로 비춰지는 계기가 되었다. 마찬가지로 죄가 적극적인 것으로 인식되는 한, 죄는 불경스러운 것으로 머물지 않을 수 있는 계기가 마련될 것이다.

"나는 어디까지나 죄는 적극적인 것이라고 하는 기독교적인 것만을 고집한다." 이것이 키르케고르라 고집스럽지만 철학적으로 주장하는 명제가 된다. 그가 뭐라고 말했는가? 그는 '죄는 적극적'이라고 말하고 있다. 이것을 잊어서는 안 된다. 죄가 되는 것은 어떤 형식으로 말하든 그것은 이미 적극적인 것이다. 그것은 '개념적으로 일일이 파악할 수 있는 것이 아니라 믿을 수밖에 없는 신앙, 역설'의 의미에서 이해되어야 하는 것이다. 신앙은 논리의 영역을 벗어난 곳에서 힘을 발휘한다. 그렇기에 모든 신앙은 역설이 되는 것이다. 바꿔 말하면, 신앙은 역설을 실천하는 것이기도 하다. 이를 두고 철학자는 '올바른 일'이라고 단언한다.

철학자는 '개념적으로 파악하려는 모든 시도가 자기모순'임을 주장한다. 이성은 받은 것만 줄 수 있을 뿐이다. 이성은 스스로 질문할 수 있는 것만 대답을 들을 수 있을 뿐이다. 그것이 이성의 한계를 규정한다. 하지만 이성은 사람을 신의 반열에까지 상승시킬 수 있는 힘을 지녔다. 이성 때문에 생각하는 능력이 주어지고, 그 능력, 즉 그 힘을 어디까지 강화시켜 나갈지는 생각에 임하는 자기 자신의 책임이 될 뿐이다. 어디까지 이해할 수 있는가? 그 이해의 영역이 자기가 사는 그 세상의 모습이 되는 것이다. 거기서 세상을 바라보는 그 시선이 자기 자신의 세계관이 되는 것이다.

물론 신학의 논리에 비교하면 인문학의 논리는 허접하기 이를 데 없다. 삶의 현장은 논리대로 되는 것보다 그렇지 않은 것이 더 많다. 그래서 키르케고르도 자신이 펼치고 있는 이야기들이 신학에서처럼 깔끔한 논리를 요구하는 독자들에게는 '아주 초라하게 생각되리라는 것'을 잘 알고 있다. 그렇다고 해서 주눅 들 일도 아니다. 오히려 철학자는 바로 이 지점에서 '고집'을 부려야 할 대목이 무엇인지를 파악한 것이다. 최후의 결전지로 선택한 곳이 바로 '죄는 적극적인 것'이라는 그 인식이다.

다시 꺼내 드는 소크라테스적 무지

앞선 장에서 소크라테스에 대한 키르케고르의 입장을 살펴보았다. 키르케고르는 소크라테스에 대해 신뢰가 크다. 소위 그의 철학에서 자신의 철학을 세워 나가고 있다고 말해도 틀린 말이 아니다. 그래서 그런지 키르케고르는 다시 한번 소크라테스를 설명하기에 이른다. 반복이다. 반복해도 된다고 판단한 것이다. 반복해도 방해가 되지 않는다고 생각한 것이다. 오히려 이런 반복을 통해 인식은 강화될 수도 있다.

> 다시 말해 그 필요한 것이란 기독교적인 것에 관한 약간의 소크라테스적인 무지이다. 그러나 특히 주의를 바라는 것은, 이것은 '약간의 소크라테스적인' 무지라는 점이다. 소

크라테스적 무지가 일종의 신에 대한 두려움이며 신을 받드는 일이었다는 것을 잊지 말자. 소크라테스의 무지가 '신을 두려워하는 것이 지혜의 시초'라는 유대적 철학을 그리스식으로 표현한 것임을 전부터 알고 있었던 자나 생각해 본 일이 있는 자가 도대체 얼마나 있을지는 모르지만, 우리는 그것을 절대로 잊지 말았으면 한다. (289쪽)

〈시편〉에 있는 구절이다. "여호와를 경외함이 지혜의 근본이라."(시편 111:10) 또 〈잠언〉에 있는 구절이다. "여호와를 경외하는 것이 지혜의 근본이요."(잠언 9:10) 성경도 핵심이 되는 내용은 반복의 형식을 취한다. 철학자 키르케고르도 같은 논리로 설명에 임한다. '다시 말해'라고 단서를 달면서 앞서 설명한 것을 다시 꺼내 든다. '소크라테스적인 무지'는 '신을 두려워하는 것'이지만, 그것이 곧 '지혜의 시초'가 된다는 것이다. 그리고 이것은 유대적 철학을 그리스식으로 표현한 것이라고 설명한다. 그는 '소크라테스적인 무지'를 이런 식으로 이해한 사람이 과거에 '도대체 얼마나 있을지는 모르지만' 하면서 자신의 철학적 업적을 간접적으로 밝혀 놓기도 했다. 이것이야말로 선구자의 목소리다.

철학자는 '잊지 말자' 그리고 또 다시 '절대로 잊지 말았으면 한다' 하면서 거듭 반복을 하며 자신의 속내를 드러낸다. 간절함이 읽히는 대목이다. 제발 좀 자신의 철학적 주장이 무엇인지 깨달아 달라는 메시지가 담겨 있는 구절이다. 인간적이다. 신학의 저자는 하나님을 향한 마음을 고백하는 데 주력했다면, 실존철학자 키르케고르는 독자를 향해 자신의 속내를 드러내는 데 주저함이 없다. 신학의 저자는 하나님께 도움의 손길을 내밀지만, 실존철학자는 사람들을 향해 자신의 손을 내민다. '잊지 말자!', '절대로 잊지 말자!' 하면서.

여기서 반대로 생각해 볼 수도 있다. 철학자가 경계한 것은 그때 가시화될 수 있다. 예를 들어 이 모든 것을 잊어버리면 상황은 절망의 늪에 빠지고 만다. 소크라테스의 무지는 인식이 문제이고, 그런 인식이 없으면 신의 존재까지 무의식중에 무시되는 것이기에 그때 신을 잃어버리고 망각의 늪에 빠진 정신을 구해 줄 수 있는 것은 아무것도 없다. 밖에서 도와줄 수 있는 것은 아무것도 없다. 생각은 생각하는 자의 몫이기 때문이다. 스스로 무지를 깨달아야 신에 대한 두려움도 생겨나는 법이다. 신이 두려운 줄 알아야 신을 떠받들 수 있게 되는 것이다. 신을 떠받들 수 있어야 무한한 공간을 생각의 영역으로 쟁취할 수 있는 것이다.

> 소크라테스는 바로 신에 대한 공경과 두려움의 마음에서 무지했었다는 일과, 그가 교회의 이단자로서 있는 힘을 다해 신과 인간 사이의 경계선에서 서서 심판자로서 감시를 하였다고 기억하자. 그가 신과 인간 사이의 질적 차이라는

심연이 언제까지나 존속함을 깨닫고, 신과 인간이 철학적이고 시적인 방법으로 하나가 되어버리는 일이 없도록 감시를 하고 있었음을 우리는 결코 잊지 말았으면 한다. 보라, 그러기에 또한 소크라테스는 무지한 사람이었다. 그리고 그러기에 신은 소크라테스를 최대의 지자로 인정한 것이다. (289쪽)

소크라테스의 입장에서 이 글을 읽으면 참으로 영광이 아닐 수 없다. 이런 독자의 출현과 함께 소크라테스는 불멸의 반열에 오르기 때문이다. 철학자의 철학을 이해해 주는 철학적 독자의 출현이 얼마나 간절한 것인지, 오히려 키르케고르의 글을 읽으며 깨달을 수도 있는 것이다. 키르케고르는 자신의 철학을 공부하게 될 독자를 위해 당부하고 또 당부한다. 자신의 철학을 이해해 주기를 간절히 바라고 있는 것이다.

'잊지 말자'고 한 말은 앞선 인용문에서 이미 시작되었다. 그것이 '절대로 잊지 말았으면 한다'로 이어지더니, 이번에는 '기억하자'라며 긍정적인 표현으로 옮겨 갔다가 다시 '결코 잊지 말았으면 한다'로 돌아간다. 이런 글을 읽을 때마다 키르케고르의 글은 유언처럼 느껴진다. 유언처럼 글을 쓰고 있는 철학자의 솔직함과 간절함이 읽혀지기 때문이다. 이제 내용을 들여다보자.

소크라테스는 '신과 인간 사이의 경계선에 서서 심판자로서 감시'를 한 최초의 철학자이다. 그는 '신과 인간 사이의 질적 차이라는 심연'을 깨달은 최초의 인물이다. 이 '심연'은 인류가 존재하는 한 존재할 것이다. 신은 인간이 될 수 없고, 인간은 신이 될 수 없다. 늘 한계 너머에 존재하며 멀리서 손짓하고 있을 뿐이다. 하지만 신은 인간 없이 존재할 수 없고, 인간도 신 없이 살아갈 수가 없다. 사람이라면 누구나 신을 알고 있기 때문이고, 신을 알고 있기에 신에 대해 질문도 던지게 되는 것이다. 사랑에 빠진 자가 '나를 사랑하는가?' 하는 질문의 공식과 같은 것이다.

소크라테스는 스스로 무지하다고 고백한 철학자이지만, 신탁에서는 신이 그를 '최대의 지자'라고 인정했다. 그리고 이런 식으로 인정된 사실을 키르케고르도 다시 확인해 준다. 물론 이것은《소크라테스의 변명》에 나오는 유명한 구절을 기반으로 한 설명이다. 법정에서 스스로 자기 자신에 대해 변호에 임했던 철학자는 자신의 친구 카이레폰이 신탁에서 들은 이야기를 들려준다. 그는 거기서 소크라테스보다, 즉 '나보다 더 지혜로운 사람이 있는지'를 물었고, 이에 대해 신탁을 내렸던 무녀 퓌티아는 '더 지혜로운 사람은 아무도 없다'[42]는 대답을 들려주었다. 키르케고르가 이 장면을 끌어들여 설명하는 바는 분명하다. 그것은 신을 아는 자가 가장 지혜로운 자이며, 그 자가 곧 무지와 직면하게 된다는 사실이다.

*42) 라톤: 《소크라테스의 변명》, 강철웅 옮김, 제이이북스 2쇄/2016, 59쪽.

5

절망과 함께 강해지는 자기의식

절망은 자기 책임이다. 누가 절망하라고 시켜서 절망에 이르는 것이 아니다. 이것을 이토록 복잡하게 설명해야 하는 이유는 생각하는 존재는 간단한 명제 하나로 결코 만족할 수 없기 때문이다. 설명에 설명을 거듭해 줘야 더 이상 의심을 품지 않고 신앙인의 모습으로 거듭날 수 있기 때문이다. 절망할 수 있는 자가 회개할 수 있는 것이다. 이때 회개는 어떤 경우에서든 '부정의 부정이어야 한다'(287쪽)는 사실을 이미 설명했다. 돌아섰던 자가 다시 돌아설 수 있는 것이다. 그 이전의 것을 아는 자가 그 이전의 것으로 귀환할 수 있는 것이다. 하지만 모든 귀환은 그 이전의 의식보다 더 큰 것을 가지고 돌아오기 마련이다.

> 앞에서 절망을 서술할 때 계속되는 절망의 상승이라는 것이 지적되었다. 그 상승은, 한편으로는 자기의식의 강도가 강해지는 것이며, 다른 한편으로는 수동적인 괴로움에서 의식적인 행동에 이를 때까지 그 강도가 강해지는 일이었다. 절망의 상승에 의해 이 두 가지 일이 나타난다는 것은 또한 절망이 밖에서 오는 게 아니라 안에서 온다는 것을 나타내고 있다. (290쪽)

이것이 인문학적 발언이고, 이것이 실존철학이 들려주는 희망의 메시지이다. 절망은 자기의식을 상승시켜 준다. 절망하라, 겁먹지 말고! 이런 소리가 키르케고르의 것이다. 다만 절망하려면 적극적으로 절망하라는 것이 그의 가르침이다. 수동적인 절망에서 능동적인 절망으로 전환할 수 있어야 한다. 그리고 그런 전환이야말로 실존을 강화시켜 준다는 것이다. 실존은 늘 살아남은 자에 의해서만 구현될 뿐이다. 살아 있지 않다면 실존이라고 말할 수도 없기 때문이다.

강해지고 강해지는 일! 그 강해지는 것의 방향은 상승을 실현시킬 뿐이다. 사람은 눈을 가진 존재이고 그 눈으로 하늘을 볼 수 있는 존재이다. 사람은 발과 다리를 가진 존재이고 그 발과 다리로 산도 오르는 존재이다. 산꼭대기에 올라갔을 때 사람은 무한한 경지를 경험하게 된다. 멀리 있는 수평선이나 지평선을 앞에 두고서 신선한 공기를 만끽하게 되는 것이다. 생각하는 존재는 생각으로 그런 정점에 도달할 수도 있다. 모든 것을 자기 자신보다 아래에 둔 그 시선이 가져다주는 인식의 경지는 상상을 초월하게 된다.

위의 인용문이 품고 있는 내용을 다시 한번 요약하면, '절망의 상승'은 '자기의식의 강도가 강해지는 것'을 의미하며, 또 '수동적인 괴로움에서 의식적인 행동에 이를 때까지 그 강도가 강해지는 일'이라는 것이다. "가장 높이 나는 갈매기가 가장 멀리 본다."[43] 이것이 갈매기의 꿈이다. 꿈은 실현될 수 있다. 이런 꿈이 아폴론이 허락하는 세계이다. 그 꿈의 세계에서 사람은 '가상에 대한 기쁨 자체'[44]가 되는 것이다. 이런 가상을 볼 수 있기에 사람은 희망을 품을 수 있는 것이다.

그래서 철학자가 철학적으로 도출해 내는 결론은 '절망이 밖에서 오는 게 아니라 안에서 온다'라는 구절 속에 담겨 있다. 절망은 자기 책임이다. 절망은 '나'의 책임이다. '내'가 있는 한 절망은 없을 수 없고, 절망이 있는 한 '나'는 위기의 존재에서 벗어날 수 없다. 하지만 존재가 위기 속에 있어도 그 존재가 깨달음이라는 쾌감을 얻을 수 있다는 것이 지혜의 소리이다. 희망은 언제나 절망 속에서 피어나는 꽃과 같다. 절망이라는 정원이 마련되지 않는다면 희망은 말 그대로 사변적인 개념에 불과할 뿐이다.

그리고 그 정도에 따라 절망은 또 점점 적극적인 것(구원이

*43) 리처드 바크: 《갈매기의 꿈》, 류시화 옮김, 현문미디어 2판 4쇄/2013, 70쪽.

*44) 재인용, 이동용: 《니체와 함께 춤을》, 이파르 2015, 306쪽.

> 필요한 것)으로 되어간다. 그러나 앞서 말한 죄의 정의에 따르면, 죄는 신의 관념에 의해(신 앞에서) 무한히 그 도가 강해진 자기, 즉 하나의 행위로서의 죄에 대한 최대한의 의식을 필요로 한다. 이것이 죄가 적극적임을 나타내는 것이며, 죄가 신 앞에 있다는 것이 죄에 있어 적극적인 것이다. (290쪽)

철학자는 치열하게 '죄가 적극적'임을 설명한다. 그런 죄의식을 통해 신 앞에 다가설 수도 있게 되는 것이고, 또 그런 지경에서 구원에 대한 필요성까지 깨닫게 되는 것이다. '신의 관념'은 죄를 인식하기 위한 필요조건일 뿐이다. 하지만 그 조건이 충족될 때 무한히 강해지는 자기가 구현되는 것이다. 신과 함께 할 수 있는 강력한 힘이 동반되기 때문이다. '죄에 대한 최대한의 의식'은 곧바로 '무한히 강해진 자기 자신'을 인식하게 해 준다는 그 논리를 깨달아야 한다. 그것이 키르케고르가 철학적으로 가르치고자 하는 메시지이기 때문이다. 죄에 대한 최대한의 의식이 무한히 강해진 자기 자신의 출현을 목도하게 되는 것이라는 이 메시지야말로 지극히 희망적 메시지인 것이다.

6

자기 자신에 대한 거역

절망에 대한 인식은 '부정의 부정'을 통해 변증법적 자기 자신의 출현을 가능하게 해 준다. 쓰러진 자기 자신을 향해 정신을 차릴 수 있게 해 주는 존재는 자기 자신뿐이고, 쓰러진 자기 자신을 바로 세워 다시 강하게 만드는 것도 자기 자신의 몫이다. 자기 자신을 신 앞에 세우는 것도 자기 자신이고, 그 앞에서 무지의 끔찍함을 인식하고 경험하는 것도 자기 자신의 몫이다. 이 모든 것은 자기 자신이 있어서 가능한 일들이다.

키르케고르가 설명하고 있는 변증법은 자기 자신을 중심으로 하여 돌고 돈다. 소위 '이게 나다, 이건 내가 아니다, 그래도 이게 나다' 하는 식으로 발전해 가는 의식의 여정을 연출해 내고 있는 것이다. 절망하고 극복하고 희망하기를 반복하며 생각하는 존재는 자신의 존재를 거듭 실현해 내고 있을 뿐이다. 절망에 임하는 자세 속에서 죄에 대한 의식은 적극적인 힘을 발휘하게 되는 것이다.

> 기독교는 소위 자기 자신에게 거역하려고 노력한다. 즉, 기독교는 벌써 제거하기는 완전히 불가능하게 되었다고 생각될 만큼 죄를 확고히 적극적인 것으로 조정해 두면서도, 한편으로는 기독교가 속죄와 동시에 마치 바다 속에서 익사라도 한 것처럼 전혀 흔적도 없이 죄를 다시 씻어버리려고 하는 것이다. (290쪽부터)

이 구절은 '죄는 소극적인 것이 아니라 적극적인 것이다'라는 절의 마지막 구절이다. 소위 결론이라는 얘기이다. 결론에 이르러 철학자는 다시 한번 강조하고 있다. '죄는 적극적인 것'이라고. 하지만 이것이 전부가 아니다. 다시 죄가 흔적도 없이 사라질 수 있는 가능성까지 제시해 주고 있다. 그러니까 죄라는 것은 속죄를 통해 '마치 바다 속에서 익사라도 한 것처럼 전혀 흔적도 없이 죄를 다시 씻어'버릴 수 있게 되는 것이다.

죄를 조정할 수 있으면 이로운 것이 된다. 죄를 다룰 줄만 안다면 유익한 것이 된다. 죄를 알고 나면 속죄와 동시에 다시 깨끗하게 씻어버릴 수도 있는 것이 된다. 죄가 곧 속죄의 기회라는 얘기이다. 죄는 결코 혼자 존재하지 못한다. 죄가 있어서 속죄도 있는 것이다. 죄를 부정적으로만 볼 것이 아니라 긍정적으로도 바라볼 수 있는 계기가 마련되고 있다. 죄의식은 사람이기에 어쩔 수 없이 떠안고 살아야 하는 덕목이 된다.

하지만 죄의식도 의식적으로 다룰 줄만 안다면 이로운 것이 된다. 죄의식에 시달릴 것이 아니라 그것을 가지고 이로운 데 사용하는 지혜를 가져 주면 되는 것이다. 죄의식이 강한 만큼 자기의식도 강해질 수 있다. 아픈 만큼 성장해 줄 것이다. 상처가 깊은 만큼 인식도 클 것이다. 삶이 고달파도 삶은 아무 잘못 없다. 그 삶을 제대로 다루지 못한 자기 자신이 잘못일 뿐이다.

> 아니, 그렇지는 않다. 그것은 인간 자신의 책임이다. 누구나 정신을 잃은 채 태어나는 것은 아니다. 그리고 아무리 많은 사람들이 죽음을 앞에 놓고 보니 그동안 일생의 유일한 수확은 정신 상실일 뿐이라 그것만을 지니고 간다 해도 그것은 인생의 책임은 아니다. (292쪽)

누구를 탓하는 정신이야말로 어리석은 것이다. 어렵고 힘든 모든 일들은 자기 자신이 아직 그것에 대응할 만큼 강하지 못한 탓이다. 죄를 적극적으로 인식하고 절망에 능동적으로 대처할 수만 있다면, 그럴 용기만 있다면, 그런 죄의식과 절망을 통해 정신은 더욱 강해질 것이 틀림없다. 아무리 긴 터널이라 해도 그것을 통과하고 나면 길고 긴 추억이 주어질 것이다. 자기 자신이 나약하다면 그런 자기 자신을 거역하는 용기도 필요한 것이다.

7

사랑하는 자로서의 목사

기독교를 기독교답게 만드는 목사는 찾아보기 힘든 시대가 되었다. 키르케고르도 이것을 인식했다. "그러나 참다운 목사란 참다운 시인보다도 더 희귀한 것이다."(292쪽) 참으로 가혹한 평가이다. 참다운 시인을 만나는 것도 힘든데, 참다운 목사를 만난다는 것은 그보다 훨씬 더 힘든 일이라고 말하고 있어서 그런 것이다. 참다운 목사가 없다. 철학자가 하는 이 말의 뜻은 무엇일까?

> 목사라 하면 물론 신앙인이라야만 한다. 그럼 신앙인이란! 신앙인이란 물론 사랑하는 자이다. 아니, 사랑하는 모든 사람 중에서도 목사가 가장 열렬히 사랑하는 자일지라도 신

> 앙인에 비하면 그 감격하는 점에선 사실 한낱 풋내기에 불과하다. (293쪽)

목사가 사랑을 하지 않는다! 이보다 더 가혹한 비판이 또 있을까. 소위 사랑이 제일이라고 말하는 교회의 목사조차 그가 실천하며 보여 주는 사랑은 그저 '한낱 풋내기에 불과'할 뿐이라고 평가하고 있는 것이다. 그의 눈에 비친 목사의 모습은 그저 실망스럽기만 하다. 그에게 목사는 '거의 사람의 마음을 북돋을 만한 관념과는 인연도 없고 눈곱만큼의 신비도 없으며, 솔직하게 말해 다만 살아가는 방편이나 지위에 불과한 것'(293쪽)이라고 말한다. 비판의 목소리에 거침이 없다.

> 변호 따위를 하는 자는 사랑하고 있지 않은 것이다. 단지 사랑하고 있다 말할 뿐이다. 불행히 아니면 요행히, 어리석게도 그는 사랑하고 있지 않은 것을 자기 자신이 폭로하고 있을 뿐이다. / 그런데 그와 똑같은 일이 기독교적으로 신앙이 두터운 목사들의 입에 오르내리고 있다. 그들은 기독교를 '변호한다'라든지 '이유'라든지로 번역한다. 뿐만 아니라 건방지게도 사변으로 '개념적인 파악'을 하려고 한다. 그리고 그것이 설교라는 것으로 불리면서, 그 같이 설교되고, 그 같은 설교를 듣는 사람이 생기기도 하는데, 기독교계에선 그것만으로도 대단한 일인 양 간주되고 있다. (294쪽부터)

정말 가혹하고 혹독하다. 한바탕 폭풍이 휘몰아 친 느낌이다. 기독교를 변호하는 일은 사랑을 실천하는 일과는 상관없는 일이다. 그냥 말로만 '사랑하고 있다고 말할 뿐'인 것이다. 말로만 사랑한다고 말하는 사람을 사랑하는 사람이라고 말하지는 않는다. 말로만 사랑한다고 말하는 사람은 자기 자신이 사랑을 하고 있지 않다는 사실을 스스로 폭로하고 있는 꼴이나 다름없다.

기독교가 사랑의 종교임에도 불구하고, 사랑을 실천하는 목사는 드물다. 하나님을 사랑이라 말하고, 그를 믿는 신앙인이 목사임에도 불구하고 사랑을 실천하는 데는 정말 풋내기에 불과할 때가 너무도 많다. 목사조차 말로만 사랑을 외쳐대는 일들이 자주 발생한다. '신앙이 두터운 목사들 입에 오르내리고' 있는 말이 '서로 사랑하라'라는 말이지만, 그것을 현실 속에서 실천하는 일은 드물어졌다.

"우리가 말과 혀로만 사랑하지 말고 행함과 진실함으로 하자."(요한일서 3:18) 사랑을 진실함으로 행하는 사람은 드물다. 사랑을 말로, 즉 사변적으로 혹은 개념적으로 파악하려 하는 것은 실로 건방진 일이다. 그런 사변적이고 개념적인 것들로 충만한 말들의 잔치를 두고 설교라고 자처하는 일들이 벌어지기도 한다. 정말 어처구니없는 일이다. 그런 설교가 마치 '대단한 일인 양 간주'하기까지 하니 더더구나 한심한 노릇이다.

철학자 키르케고르는 사랑의 종교 기독교에 사랑이 빠져 있음을 지적했고, 또 그는 '죄의 변증법'(292쪽)과 '변증법적 뉘우

침'(291쪽)을 통해 자기의식을 강화시킬 수 있는 길을 일러주었다. 그리고 죄의식도 절망도 모두 밖에서가 아니라 안에서 온다는 사실을 말하며 오로지 자기 자신만이 할 수 있는 일이 무엇인지 밝혀주었다.

IX.

연속되는 죄와 함께

새로운 죄에 대한 인식

사람의 삶은 시간의 연속 속에서만 인식된다. 시간의 연속 속에 인간의 인생이 존재한다는 것이야말로 인식의 대상이다. 생각이 어둠에 속하지 않고 깨어 있음의 경지로, 빛의 현상 속으로 나아가는 것은 바로 이런 연속의 현상을 의식하고 있느냐의 문제와 관련할 뿐이다. 하지만 늘 빛은 어둠을 곁에 두고 있어야 의미를 취할 수 있다. 늘 이럴 수도 있고 저럴 수도 있다는 것이 생각의 영역이다. 생각은 늘 선택하며 진행될 뿐이다.

모든 죄는 상태에 따라 그 하나하나가 새로운 죄이며 계속되는 그 순간순간이 새로운 죄이다. 이것은 더 정확하게 표

> 현되어야 하며, 또 이하에서 더 정확하게 표현되겠지만, 죄 속에 있는 각 상태는 각자 새로운 죄이고 죄 그 자체이다. […] 그러나 죄인의 감정서를 만드는 영원은 죄 속의 상태에 따라 각각 새로운 죄로 기록할 것이다. 영원은 단지 두 개의 공간밖에 갖고 있지 않다. 신앙이냐, 죄이냐. 즉 "신앙에 의해 행하지 않으면 다 죄가 된다." 회개할 수 없는 죄는 그 하나하나가 새로운 죄이며 죄가 회개되지 않고 있는 순간순간이 새로운 죄이다. / 그러나 자기 자신에 관해 연속된 의식을 갖고 있는 인간이 얼마나 희귀한지 모른다! 사람들은 대부분 순간적으로만 자기를 의식하고, 또 중대한 결단을 내릴 때의 자기를 의식할 뿐이며, 일상생활에서는 자기를 전혀 돌아볼 수 없다. (300쪽)

'계속되는 그 순간순간'이 바로 키르케고르가 철학적으로 밝히고자 하는 대상이다. '그 순간순간'들이 어둠 속에 갇혀 있다고 판단한 것이다. '그 순간순간'들이야말로 철학자가 철학적으로 관여하고자 하는 부분이다. '그 순간순간'들을 개별적으로 방치해 두지 않고 연관 속에 넣어 연속성을 빛의 형식으로 전환시켜 놓고자 하는 것이다. 계속되는 순간들이 바로 삶이기 때문이다.

사실 '순간'과 '계속'은 모순 관계이다. 서로 의미가 상충한다는 얘기이다. '순간'은 한계가 규정된 현상이고, '계속'은 한계를 넘어서서 지속되는 현상을 일컫는다. 하지만 서로 부딪치는 그 말들이 바로 시간이라 불리며 삶을 연출해 내는 수수께끼 현상을 표현하고 있을 뿐이다. '순간'은 한계 속의 현상이라는 의미로 기억 속에 저장되고, '계속'은 연속 속에 머물고 있는 현상을 미래의 의미로 받아들이게 해 준다.

전형적인 키르케고르의 철학적 목소리는 바로 여기에 스며있다. '순간'과 '계속' 속에서 동시에 살아야 한다. 그 삶을 가능하게 해 주는 요인으로 철학자는 죄의식과 회개를 선택하였던 것이다. 즉 사람은 늘 회개할 수 있고, 또 항상 회개할 수 있어야 하며, 나아가 언제나 자기 자신을 회개 앞에 세울 수 있어야 한다. 그때 그 회개하는 마음은 오로지 신 앞에서만 주어질 뿐이다. 신 앞에 서게 될 때 회개가 가능해지기 때문이다.

죄에 대한 인식은 지속적으로 주어져야 마땅하다. 늘 회개하는 마음으로 일상에 임해야 한다. 항상 자기 자신의 한계를 인식하고 인정하며 살아야 한다. 자신의 한계를 모르는 자가 타인을 향해 상처를 주는 말을 하게 된다. 상처를 주면서도 준 그 사실을 깨닫지도 못한다. 사랑을 실천하기보다는 저주와 정죄의 말을 쏟아놓게 되기 때문이다. 그런 죄를 지속적으로 저지르고 있으면서도 죄의식이 없다. 그런 사람이 진정한 죄인이다. 죄인이면서도 죄인이라는 깨달음이 없다. 잘못한 줄 모르고 행동하는 자가 제일 사납다.

인식이 대상으로 제시된 '그 순간순간들'은 삶의 순간들이다.

그 삶의 순간들이야말로 '더 정확하게 표현되어야' 마땅하다. 실존철학의 과제라는 얘기이다. 사람의 삶은 더 정확하게 표현되어야 마땅한 것이다. 사람이 죄인이 될 수 있어야 구원의 가능성이 주어지는 그 변증법적 과정이 빛의 영역 속으로 전환을 일궈내야 신과 함께 한다는 진정한 임마누엘의 경지에 도달하게 되는 것이다. 사람의 삶은 말 그대로 신의 곁에 갈 수 있는 기회의 장이다.

사람이 사람인 이상 삶이라는 기회는 이미 주어져 있다. 그 기회를 사용하고 안 하고는 자기 자신의 책임일 뿐이다. 책임을 다하면 자기 자신에게 예의를 지키는 것이고, 그렇지 못하면 자기 자신을 스스로 버리는 것이 된다. 실존철학은 이 책임의식을 고취시키고자 애를 쓴다. "그러나 자기 자신에 관해 연속된 의식을 갖고 있는 인간이 얼마나 희귀한지 모른다!" 여기서, 이 문장에서 느낌표가 전하는 어감까지 읽어내야 한다. 철학자가 한탄하고 있는 그 심정까지 파악해 내야 한다.

'자기 자신에 관해 연속된 의식'은 키르케고르 철학이 지향하는 목적인 동시에 명령이다. 즉 이 말 속에서 반대의 음성까지 들을 수 있어야 한다. '자기 자신에 관해 연속된 의식을 제발 좀 가져 달라!'는 소리를. 자기 자신에 관한 의식은 반복적으로 지속되는 죄의식에서 스스로를 변증법적으로 끊임없이 극복해 내야 한다는 이념으로 나아가야 한다. 모든 신앙은 그것을 시작지점으로 갖지 않을 수 없다. 그 지점이 바로 자기 자신에 대한 의식이다.

자기 자신을 향한 의식과 신을 향한 신앙은 변증법적 관계에 의해 실현된다. 둘은 서로 다르면서도 하나를 일궈 낸다. 자기 자신이 있어야 신이 의미를 취할 수 있게 된다. 신이 있어야 자기 자신이 가치를 얻을 수 있게 된다. 자기 자신에 대한 의식을 고취시키면 시킬수록 신의 존재에 대한 인식은 구체화될 것이다. 자기 자신에 대한 긍지가 높을수록 신을 향해 다가서는 행위는 더욱 감격적으로 격렬해질 것이다.

자기를 돌아볼 수 있는 사람이 신을 바라볼 수 있다. 거울 속에서 자기 자신을 제대로 바라볼 수 있는 사람이 신의 모습을 인식해 낼 수 있다. 지도地圖를 앞에 두었을 때 현 위치를 알아야 소용 있는 것처럼, 현존재는 삶이라 불리는 현실 속에서 자기 자신의 위치를 잘 알고 있어야 삶이라는 시간과 공간도 유용하게 또 모험적으로 대할 수 있게 되는 것이다. 지도가 의미를 취할 수 있게 될 때처럼, 삶도 온갖 가치와 의미를 지니고 자기 자신 앞에 놓이게 될 것이라는 얘기이다.

2 영원한 본질적 연속성 대 죄의 연속성

균형이 깨지면 삶은 위기를 초래하고 만다. 조화를 일궈 내지 못하면 사람은 잔인해지고 만다. 타인을 위해서뿐만 아니라, 자기 자신을 위해서도 잔인성은 극에 달하고 말 것이다. 그래서 균형 감각이 철학적으로도 심각한 문제임을 깨달아야 한다. 음이 양을 또는 양이 음을 배제하지 말아야 음양이 조화를 이루는 태극이 형성된다. 좌가 우를 또는 우가 좌를 떠안을 수 있어야 좌우가 힘을 합칠 수 있다. 자기가 자신을 또는 자신이 자기를 알아봐야 책임도 질 수 있는 자기 자신이라는 주체가 생겨나는 법이다. 하지만 대부분의 사람들은 그렇지 못해서 문제인 것이다.

죄인이 죄인에 대한 인식이 없을 때 죄인은 죄인이면서도 전혀 불편함도 느끼지 못하는 지경에 빠지고 만다. 대부분의 사람들은 인식조차 하지 못하면서도 오히려 편안함을 느끼는 어처구니없는 상황도 펼쳐진다. 일반 대중은 깨달음 없이도 충분히 잘 살 수 있다. 오히려 그런 깨달음이니 인식이니 하는 것을 폄하하기 바쁘다. 철학자 키르케고르는 그런 삶이 어떤 삶인지 밝히는 데 주력한다. 소위 '파멸의 길'을 걷고 있는 현대인의 모습을 폭로하고 있는 것이다.

> 그런데 그와는 반대로 죄인은 완전히 죄의 지배 아래에 있으므로 죄의 전체적인 규정 같은 것은 모르고, 자기가 파멸의 길을 헤매고 있다는 것도 전혀 알지 못한다. 그는 그저 하나하나의 새로운 죄만 계산에 넣을 뿐이다. 그러고는 새로운 죄를 범할 때마다 그가 이른바 한 발짝 한 발짝 새로이 멸망의 길을 밟아나가는 것으로 알고 있을 뿐, 그보다 앞선 순간에는 그보다 앞선 모든 죄에 이끌려 멸망의 길을 더듬고 있었다고는 조금도 생각지 않는다. 죄는 그에게 매우 자연스럽다. 말하자면 죄는 그에게 제2의 천성이 된 것이다. / 그러므로 그는 일상생활을 전혀 불편하지 않은 것으로 알고 새로운 죄를 범한다. 새로이 멸망의 한 발짝을 내디딜 때마다 한 순간만 우뚝 멈춰 설 뿐, 아무것도 보지 못한 듯이 다시 발을 내딛는다. 그는 멸망의 상태에서 눈이 어두워졌으므로, 자기 생활이 신앙의 신 앞에 있음으로 해

서 영원한 본질적 연속성을 가지기는 하지만, 죄의 연속성을 지니고 있는 것은 그의 눈에는 보이지 않는다. (300쪽부터)

눈이 있다고 다 볼 수 있는 눈이 아니다. 눈을 갖고 있어도 보지 못하는 이들이 너무도 많다. '아는 만큼 보인다'는 말도 있다. 모르면 안 보인다는 뜻이기도 하다. 관음의 경지도 있다. 소위 소리를 보는 경지를 두고 하는 말이고, 이것도 또한 깨달음의 경지를 의미하기도 한다. 본다는 행위가 의미하는 영역을 실로 무궁무진하다. 어디까지 볼 수 있는가? 무엇까지 볼 수 있는가? 그것이 관건이라는 얘기이다.

키르케고르는 눈을 뜨게 하려고 애를 쓴다. 보이지 않던 것을 보이게 하려고 애를 쓰고 있는 것이다. 그는 어쩌면 이런 시도를 했다는 점에서 '현상학'의 시조라고 말해도 될 듯하다. 소위 '눈에 보이는 것을 연구하는 학문'의 선구자로서 말이다. 중세 천 년 동안 보이지 않는 신을 보려고 애를 썼다면, 근대 이후, 르네상스인들에 의해 처음으로 인간의 인생이, 사람의 삶이 주목받기 시작했을 뿐이다. 그리고 이제 겨우 삼백오십 년쯤을 지나고 있을 뿐이다. 중세 천 년에 비교하면 턱없이 모자란다. 앞으로 해야 할 일도 너무 많다.

"죄인은 완전히 죄의 지배 아래에 있으므로 죄의 전체적인 규정 같은 것은 모르고, 자기가 파멸의 길을 헤매고 있다는 것도 전혀 알지 못한다." 죄인이 죄인이면서도 스스로 죄인의 가치를 인식하지 못하고 있다. 실수도 실수를 했다는 것을 깨달아줘야 그 실수가 의미를 취할 수 있게 되는 것이다. 완전해 죄의 지배 아래에만 머물게 되는 이런 지경이 펼쳐지고 나면 죄는 무의미한 현상으로만 비춰질 뿐이다. 자기 자신이 길을 헤매고 있다는 사실조차 인식해 내지 못하기 때문이다.

'죄의 전체적인 규정 같은 것'을 알려면 조감鳥瞰할 수 있는 위치에 올라서야 한다. 어떤 사물이 되었든 간에 조감하려면 그것을 아래에 두는 시선이 필요한 것이다. 자기 자신을 내려다보기 위해서는 먼저 자기 자신을 높이 두고 사물을 바라보려는 노력과 시간이 전제 되어야 마땅하다. 시선을 아래에 두기도 하고 또 위에 두기도 하면서 사람은 자기 자신을 거듭 새롭게 인식하게 되는 것이다. 사람은 그럴 수 있고, 또 그래야 건강한 자기 자신을 얻을 수 있는 것이다.

그런데 사람은 스스로 '파멸의 길을 헤매고' 있을 수도 있다는 것이 문제이다. 파멸의 순간에도 빛을 볼 수 있어서 문제인 것이다. 그것이 문제인 이유는 사람이 그 헤매고 있음 자체를 인식해 내지 못한다는 데 있다. 생각하는 존재가 생각으로 문제를 인식해 내지 못한다는 것이 가장 위험한 상황이다. 자기가 무슨 생각을 하고 있는지도 모른 채 생각에 임하면 자기 자신을 책임질 수 있는 주체는 존재하지 않게 된다. 그런 정신이 오로지 신을 추구하게 되면 눈먼 장님이 되는 것과 같다. 《장미의 이름》에 등장하는 늙은 수도사 호르헤처럼 뭔가에 의해 허옇게

뒤덮인 눈으로 허공을 응시하면서도 천국이니 하나님이니 하는 환상을 바라볼 수 있는 것이다.

사람은 환상도 볼 수 있는 존재이다. 맞는 말이다. 하지만 환상이 망상도 될 수 있어서 문제이다. 창조를 위한 환상이라면 그나마 환영의 대상이 될 수 있어도, 현실을 외면하거나 현실을 왜곡하는 망상이라면 경계의 대상이 되어야 마땅하다. 망상을 환상으로 착각하는 그런 사람은 현실 속의 자기 자신조차 잘못된 판단으로 일관할 뿐이다. 그런 환상을 바라보고 있기에 사람을 죽이는 살인 행위를 하면서도 일말의 죄의식이 없는 것이다. 오히려 자신이 하는 일에 대해서 긍지만 있을 뿐이다. 하늘만 바라보며 길을 걷는 어처구니없는 상황이 연출되는 것이다. 종교재판에 임하는 모든 검사들은 이런 종류의 인간들이다.

사람은 '파멸의 길을 걸을 수 있는 존재'라는 사실을 깨닫고 나면 생각하는 일이 얼마나 중요한 것인지도 알 수 있게 된다. "좁은 문으로 들어가라 멸망으로 인도하는 문은 크고 그 길이 넓어 그리고 들어가는 자가 많고 생명으로 인도하는 문은 좁고 길이 협착하여 찾는 자가 적음이라."(마태복음 7:13-14) 많은 사람들이 걷고 있는 길을 따라 걷고 있지는 않은지 잠시 걸음을 멈추고 자기 자신을 관찰하는 시간도 가져 볼 필요가 있다. 남이 걷는 길을 따라 걷고 있으면서도 자기 자신의 길이라고 말하는 실수는 범하고 있는 것은 아닌지 반성도 해 봐야 한다는 얘기이다.

'파멸의 길', '멸망의 길', 그리고 또 다시 '멸망의 길', 철학자는 이토록 반복을 거듭하며 설명에 임하고 있다. 간절했다는 얘기이다. 그의 음성은 격앙되어 있는 듯하다. '전혀 알지 못한다', '조금도 생각지 않는다' 등으로 이어지는 술어만 읽어도 그의 심정을 충분히 헤아릴 수 있을 것이다. 죄가 천성이 되고, 죄가 자연스러워지고, 죄가 자기 자신을 지배하게 내버려두면 정신은 몽매해지고 만다. 소위 시키는 대로 하면서도 그것이 자기 의지에 의한 것이라고 주장하는 사태가 벌어지고 만다. 정신을 차리지 못하고, 오히려 정신을 잃고 만다. 이성적 존재가 이성적이지 못하고 비이성적인 존재로 삶을 대하는 실수가 범해지고 만다.

불편해야 할 삶인데도 불구하고 전혀 불편함을 인식하지 못하는 삶이 가장 치명적인 결과를 안겨 줄 것이다. 어느 순간, 삶으로 주어진 시간이 남아 있지 않음을 깨닫고, '삶은 허무하다'는 말을 함부로 해 대는 그런 무책임한 자가 될 수도 있다. 무엇인가의 '지배 아래' 스스로를 두고서 산 삶은 늘 타인을 향해 손가락질하기 바쁘다. 늘 타인이 기준이 된다. 늘 남을 탓하며 자기 자신을 변호하기에 여념이 없다. 이런 사람이 '남의 불행은 나의 행복'이라 말한다. 하지만 남이 없을 경우엔 어떻게 할 것인가? 자기 자신의 행복을 양산시켜 줘야 할 불행한 타인이 없으면 도대체 어디에서 행복을 추구할 수 있단 말인가? 그것이 문제이다. 탓할 남이 없으면 상황도 무의미해지고 말 것이기 때문이다.

눈이 어두워지는 사태는 늘 경계해야 한다. 눈을 가지고 살아야 하는 존재는 늘 눈을 빛 속에 두는 지혜를 깨달아야 한다. '발데 보나Valde bona', 이것을 번역하여 "빛이 하나님이 보시기에 좋았더라"(창세기 1:4)라는 구절이 탄생한 것이다. '성경 말씀', 즉 '좋은 말'을 넘어 '성스럽다고 인정하는 말'이 된 것이다. "빛은 실로 아름다운 것이라 눈으로 해를 보는 것이 즐거운 일이로다."(전도서 11:7) 이런 말이 성경이 전하는 말이다. 말을 듣고 그 말의 의미를 깨닫는 것은 자기 자신의 책임이다. 신은 이미 말을 다 해 놓은 상태이다. 기독교의 기준으로 66권속에, 또 가톨릭교의 기준으로 73권속에 신의 말은 고스란히 기록되어 있다. 그 다 해 놓은 말들 속에서 신의 뜻을 헤아리는 것은 우리의 몫이 되는 것이다.

3

소극적인 죄 대
적극적인 죄

사람은 죄의식을 소극적으로 활용할 때가 많다. 타인을 향해서만 죄를 인식해 낼 때가 많다. '네가 잘못이다!'라고 손가락질 하는 사람의 마음을 헤아릴 수 있다면 이런 죄에 대한 현상은 쉽게 인식될 수 있다. 사람이 나이가 들수록 이런 태도는 강해지고 뚜렷해진다. 소위 '아는 것'이 많아지고 나면, 그 이미 아는 것이 기준이 되어 다른 앎을 판단하려고만 한다. 새로운 것을 받아들일 수도 없다. 다른 것은 늘 젊은이들이 도와주어야 겨우 습득할 뿐이면서도 자기 자신이 아는 것에 대해서는 무궁무진한 확신으로 일관할 뿐이다.

사람은 이성적 존재이다. 하지만 이 말이 의미하는 바는 자기 자신이 아는 바에 스스로 갇힐 수도 있다는 위험을 의미하기도 한다. 아는 것이 자기 자신을 가득 채우고 있어서 그런 것에 대한 마음의 여유가 없는 것이다. 자기 자신이 꽉 차 있어서 다른 것을 받아들일 수가 없는 지경이다. 늘 '그게 아니라!' 하며 타인을 평가하려고만 한다. 항상 자기 잣대로 사람을 평가하기에 바쁘다. '삼인행 필유아사' 같은 말은 그의 것이 못 된다. 스승을 갖고 받들며 섬기기는커녕 타인을 하대하기 바쁠 뿐이다.

> 그러나 '죄의 연속성'이라고 하지만, 죄는 비연속적이지 않을까? 보라, 여기에 또 머리를 내밀고 있는 것은, 죄는 소극적인 것에 불과하다는 사상이다. 다시 말해 죄는 훔친 물품에는 소유권이 취득되지 않는 것처럼 결코 소유권을 얻을 수 없는 것, 다시 말해 소극적인 것, 자기를 구성하고자 시도는 해보지만, 절망적인 반항 속에서 무력한 데 대한 모든 괴로움으로 괴로워할 뿐, 결국 자기를 구성할 수는 없는, 그런 무력한 시도에 불과하다는 생각뿐인 것이다. 과연 사변적인 입장에서 보면 죄는 소극적인 것이다. 그러나 기독교 입장에서 보면, 물론 죄(이 사실은 어떤 인간이라도 개념적으로 파악할 수 없는 역설적인 죄이므로 믿을 수밖에 없다)는 적극적인 것이며, 계속 증대하는 조정의 연속성을 자기 자신 속에서 전개해 가는 것이다. (301쪽)

"그러나 '죄의 연속성'이라고 하지만, 죄는 비연속적이지 않을까?" 안다고 말은 하지만 그 안다는 것이 단절된 형식의 것은 아닐까? 어떤 인식의 그물도 형성해 내지 못하는 그런 앎이 아닐까? 그럴 수 있다. 앎이 단편적인 형식으로 머물 경우가 대부분의 것이다. 마치 어떤 소리를 들었을 때 반응하는 동물처럼, 그 소리에만 반응할 뿐, 그 소리의 앞뒤 맥락에 대해서는 아무런 인식도 얻어내지 못하는 지경이다. 자기가 무슨 소리를 들었는지도 모르고 있는 것이다.

키르케고르는 선구자임에 틀림없다. 자기 시대를 향해 쓴소리를 내뱉는 데 주저함이 없다. 지금 읽고 있는 이 글들이 그 시대에는 낯선 소리였다는 사실을 인정하고 읽으면 소름이 끼칠 정도로 용맹스러운 음성까지 들을 수 있을 것이다. 아무나 할 수 있는 소리가 아니라서 그런 것이다. '죄는 비연속적이지 않을까?' 이런 의혹 제기가 부정적인 측면에서의 자기변호에 지나지 않을 뿐이다. 이런 질문을 통해 고개를 들고 있는 것은 바로 '죄는 소극적인 것에 불과하다'라는 인식의 소리이다. 인식은 인식인데 어처구니없는 인식이다. 죄의 가치를 폄하하는 소리라서 그런 것이다.

사람은 사람인 이상 죄로부터 자유로울 수가 없다. 생각하는 존재가 생각으로부터 자유로울 수 없는 것과 같은 이치이다. '네 죄를 네가 알렸다!' 이런 주장도 사람이기에 가능한 것이다. 죄의식도 타인을 기준으로 두고 하는 의식이라면 자기 것이 될 수 없다. 타인이 가르쳐 준 것을 기준으로 삼는 한, 그 기준은 결코 자기 자신을 회개할 수 있는 대상으로 만들지는 못한다. 늘 남의 시선을 의식하는 그런 의식이 탄생할 뿐이다. 물론 그런 의식도 이성적이라 불릴 수 있기에 문제가 심각하고 복잡해지는 것이다.

'훔친 물품에는 소유권이 취득되지 않는 것처럼', 자기 자신의 회개를 불러일으키는 그런 죄의식이 아니라면 결코 적극적으로 소유권을 발동시킬 수 없다. 죄에 대한 자기의식은 죄에 대한 소유권을 거머쥐고 있는가 하는 문제와 관련한다. 자기 자신의 죄가 인식되어야 회개도 가능해진다. 죄의 주체로서 자기 자신이 인식의 대상으로 다가서야 진정으로 신 앞에 무릎을 꿇을 수 있는 지경이 펼쳐지게 되는 것이다. 그때가 되어서야 마침내 깊은 내면에서 솟아오르는 눈물까지도 쏟아놓을 수 있게 된다. 그런 고통스러운 눈물을 통해 마음이 깨끗하게 정화되는 것이다.

강요된 죄의식으로는 회개할 수 있는 기회보다는 오히려 불평과 불만의 원인을 제공해 줄 뿐이다. 죄의식이 강요될 때 죄 그 자체는 그저 소극적인 것에 불과할 뿐이다. 그런 소극적인 죄의식으로는 '파멸의 길' 속에서 혹은 그 위에서 그저 길을 찾아 헤매게 할 뿐이다. 그런 길에서는 아무리 걸어도 파멸에 가까워질 뿐이다. 빛을 향한다고 하지만 어둠 속으로 자기 자신을 끌고 들어가는 꼴일 뿐이다. 노력이 헛수고가 되는 현상을 결국 목도하고 말 것이다. 이것이야말로 이성만이 펼칠 수 있는 지극히 비극적인 현상이며 결말이다.

생각만 하고, 소위 체험이 없는 생각만 하고 있다면, 그것이 '사변적인 입장'을 연출해 낼 뿐이고, 그런 입장에서는 모든 죄가 그저 '소극적인 것'이 되고 만다. 그런 입장에서는 그런 현상이 진리의 소리로 인정받을 수밖에 없다. 그런 입장에서는 어떤 괴로움을 통해서도 '자기를 구성'하는 데는 도움이 되지 못한다. 위의 인용문을 읽으면 철학자는 '자기를 구성'한다는 말을 두 번이나 반복하며 설명에 임했음을 알 수 있다. 이 또한 간절했던 것이다.

죄는 인식의 대상이고, 인식될 때 죄는 '자기를 구성'하는 요인으로 전환을 일궈 낸다. 한계가 인식될 때 한계를 뛰어넘을 수 있는 기회가 주어지는 것과 같은 원리이다. 한계도 모르는 자는 그 한계 너머에 대한 인식에 대해서는 꿈도 못 꾼다. '그러나' 입장이 달라지면 모든 것이 달라진다. 철학자는 '그러나'라는 말과 함께 전혀 다른 입장을 소개하기에 이른다. 소위 '기독교 입장에서 보면' 하고 말을 바꾸고 있다. 말이 바뀌면서 내용까지 변화를 일궈 내고 있다. 그 변화가 인식되어야 한다.

'기독교의 입장에서 보면' 죄는 역설적인 죄가 된다. 반전의 기회를 얻게 해주는 요인이 된다. 막다른 길에서 등을 돌릴 수 있는 인식의 전환을 제공해 준다. 돌아서면 길이 보인다. 전혀 다른 길이 길의 현상으로 눈앞에 펼쳐지게 된다. 없던 길도 보인다. 무한한 가능성의 들판이 시야에 들어온다. 새로운 한계를 멀리 둔 시선이 그때 확보되는 것이다. 아득히 먼 수평선을 바라보는 시선이 제공해 주는 정신 속 신선한 바람까지 느낄 수 있으리라.

기독교 입장에서 보면 죄는 적극적이다. 죄의 적극성은 기독교라는 형식 속으로 생각을 전환할 수 있는 기술이 요구된다. 자기 자신을 신 앞에 내세우고, 그 신 앞에서 자기 자신의 죄를 인식하고 오열하게 될 때 스스로는 다시 변증법적 과정 속에서, 즉 '계속 증대하는 조정의 연속성' 속에서 자기 자신을 전개해 나갈 수 있게 되는 것이다. 철학자는 기독교를 인정하지만, 그 인정하는 데서 만족하지 않고, 더 나아가 인간을 향하기까지 하고 있음을 깨달아야 한다. 사람이 신 앞에 서는 것에 만족하지 않고, 그 신 앞에서 사람이 스스로 무궁무진한 가능성의 존재임을 다시 깨닫고 있는 것이다. 이것이야말로 실존철학이 전하는 진정한 메시지이다.

신을 아는 존재의 무한한 가능성

종교는 사람의 문제이다. 여기서 '종'은 한자로 마루 종宗 자를 쓴다. 지붕宀 아래에 있는 뭔가를 보여 준다示는 얘기이다. '현상학'도 마찬가지로 '눈에 보이는 것을 연구하는 학문'이라 했다. 하지만 사람마다 보는 것이 달라서 문제일 뿐이다. 연인과 같은 영화를 함께 보고 나와도 본 것이 서로 달라 논쟁을 벌이기도 한다. 독일 관념론의 이념처럼 오로지 관념적인 것만 볼 수도 있어서 문제이다. 현실을 현실로 바라볼 수 있는 것도 일종의 능력이다. 이성적 존재는 생각이라는 과정을 거쳐야 하는 존재라서 문제가 심각해지는 것이다. 도대체 자기 자신은 무엇을 바라보며 살고 있는가? 지극히 철학적인 질문이 아닐 수 없다.

철학자는 신을 이야기하며 어떤 형식 속에 가둬 놓지 않는다. 어떤 특정 교리에 얽매여 그것에 의해 설명에 임하지 않는다. 철학자는 자신의 생각을 펼치는 데 주력할 뿐이다. 바로 이 지점에서 선구자의 면모를 찾아내야 한다. 그것이 우리의 유일한 숙제가 될 뿐이다. 키르케고르를 읽으며 배워야 하는 것이 있다면 바로 이런 것들이다. 그는 과연 신을 언급하며 무엇을 설명하고 있는가? 신이 신으로 머물지 않고 또 무엇을 연결시켜 놓고 있는가? 그 확장되어 가는 과정 속에서 설명되고 있는 그 부분을 확인할 수 있는가? 스스로 검증하며 독서에 임해 보자.

> 그리스도를 향한 자기란, 신의 무한대한 양보에 대해 강도가 강해진 자기, 즉 신이 자기를 위해 탄생하고, 인간이 되고, 괴로움을 받고 죽었다는 사실 때문에 자기를 덮치는 헤아릴 수 없는 무게에 의해 좌절의 반동 정도가 강해진 자기다. 앞서 신의 관념이 증대하면 할수록 그만큼 자기도 증대한다고 했는데, 그와 마찬가지로 여기서도 그리스도의 관념이 증대하면 할수록 그만큼 자기도 증대한다고 할 수 있다. 자기가 질적으로 자기를 척도로 삼는 것과 마찬가지다. 그리스도가 척도라 하는 것은 자기가 얼마나 거대한 실재성을 지니고 있는가의 표현이며, 신의 입장에서 확증된 표현인 것이다. 신이 척도로서 목표가 되는 것은, 그리스도가 최초의 변함없는 진실이기 때문이다. 그러나 인간의 자기

는 변하며, 자기가 증대하면 할수록 그만큼 죄의 강도 또한 강화된다. (310쪽)

키르케고르의 《죽음에 이르는 병》을 읽으며 얻어낸 지혜의 문장을 꼽으라면 이런 구절을 말하고 싶다. 철학자는 '신'을 말하면서 인간의 '자기'라는 개념을 끌어들인다. 신과 함께 자기는 무궁무진한 의미의 옷을 입게 된다. 신의 생로병사를 인식할 때 사람은 자기 자신을 향한 생로병사도 구구절절 다가오게 되는 것이다. 깨달음은 그토록 신비로운 현상을 연출해 낼 수 있다. 그 연출력은 개인의 노력 여하에 달려 있을 뿐이다. 얼마나 노력하며 시간을 보냈는가 하는 문제와 관련할 뿐이다.

신이 탄생할 때 별이 동방박사들을 인도했다느니, 말구유에서 비천한 신분으로 태어났다느니 하는 이야기에서부터 시작하여 마가의 다락방에서 최후를 준비하는 만찬을 벌일 때의 그 수수께끼 같은 현장 분위기, 그리고 신의 마지막 대사로서 "엘리 엘리 라마 사박다니", 즉 "나의 하나님, 나의 하나님, 어찌하여 나를 버리셨나이까"(마태복음 27:46) 하는 인간적인 발언까지 인식의 대상으로 받아들일 수 있다면 자기에 대한 인식은 전혀 다른 국면으로 접어들 수 있게 된다.

'그리스도를 향한 자기란' 하고 철학자는 치열하게 그 자기의 존재 현상을 설명하는 데 주력한다. 중세 천 년 동안 그리스도라는 존재 현상에 집중했다면, 이제부터 인간의 자기의 존재 현상에 눈길을 보내야 하는 시간이 된 것이다. 신을 아는 만큼 자기도 성장할 수 있다. 신을 아는 만큼 자기도 강해질 수 있다. 신을 아는 만큼 자기도 영원해질 수 있다. '자기가 얼마나 거대한 실재성을 지니고 있는가' 하는 문제는 오로지 신을 아는 정도에 의해서만 규정될 뿐이다.

자기는 거대한 실재성의 주체이다. 자기는 무궁무진한 가능성의 주체이다. 자기는 이 세상뿐만 아니라 온 우주까지도 자기 자신으로 확장시킬 수 있는 중심에 위치해 있을 뿐이다. 자기가 아틀라스라면 온 우주를 짊어지고도 일어설 수 있을 것이다. 자기가 프로메테우스라면 고통 속에서도 인간을 창조하는 주역이 될 수 있다. 이 모든 가능성은 오로지 신을 아는 정신만이 허락해 줄 것이다. '그리스도가 척도라 하는 것'의 의미는 이토록 위대하고 성스럽기까지 하다. '그리스도가 최초의 변함없는 진실'임을 깨닫는 순간, 그것을 아는 주체로서의 자기는 그 어떤 변화에 직면해서도 흔들림이 없을 수 있는 것이다.

5

'신=사람'이라는 위대한 공식의 발견

사람이 신이 될 수 있다. 사람이 천국에 들 수 있기 때문이다. 사람이 신의 곁으로 나아갈 수 있기 때문이다. 신이 스스로를 임마누엘이라고 칭했기 때문이다. 신의 존재 의미는 사람의 존재와 엮일 수밖에 없다. 신에게도 운명이 있다면 바로 이런 점에서 설명되어야 마땅하다. 신에게도 한계가 있다면 사람의 존재에 의해서만 구현될 뿐이다. 다만 '신=사람'이라는 공식을 철학자가 설명하는 대로, 즉 실존철학적으로 인식해 주는 것만이 관건일 뿐이다.

> 지상에 있는 어떠한 교설도, 신과 인간을 기독교만큼 가까이 결부시킨 것은 없었다. 사실 그것은 다른 어떠한 교설도

> 할 수 없는 일이었던 것이다. 그것은 단지 신 자신만이 할 수 있는 일이며, 인간이 생각해 내는 것은 어떤 것이건 단지 결국 꿈이며 믿을 수 없는 망상에 불과한 것이다. 그러나 또한 신이 그 같은 수단을 취한 다음에, 마치 신과 인간이 결국 하나가 되어버리기라도 하는 것처럼 오해해버리는, 아주 두려워할 모독에 대해 기독교만큼 주의 깊게 몸을 지킨 교설도 없었다. 이 모독에 대해 신 앞에서의 좌절의 도움을 얻어 몸을 지킨 교설은 아직 없었던 것이다. (314쪽)

물론 신은 신이고 인간은 인간이다. 둘은 서로 다른 존재이다. 둘은 서로 섞일 수도 없다. 마치 태극 속의 음과 양의 현상을 닮았다. 하지만 둘이 서로 공존해 줘야 가장 큰 태극을 형성해 낼 수 있을 뿐이다. 철학자는 신의 존재가 인간의 존재와 합쳐지면서 나타나는 거대한 이념을 발견한 것이다. '어떠한 교설도 없었다', '다른 어떤 교설도 할 수 없었다', '주의 깊게 몸을 지킨 교설도 없었다', '교설은 아직 없었던 것이다', 이토록 간절하게 또 치열하게 설명하고 있는 철학자의 목소리를 들었는가?

철학자는 인정하고 또 인정했다. 기독교가 최고라고. 그의 철학을 이단으로 평가할 수 있는 것은 그가 기독교 교리에는 등장하지 않는 소리를 하고 있어서일 뿐이다. 오로지 그것만이 이단으로 치부될 수 있는 이유가 될 뿐이다. 하지만 그의 철학이 그토록 욕을 먹어야 할 대상인가? 스스로 독서를 해 가며 이 질문에 대한 대답을 스스로 만들어 보자. 스스로 기독교인임을 인정하고 또 스스로 설교의 형식으로 말하는 철학자의 철학에서 그의 진심을 찾아보자는 것이다.

신은 곁에 있어 준다고 했지, 사람이 신으로 합일을 일궈낸다고는 말하지 않았다. 음과 양이 하나로 합쳐진 태극의 형상 속에서도 음과 양은 서로 구분되어 있을 뿐이다. 여기서 기독교의 임마누엘 사상을 깨달아 줘야 한다. 신은 신이고 사람은 사람일 뿐이다. 하지만 둘은 서로 지향하고 있다는 것이 운명이며 필연이며 또 한계이다. 사람은 이성 때문에 어쩔 수 없이 '꿈'꾸는 존재일 수밖에 없고, 또 '망상' 속에 빠져 있을 수 있는 존재에 지나지 않는다. 하지만 그런 사람이 신 앞에 설 수만 있다면 영원에 동참할 수 있다. 꿈이 실현될 수도 있는 것이다. 꿈의 실현 가능성은 오로지 신에 대한 관념의 정도에 의해서만 규정될 뿐이다.

> 요컨대 신=사람의 교설이 기독교를 몰염치한 꼴로 만든 것이다. 마치 신이 너무도 약해 보일 정도이다. 신으로서는 마음씨 좋게도 너무도 큰 양보를 한 탓에 망은으로 보답을 받듯, 당치않은 보복을 받은 것과 마찬가지다. 신=사람의 교설을 만들어 낸 것은 신이다. 그러나 바야흐로 기독교계는 뻔뻔스럽게도 사태를 역전시켜 신을 허물없는 친척으로 취급하고 있다. (315쪽)

부정적인 기독교인에 대한 설명이다. 부정적인 기독교계의 현상을 지적한 말들이다. 소위 하나님을 자기편으로 만들면서 자기가 신이 된 듯이 말하는 '몰염치한 꼴'을 비판하고 있는 것이다. 자기가 하는 말을 신이 하는 말인 듯이 퍼부어 대는 인간을 떠올려 보면 철학자가 하는 말을 쉽게 파악할 수 있다. 말도 말 나름이다. 좋은 말이 있는 반면 나쁜 말도 있는 것이다. 말이라고 다 말이 되는 것도 아니다. 말하는 존재가 고민해야 할 부분이다. 말씀의 종교를 믿는 신앙인이라면 잠시 걸음을 멈추고 반성을 해야 할 대목이다.

"신=사람의 교설을 만들어 낸 것은 신이다." 아주 중요한 주장이다. 실존철학의 이념은 바로 여기서 발견될 수 있다. 사람이 신을 필요로 하는 이유는 바로 이런 위대한 공식 때문이다. 사람이 끊임없이 신을 향해 다가 설 수만 있다면 아무 문제없다. '신=사람'이라는 교설 자체는 아무 문제가 없다. 아니 오히려 그것만이 진정한 기독교의 존재 의미가 되기도 한다. 하지만 그것을 신을 위해서가 아니라 특정인으로서의 사람을 위해서, 즉 이기적인 의미에서 도용된다면 문제가 심각해지고 만다. 그런 사람들이 사람들을 법정에 세우고 종교로 재판을 하려 드는 것이다. 종교로 재판을 한다고 말은 그렇게 하지만 실은 지극히 이기적인 기준에 의해서 사람을 판단하고 정죄하고 있을 뿐인 것이다.

6 인생이라는 달리는 기차

인생은 멈출 수 없다. 멈춘 듯이 보일 뿐, 인생은 죽음을 향해 질주하고 있을 뿐이다. 인생은 죽어야 끝나는 여행과 같다. 매순간 인생은 선택의 기로에 서 있다. 여기와 저기의 한계 지점에서 선택을 해야 하는 순간이 지속적으로 이어지고 있는 것이다. 이렇게 보면 매순간이 위기의 순간이기도 하다. 선택 한 번 잘못하면 인생 전체가 나락으로 떨어질 수도 있어서 하는 말이다.

> 인생을 통해 영원으로 가는 여로의 도상에 있는 범죄자는, 기차를 타고 그 기차의 속력으로 현장으로부터, 그리고 자기의 범죄로부터 도주하려는 살인자와 같다. 그런데 불쌍

하게도 그가 앉아 있는 차 바로 밑에는, 그의 인상을 적은 서류와 다음 역에서 그를 체포하려는 지령이 기록된 전신이 함께 달리고 있는 것이다. 이를테면 그는 조서를 손수 갖고 가는 것이다. (321쪽)

사람은 참으로 수수께끼 같은 존재이다. 아무리 깨닫고 깨달아도 결국에는 자기 자신만이 외롭게 존재하고 있을 뿐임을 다시금 깨닫게 된다. 그래도 그 과정을 두고 허무하다고 인식하지는 않는다. 의미가 있을 것이라 믿으니 공부에 임하게 되는 것이다. 공자의 《논어》를 시작하는 문구, 즉 '학이시습지 불역열호'라는 말도 바로 사람이기에 필요한 인식의 소리가 되는 것이다. "배우고 때때로 그것을 익히면 또한 기쁘지 아니한가?" 공부해야 기쁠 수 있는 기회가 주어진다. 생각하는 존재는 생각을 거듭해야 행복할 수 있는 기회를 쟁취할 수 있다.

세례 요한이 광야에서 외친 말, '회개하라'는 정말 멋진 말이다. '천국이 가까이' 왔음을 인식할 수 있는 것도 회개할 수 있는 자의 것일 뿐이다. 회개의 가능성이 천국의 이념으로 확장되어 가는 길을 터주고 있는 것이다. 사람은 죄인이다. 이 공식도 무의미하지 않을 수 있다는 인식을 얻을 수 있을 때 '죽음에 이르는 병'도 죽지 않을 수 있는 병임을 깨달을 수 있게 될 것이다. 그것은 결코 죽을 병이 아니었던 것이다. 오히려 그 병만이 사람을 무궁무진한 가능성의 들판으로 나아갈 수 있게 해 주는 요인이 될 뿐이다.

사람은 죽어도 살 수 있는 존재이다. "나는 부활이요 생명이니 나를 믿는 자는 죽어도 살겠고 무릇 살아서 나를 믿는 자는 영원히 죽지 아니하리니 이것을 네가 믿느냐."(요한복음 11:25-26) 믿는 자는 살리라. 맞는 말이다. 희망을 품을 수 있는 자가 희망대로 살 수 있고, 꿈꾸는 존재가 꿈을 포기하지 않는 한 꿈이 실현되는 현장의 증인이 될 수 있으며, 자신이 범죄자임을 인정하는 한 자유인으로 거듭날 수 있고, 자신이 신 앞에 설 수 있는 한 신의 무궁무진한 존재의 의미를 깨달을 수 있는 기회를 스스로 얻어내는 것이다.

질병이니 죄의식이니 범죄자니 하는 말들을 반복하며 철학의 길을 걷고 있는 철학자의 진심을 깨달아 줘야 할 때가 되었다. '문명이 진보된 오늘날'(320쪽)에도 집단적으로 사고하고 판단하는 무리들이 있어서 그들을 향해 철학자는 설교를 해 대고 있는 것이다. 제발 좀 그런 잔인한 행동일랑 삼가 달라고 애원하고 있는 것이다. 그의 철학적 메시지는 그만큼 간절하고 치열하다.

> 다수자의 의지에 의한 판결이라는 이 지혜 앞에서는 지금까지 모든 인간이, 국왕도 황제도 각하도 모두 머리를 숙여 온 것이다. (321쪽)

이 시대의 다수를 향한 비판의 소리이다. 다수가 부르짖는 소리가 전혀 기독교적이지 않아서 하는 소리이다. 사랑을 실천하기보다는 사람을 판단하고 정죄하고 죽이려 드는 종교재판의 중심세력을 향해 철학자는 쓴소리를 내뱉고 있다. 정신 차리고 사랑 좀 하라고.

X. 죄인이 되어 죄에서 구원하기

기독교적 신앙에 대한 철학자의 대답

《죽음에 이르는 병》의 마지막 절, 즉 제2권, 제2장, C절의 제목은 〈기독교를 적극적으로 폐기하고, 그것을 허위라고 말하는 죄〉라고 한다. 철학자는 이를 통해, '기독교를 버리는 것도 죄'고, '기독교를 가짜라고 말하는 것도 죄'라고 거듭해서 말하고 있다. 그리고 그 절을 시작하는 첫 번째 문단은 상당히 격정적이다. 이 문구들에서 격앙된 철학자의 음성이 들려 오기도 한다는 얘기이다. 당시 불붙었던 종교적 논쟁의 뜨거운 현상이 엿보이기도 한다.

> 이것은 성령에 적극적으로(역설적 · 교설적 · 신앙적으로) 반反하는 죄이다. 여기서 자기는 가장 절망적으로 그 정도

> 가 강화된 상태에 있다. 자기는 기독교 전체를 내동댕이칠 뿐 아니라 기독교를 거짓이고 허위라고 생각하는 것이다. 이 같은 자기는 왜 자기 자신에 관해 이토록 무섭고 절망적인 관념을 지녀야 한단 말인가! (322쪽)

뭐든지 품을 수 있으면 다른 현상이 펼쳐진다. 항상 품을 수 없어서 문제가 발생한다. 상대도 사람이다. 정상적인 사람이라면 이성이 주어져 있을 것이고 그 이성의 흐름을 좇을 수만 있다면 이성과 이성이 합쳐지는 기적을 경험할 수 있을 것이다. 철학자 키르케고르는 최고의 이성으로 기독교를 소개하고 있다. 그리고 그런 기독교의 형식을 부정하거나 버리는 것은 그 자체로 이미 죄가 되고 있음을 주장하고 있다.

키르케고르의 실존철학은 말 그대로 기독교를 떠안으면서 탄생한 철학이다. 다만 기존의 기독교 교리대로 말하지 않아서 위험한 철학처럼 여겨지고 있을 뿐이다. 그가 철학적으로 펼친 소견도 새로운 교리라고 인정하고 받아들이고 나면 아무런 문제도 발생하지 않을 것이다. 오히려 기독교의 교리가 그의 철학으로 인해 더욱 탄탄해지고 견고해지는 현상을 목격할 수도 있다. 진리를 하나의 틀 속에 가둬 놓고, 그 하나만을 고집하려 들 때 배타적인 생각이 내면을 지배하게 되고, 그런 생각이 상대를 죽일 듯이 몰아대는 것이다.

철학은 라틴어로 '필로소피아'라고 한다. 지혜를 사랑하는 것이다. 지혜를 앞세운 게 아니라 사랑을 앞세우고 있다는 것도 인식해야 할 부분이다. 지식이 먼저가 아니라 그것이 무엇이 되었든 간에 먼저 사랑할 마음부터 가져야 한다는 것이 곧 철학하는 자의 자세인 것이다. 신이 가르쳤듯이 원수까지 사랑하리라는 마음으로 살 수만 있다면 그가 곧 철학자인 것이다. 신을 공부하는 신학에서 사랑을 공부하는 철학으로 넘어서는 것은 오로지 생각의 전환만이 실현해 낼 수 있다.

성령에 적극적으로 반反하는 죄는 저지르지 말아야 한다. 성령은 인정하고 받아들여야 할 대상일 뿐이다. 이성에게 신의 존재가 당연한 것처럼, 성령의 존재 또한 이성에게는 당연한 것이 될 뿐이다. 정답이 있어서 질문에 집중할 수 있는 것처럼, 질문 그 자체는 이성에게 당연한 것이 될 뿐이다. 정답이 있다고 생각하니 '이게 뭐야?' 하고 어린아이는 생각하기 시작하는 것이다. 생각의 행위가 이런 질문 행위와 함께 시작하고 있는 것이다.

정답을 부정하고 나면 질문도 무의미하게 되고 만다. 신을 부정하고 나면 자기 자신도 허무한 존재가 되고 만다. 가능성을 부정하고 나면 존재는 답답한 틀 속에 갇히고 만다. 신은 무궁무진한 형식과 내용을 대변한다. 그런 신을 부정해서도 안 되지만 부정할 수도 없다. 그런 부정을 통해 스스로 '가장 절망적으로 강화된 상태'에 빠지지 않도록 경계해야 할 일이다. 신을 인정하면 자기도 더불어 인정하게 되는 위대한 사건이 벌어진다.

신을 부정하고 버리고 나면 '무섭고 절망적인 관념'이 덮쳐 올 수밖에 없다. 그런 절망의 파도 앞에 스스로 내세우는 어리석은 짓은 삼가야 마땅하다. 그런 관념은 지닐 필요가 없다. 오히려 성령이라면 그 내용이 무엇이 되었든 간에 적극적으로 인정하고 받아들일 필요가 있다. 누군가에게 좋은 약이라면 그 효능을 인정하고 연구해 주면 되는 것이다. 자기에게 맞지 않는 약이라면 스스로 알고 대처해 주면 될 일이다. 그것을 두고 '거짓이고 허위라고 생각'할 필요까지는 없는 것이다.

2

죄를 전술적으로 활용하는 방법

생각하는 존재는 뭐든지 생각할 수 있다. 아니 뭐든지 생각할 수 있어야 진정한 생각하는 존재인 것이다. 어떤 것은 생각하고 다른 것은 생각하려 하지 않을 때 생각은 틀에 갇히고 만다. 물론 틀이 없을 수는 없다. 틀이 있어야 생각이 가능하기 때문이다. 하지만 틀은 있기도 하고 없기도 하다는 식으로 생각할 수 있어야 한다. 공식은 맞을 수도 있고 틀릴 수도 있는 것이다. 정답도 맞을 때가 있고 틀릴 때도 있는 것이다. 결국 생각을 바꿀 수 있는 것도 능력이라는 경지가 인식될 때 생각하는 존재는 자기 존재에 대한 주인 역할을 담당할 수 있게 될 것이다.

죄가 인간과 신 사이의 싸움으로 파악되면, 죄의 강도가 높

> 아지는 것을 뚜렷이 볼 수 있다. 이 싸움에서 전술이 바뀌고 정도가 강화된다는 것은 수세守勢로부터 공세攻勢로 높아지는 것이다. 신 앞에서의 절망은 죄이다. 이 경우엔 싸움이 도피적으로 이루어진다. 다음에 자기의 죄에 대한 절망이 다시 나타나지만, 이 경우에도 싸움은 다시 한 번 도피적으로, 즉 퇴각 지점만을 고수하면서 계속 퇴각이 이루어진다. 그런데 이번에는 전술이 일변한다. 죄가 점점 더 자기 자신 속에서 깊어져 간다. 그래서 신에게 멀어지려함에도 불구하고 오히려 다른 뜻으로는 점점 신에게 가까워져 마침내는 결정적으로 자기 자신이 되는 것이다. (322쪽)

키르케고르의 철학에서 배워야 할 최고의 문장은 '자기 자신이 되는 것'이다. 그 자기 자신이 되는 것으로 철학자는 '점점 신에게 가까워져'야 할 필요성을 구가한 것이다. 그리고 신 중의 신으로 그는 기독교의 신을 택했을 뿐이다. 그는 기존의 기독교 형식으로 기독교의 신을 소개하지 않는다. 그는 나름대로 자기가 인식한 신을 중심으로 자신의 철학을 펼치고 있을 뿐이다. 이를 두고 이단이라고 판단할 필요는 없다.

신을 통해 자기 자신을 되찾는다. 좋은 말이다. 좋은 인식이다. 좋은 깨달음이다. 이보다 더 좋은 신은 없다. 진정 사랑해야 할 신이다. 사랑이 강렬할수록 자기 자신은 그 사랑의 대상이 될 것이 틀림없다. 자기 자신을 내던지는 사랑이겠지만 그런 사랑을 통해 오히려 자기 자신을 얻게 되는 기적이 일어난다. 자기 자신을 희생하는 것이 사랑의 형식이지만 그 형식을 통해 자기 자신이라는 내용을 떠안고 감당할 수 있는 기적이 일어나는 것이다.

죄는 싸움이다. 죄는 싸워야 할 내용이다. 싸움의 주체는 자기 자신이다. 싸우고 안 싸우고는 자기 자신이 감당해야 할 몫이다. 자기 자신이 있으니 죄도 있는 것이다. 스스로 거울 앞에 서서 '네 죄를 네가 알렸다!' 하고 윽박질러도 된다. 그때 그런 다그침 속에서 자기 자신의 한계를 깨닫게 될 것은 틀림없는 사실이다. 한계를 알고 나면 한계를 넘어 설 수 있는 기회가 주어질 것이다. 한계를 넘어서고 나면 무슨 일이 벌어질까? 아무도 모른다. 넘어서지 않은 상태에서 하는 말은 다 소용없다.

죄가 싸움으로 파악되고 나면 상황은 급변할 수 있다. 죄를 싸움으로 파악하기! 그것이 관건일 뿐이다. 영웅이 싸워야 할 대상을 찾아 떠나듯이, 그렇게 우리는 자기 자신을 두고 죄의식을 종용할 필요가 있다. 최고의 죄의식은 신 앞에 설 때 실현될 것은 틀림없는 사실이다. 신보다 더 나을 수는 없기 때문이다. 사람에게 주어진 최고의 죄의식은 신과 함께 주어질 것이다. 신에 대한 인식이 강렬할수록 죄의식도 강렬하게 주어질 것이고, 그런 죄의식이 강렬해질수록 자기 자신과의 싸움에서 공세로 전환하는 반전이 일어날 것이다.

생각은 방어도 할 수 있고 공격도 할 수 있다. "신 앞에서의 절망은 죄이다." 이 말의 의미를 깨닫고 나면 죄를 짓지 않을 수 있는 방향으로 급전할 수 있다. 절망하지 않기 위해 온갖 수단을 동원할 것이 틀림없다. 오히려 신 앞에서 희망을 갖기 위해 최선을 다할 수도 있다. 이런 반전에 의해 죄인은 죄가 없는 존재로 거듭날 수 있게 되는 것이다. 굳이 이를 두고 기독교의 용어로 말한다면, 구원이 되는 것이다. 결국 구원은 자기 책임이 되는 것이다.

죄가 싸움임을 깨닫고 나면 수세에서 공세로 전환하는 것은 식은 죽 먹기가 될 것이다. 죄가 의식의 문제임을 깨닫고 나면 죄가 직면한 싸움은 생각이 펼치는 전쟁임을 알게 될 것이다. 생각하는 존재는 스스로 이 전쟁터에서 전쟁에 임하는 것에 만족하지 않고 거대한 전쟁을 일삼고, 그런 전쟁을 통해 스스로 영웅으로 거듭나는 모습을 연출해 낼 수도 있는 것이다. 도대체 무슨 생각까지 해 보았던가? 스스로 이런 질문 앞에 서서 많은 시간을 고민으로 보내야 할 것이다.

죄의식이 깊을수록 자기 자신은 더욱 선명한 모습으로 나타날 것이다. 지극히 희망적인 메시지이다. 실존철학이 전하는 복음 소식이다. 자기 자신은 죄를 이해하는 그 깊이만큼 주어질 것이다. 무엇이 죄인가? 신을 부정하고 신을 버리는 것, 신 앞에서 절망하는 것 등 이 모든 것이 죄이다. 신과 함께 자기 자신은 구원될 것이다. 신을 인정하는 한 자기 자신은 구원이라는 가능성을 쟁취하고 있는 것이다. 하지만 신에 대한 인식이 간단하지 않다. 죄의식이라는 어두운 터널을 관통해야 하기 때문이다.

3

신에게 가까이 가는 변증법

키르케고르는 헤겔의 변증법을 이해하고 사용하지만, 그 내용에는 절대정신 대신에 사람의 자기 자신을 채워 놓는다. 그래서 키르케고르의 철학은 실존철학이라는 거대한 강물의 가장 윗자리에 놓일 수 있게 되는 것이다. 사람을 찾아 가는 철학, 사람을 이해하고자 하는 철학, 사람이라 적어 놓고 자기 자신을 찾아가는 길목을 인식해 내는 것은 쉬운 일이 아니다. 우리는 늘 신이라 적어 놓고 천국 가기를 바랐기에 전혀 다른 공식의 길이 쉽게 보이지 않는 것이다.

늘 기존의 형식에 갇혀 있으면서도 그것이 자기 생각이라고 판단하는 이들이 많다. 그런 생각이 강요된 형식의 판단임을 깨닫지도 못한다. 그런 생각은 자기 자신이 원인이 된 그런 생각이 결코 될 수 없다. 그것은 그저 타인의 명령에 귀를 기울인 노예정신의 결과물이 될 뿐이다. 그런 정신은 '신은 그게 아니라!' 하면서 토를 달기에 급급할 뿐이다. 자기가 아는 신은 '그런 게 아니라!'면서 흥분하며 변호하기에 급급한 것이다. 하지만 그런 변호 속에 자기 자신은 없고 오로지 말뿐인 신만이 고집을 피우고 있을 뿐이다. 이제 다시 선구자의 길을 걸었던 철학자 키르케고르의 말에 귀를 기울여 보자.

> 좌절의 가능성은 모든 기독교적인 것에 있어 변증법적 계기가 된다. […] 기독교가 가르치는 바에 의하면, 인간은 그리스도로 말미암아 신 앞에 다다를 수 있고 신 앞에 다다를 수 있도록 허용되며, 또 신 앞에 다다라야 하는데, 이처럼 감히 신 가까이에 있는 일은 아직 어떤 인간의 마음에도 떠오르지 않았던 일이다. […] 신과 인간이란, 그 사이에 무한한 질質의 차이가 있는 두 가지의 다른 질이다. 이 차이를 간과하는 모든 교설은 인간적으로 말하면 광기이고, 시적으로 해석하면 신에 대한 모독이다. 이교에서는 인간이 신을 인간으로 만들지만(사람=신), 기독교에 있어서는 신이 스스로를 인간으로 만들었다(신=사람). (323쪽)

즐겨 사용하는 방법은 아니지만, 텍스트를 건너뛰면서 인용했다. 좋은 말들도 너무 많이 거듭해서 반복하면 잔소리가 될 수 있어서이다. 아직 독서에 훈련이 덜 된 정신들을 배려한 처사로 이해해 주면 더욱 고맙겠다. 어찌되었든 인용된 부분만이라도 천천히 읽어 보고자 한다. "좌절의 가능성은 모든 기독교적인 것에 있어 변증법적 계기가 된다." 좌절도 좌절 나름이라는 얘기이다. 좌절을 해 봐야 성공도 지향할 수 있게 되는 것이다. 실수도 실패도 있을 수 있다. 하지만 그것이 두려워서 해야 할 일도 피해간다면 승리감은 결코 얻을 수 없을 것이다.

승리를 원한다면 싸움은 불가피해진다. 일상에서 성공을 바란다면 치열한 경쟁의 숲을 헤쳐 나가야 한다. 전쟁 중에 최고의 전쟁은 자기 자신과의 전쟁이다. 싸움 중에 가장 치열한 싸움이 바로 자기 자신과의 싸움인 것이다. 왜냐하면 자기 자신이 자기 자신의 약점을 가장 잘 알고 대처할 것이기 때문이다. 살다 보면 실수도 할 수 있다. 하지만 그 실수의 지점이 바로 도약의 계기가 되어 줄 것이다. 실수는 인간적이라 했다. 실수를 두려워하기보다는 실수를 사랑으로 떠안아야 한다. 가장 뼈아픈 실수가 가장 선명하게 자기 자신을 깨닫게 해 줄 것이기 때문이다.

그리고 철학자는 '신 앞에', '신 앞에', '신 앞에', '감히 신 가까이에' 하는 식으로 마치 노래의 후렴구처럼 반복해서 말을 이어간다. 마치 망치로 귓구멍을 두드리는 듯한 어감이다. 엄청나게 격앙된 음성이 들려 오기도 한다. 말귀를 못 알아듣는 정신을 향해 회초리를 든 듯도 하다. 그리고 철학자는 이런 일은 '아직 어떤 인간의 마음에도 떠오르지 않았던 일'이라고 감히 선언한다. 아무도 그런 말을 하지 않았다는 사실을 천명하고 있는 것이다. 이것이야말로 키르케고르가 스스로 자기 자신의 철학이 무엇인지 정의를 내리고 있는 것이라 판단해도 된다.

아무도 하지 않은 말, 그 누구도 내뱉지 않은 말, 그 말을 키르케고르는 하고 있다. 그것은 '사람=신'이라는 공식 대 '신=사람'이라는 공식으로 밝혀진다. 이 부분은 결코 기독교의 입장에서 읽으면 답이 없다. 기독교의 입장에서 이교를 언급하면 답이 없다는 얘기이다. 이교는 기독교인들이 고대를 두고 한 말이다. 고대는 신들의 세계이다. 그 세계에서는 '사람이 신이 되는 세상'이었다. 이 말을 기독교식으로 전환하면 '신이 스스로를 사람으로 만들었다'는 공식으로 전환하고 있을 뿐이다. '사람=신'이라는 공식이 되었든, '신=사람'이라는 공식이 되었든 상관없다. 이런 공식을 통해 철학자가 하고자 하는 말은 신은 신이고 사람은 사람이라는 질적 차이에 대한 설명이다.

신과 사람 사이에는 '무한한 질의 차이'가 있다. 태극 속의 음과 양처럼, 둘은 완전히 다른 존재인 것이다. 서로 섞일 수도 없는 존재들이다. 음은 음이고 양은 양일 뿐이다. 마찬가지로 신은 신이고 사람은 사람일 뿐이다. 둘을 서로 섞일 수 있는 그런 존재들이 아니다. 하지만 사람은 신을 알고 있고, 신을 지향할 수밖에 없는 존재이다. 신이라 말하면서 어느 특정 유일신만을 떠올리는 실수는 없어야 한다. 키르케고르의 철학을 이단자의 철학이라고 말하는 실수 또한 없어야 한다.

신과 사람 사이의 질적 차이를 인식하지 못하는 한, 그것은 '인간적으로 말하면 광기'가 되는 것이고, '신적으로 해석하면 신에 대한 모독'이 되는 것이다. 신을 인정할 때에만 인간은 최고의 존재가 될 수 있고, 인간의 자기 자신에 대한 존재 의식이 투철할수록 신의 존재 또한 강력하게 주어질 것이다. 신과 사람은 늘 곁에서 힘이 되어주는 음과 양과 같다. 둘이 힘을 합쳐서 가장 큰 세상, 태극太極이라 불리는 세상이 펼쳐지게 되는 것이다. 이를 두고 실존철학이 연출해 내는 세상이라고 말해도 무방하다.

신을 넘어서고 나면 주어지는 행복

철학자 키르케고르에게 신은 과정에 속한다. 자기 자신을 발견해 가는 여정에서 반드시 동행해야 할 존재이다. 삶은 그 자체가 과정일 뿐임을 깨닫고 나면, 사는 동안 신은 삶의 문제임을 알게 된다. 죽을 때까지 신은 문제가 될 것이다. 죽을 때까지 '나는 누구인가?'에 대한 대답은 수평선을 뚫고 오르는 태양처럼 멀리 있을 것이다. 하지만 그 멀리 있음이 장관을 연출해 낼 것이다. 태양이 있어서 비춰지는 온 세상이 축제를 벌이게 될 것이다. 그 세상에 자기 자신이 중심에 서 있음을 깨닫고 무한한 행복감에 취할 것이다.

'아버지와 나는 하나이다. 그러나 나는 보다시피 모자라는 비천한 인간으로 가난하게 버림을 받아 사람들의 손으로 넘어와 있다. 내게 걸려 넘어지지 않는 사람은 복이 있도다. 나야말로, 이 비천한 인간인 나야말로 귀머거리를 듣게 하고, 장님을 보게 하고, 앉은뱅이를 걷게 하고, 나병 환자를 낫게 하고, 죽은 자를 소생케 하는 자이다. 나로 말미암아 좌절하지 않는 자는 복이 있도다.' / 그러기에 신의 법정에서 책임을 지고 나는 말한다. 나로 말미암아 좌절하지 않는 자는 복이 있다는 그 말은 최후의 만찬에서 한 성찬제정의 말과 똑같지는 않지만, 누구든 우선 자기 자신을 겸허히 음미하라는 말로서 그리스도의 선의의 통고 속에 포함되어 있다. 그것은 그리스도 자신의 말이며, 특히 기독교계에서는 몇 번이고 가르쳐서 확고히 마음속에 아로 새겨 주고, 한 사람 한 사람에게 특별히 되풀이해서 들려 줘야 한다. 어디에서든 이 말이 함께 울려 오지 않는 곳, 그리고 기독교적인 것에 대한 서술이 구석구석까지 이 사상에 의해 일관되지 않는 곳, 그런 곳에서의 기독교는 신에 대한 모독이다. 그리스도는 자신을 겸허히 음미하라는 말을 들려 주기 위해 길을 마련하고, 저기 오는 사람은 누굴까 하고 사람들의 시선을 집중케 하는 호위나 하인의 대동도 없이 천한 하인의 모습으로 이 지상을 헤맸던 것이다. (326쪽)

이 인용문은 철학자가 철학적으로 연출해 내는 최고의 음성을 들을 수 있는 대목이다. 철학자는 특히 신약에 등장하는 신의 대사를 사용하며 신의 음성을 연출해 낸다. "나와 아버지는 하나이니라."(요한복음 10:30) "보라 인자가 죄인의 손에 팔리느니라."(마가복음 14:41) "누구든지 나로 말미암아 실족하지 아니하는 자는 복이 있도다."(마태복음 11:6) "맹인이 보며 못 걷는 사람이 걸으며 나병환자가 깨끗함을 받으며 못 듣는 자가 들으며 죽은 자가 살아나며 가난한 자에게 복음이 전파된다."(마태복음 11:5) "사람이 자기를 살피고 그 후에야 이 떡을 먹고 이 잔을 마실지니."(고린도전서 11:28) 철학자는 이런 식으로 곳곳에 보물처럼 성경의 구절을 활용하여 논리를 펼쳤다. 그의 글을 읽으며 이런 보물을 찾아내는 것도 나름대로 의미가 있는 일이 될 것이다.

문제는 성경 구절을 통해 철학자가 하고자 하는 말을 듣고 있는가 하는 것이다. 신을 말하면서 신에게 걸려 넘어지는 정신들이 너무도 많아서 하는 소리이다. "내게 걸려 넘어지지 않는 사람은 복이 있도다." 멋진 말이다. 행복은 비천한 신이라고 무시하거나 폄하하지 않는 데서 발생한다. 신을 사람의 아들이라고 말하면서도 신으로 떠받들 수 있는 상황에서 벌어지는 일이다. 행복은 신을 알아야 주어지는 축복이다. 신도 모르면서 행복을 안다는 것은 허언에 불과할 뿐이다.

"나로 말미암아 좌절하지 않는 자는 복이 있도다." 이것이 키르케고르가 철학적으로 선택한 메시지이다. 키르케고르가 소개하고 설명에 임하는 신의 모습은 낯설기 그지없다. 기존의 기독교 교리로는 도저히 인정할 수 없는 소리이기 때문이다. 철학자도 그 사실을 잘 알고 있다. 그래서 이런 말을 거듭해서 언급하고 있는 것이다. "내게 걸려 넘어지지 않는 사람은 복이 있다."(324쪽) "나로 말미암아 좌절하지 않는 자는 복이 있도다."(325쪽) 철학자가 반복을 선택했으니, 여기서도 한번 반복을 연출해 보았다. 그러면서 철학자의 의도를 깨달아 보고자 했다. 반복되는 것은 들려 주고자 하는 진정한 메시지가 된다. 반복 속에서 핵심을 찾아내야 한다.

"누구든 우선 자기 자신을 겸허히 음미하라." 우선적으로 해야 할 일을 가르쳐 주고 있다. 제일 먼저 해야 할 일로서 '자기 자신을 겸허히 음미하라'고 말하고 있다. 가장 먼저 해야 할 일이 자기 자신을 음미하는 것이다. 무엇을 하든 자기 자신부터 챙겨야 한다. 이웃을 사랑하려 해도 먼저 자기 자신을 기준으로 선택할 줄 알아야 한다. "네 이웃 사랑하기를 네 자신과 같이 사랑하라."(레위기 19:18) '~과 같이'라고 말할 수 있으려면 그 비교의 대상부터 잘 알고 있어야 한다는 얘기이다. 자기 자신도 사랑하지 않으면서 이웃을 사랑한답시고 떠벌리고 있는 자는 진정으로 이웃을 사랑하지 않는 자에 지나지 않는다.

철학자는 그리스도의 말을 끌어들여서 신의 목소리를 들려준다. 거기서 '그리스도 자신의 말'이 어떤 말인지를 가르치고 있다. 그러면서 '기독교계에서는 몇 번이고 가르쳐서 확고히 마음속에 아로 새겨'야 할 내용이 무엇인지를 밝히고 있다. 물론 철학자는 이런 소리를 이런 식으로 들려 준 자는 아직 아무도 없었음을 잘 알고 있다. 그래서 조심스럽기 짝이 없다. '아직 어떤 인간의 마음에도 떠오르지 않았던 일'(323쪽)을 빛 속에 드러내는 일은 여간 어려운 것이 아니기 때문이다.

신이 인간 세상에 온 이유는 간단하다. 인류를 구원하기 위함이다. 다른 의도는 존재하지 않는다. 기독교인은 그 의도를 곱씹어야 한다. 구원은 모두에게 열려 있다. 그리스도가 약속한 행복은 모두의 사건이 될 수 있고 또 그렇게 되어야 마땅하다. 신이 그저 그 누군가의 것으로만 제한된다면 그것은 신으로서 자격도 없다. 그래서 신은 제자들을 향해 사도의 역할을 끝까지 행해 줄 것을 요구했던 것이다. "너희는 온 천하에 다니며 만민에게 복음을 전파하라."(마가복음16:15) 자기 자신이 기독교인이라고 말하는 자는 이 전파에의 책임을 지고 있다는 사실을 스스로 깨달아야 한다.

그리스도에 대한 의견

사람은 생각하는 존재이다. 생각하는 존재는 의견을 가질 수밖에 없다. 의견은 자유여야 마땅하다. 의견을 갖고 안 갖고는 자기 의지에 달려 있다는 얘기이다. 그런데 신과 관련하여 의견을 유보하거나 망설이고 있다면 그것은 죄가 된다. 신을 믿을까 말까를 두고 결정도 하지 못한 체 머뭇거리고 있다면 그것은 죄가 된다. 철학자는 이런 주장에 목소리를 높인다. 그런 것이 가볍기는 하지만 그럼에도 불구하고 그것은 당연히 죄가 된다고 설명하고 있다.

> 좌절의 가장 낮은 형태, 인간적으로 말해서 가장 천진스러운 형태는, 그리스도에 관한 모든 문제를 미결정 상태로 두

> 고 그 문제에 관해 일부러 아무런 판단을 내리지 않는 것이다. 더욱이 신앙도 갖지 않고 판단도 내리지 않는다고 판단하는 것이다. 이것이 좌절의 한 형태인 것을 대부분의 사람은 알아채지 못하고 있다. 사실 사람은 "너는 행할지어다"라는 식의 기독교적인 교지敎旨를 완전히 잊고 있으므로, 이처럼 그리스도에 대해 무관심한 태도를 취하는 일이 좌절하는 일임을 사람들은 모르고 있는 셈이 된다. 기독교가 당신에게 전달되었다는 사실은, 바로 당신이 그리스도에 관해 하나의 견해를 지녀야 함을 뜻하고 있다. 그리스도 자신이, 다시 말해 그리스도가 현재 있다는 일과 또 그리스도가 현실적으로 존재했었다는 일, 바로 그것이 온 인류의 운명을 결정하는 중대사인 것이다. 그리스도가 당신에게 말을 전하였을 때, 그에 관해 나는 아무런 의견도 가질 생각이 없다고 하는 것은 좌절인 것이다. (327쪽)

늘 단순한 독자들은 철학자가 기독교를 인정했나 부정했나 그런 간단한 대답을 기대할 뿐이다. 마치 학습지를 대할 때처럼, 미리 맨 뒤에 있는 답을 확인하고 나서 주어진 문제를 이해한 듯이 대하면 그것이야말로 크나큰 실수를 범하게 된다. 똑같은 문제가 다시 주어지면 그때에는 과거 어느 순간에 이 문제를 이해했었다는 현상만 기억해 낼 것이기 때문이다. 그것은 문제를 진정으로 이해한 것이 못 된다.

철학자는 기독교를 인정하기도 했고 부정하기도 했다. 인정했다면 어떤 부분을 어떤 식으로 인정했는지 알아야 하고, 부정했다면 이 또한 어떤 부분을 어떤 식으로 부정했는지 알아야 한다. 철학자는 기독교를 인정했다. 즉 성경에 등장하는 신의 대사들을 고스란히 인용하기도 하면서 신의 뜻을 전하려 애를 썼다. 그리고 또 철학자는 기독교를 부정했다. 즉 그는 신의 가르침을 제대로 이해하고 행하는 자가 목격되지 않고 있다는 사실을 그 증거로 내세우고 있다.

수많은 사람들이 의견에 유보적이다. '두고 보자'는 식으로 뒤로 미룬다. 그러면 기득권은 더욱 거칠게 나올 수밖에 없다. 그들이 재판을 좌지우지할 수 있기 때문이다. 그들이 사람을 법정에 세워놓고 '네 죄를 네가 알렸다!' 하고 윽박지르면 그런 재판에서 빠져 나올 수 있는 사람은 거의 없다. 잘못했다고 뉘우쳐도 죽일 것이고, 아니라고 부인해도 죽일 것이다. 진실을 말해도 '거짓말하지 말라!'고 소리치며 죽일 것이고, 두려움을 느끼고 벌벌 떨어도 그런 두려움이 거짓말의 증거라고 말하며 죽일 것이다. 종교재판은 그래서 무서운 것이다.

철학자는 대중을 향해 목소리를 높인다. 제발 좀 의견을 가져달라고 애원한다. '바로 당신이 그리스도에 관해 하나의 견해를 지녀야' 한다고 외쳐 대고 있는 것이다. 정말 고독한 싸움이다. 아무도 이런 소리를 듣고 있지 못해서가 아니라, 아무도 용기를 내서 의견을 가지지 않고 있어서 고독한 것이다.

'견해를 지녀야 한다.' 의견을 지녀야 한다. 이것은 생각하는 사람으로서 책임과 의무를 다해 달라는 철학자의 철학적인 요구이다. 철학자가 철학적인 이념을 담아놓은 메시지이다. 이런 의견이 차고 넘칠 때 진정한 민주주의가 펼쳐지게 될 것이다. 진정한 자유의 이념이 세상을 지배하게 될 것이다. 자신의 의견을 미풍양속 뒤에 숨겨 놓고 있는 한, 세상은 변할 기미를 보이지 않을 것이다. 자신의 견해를 기존의 형식 속에 가둬 놓는 한, 자신의 정신은 그저 노예근성만 보여 줄 뿐일 것이다. 그런 태도로는 도저히 미래를 도래하게 할 수 없다. 늘 미래는 미래의 현상으로 그저 한없이 뒤로 유보될 것이기 때문이다.

의견을 가질 생각이 없다는 그 판단 자체가 이미 좌절의 한 형태이다. 상황을 스스로 판단하지 못하고 주변의 상황에 따라 판단하겠다는 그런 소극적인 생각의 형태가 바로 군중의 것이다. 군중은 같은 소리를 내면서 그것이 자기 목소리라고 착각하는 존재들이다. 그런 군중 심리가 중세 천 년이라는 세월을 연출해 낸 것이다. 그 시대에는 아무도 다른 소리를 내려 하지도 않았다. 그런 것은 꿈도 꾸지 못했다.

철학자는 단순하고도 명확하게 자신의 목소리를 밝혀 놓았다. '그리스도가 현재 있다는 일'과 '그리스도가 현실적으로 존재했었다는 일', 이 일이야말로 '온 인류의 운명을 결정하는 중대사인 것'이라고 주장하고 있다. 그리스도는 살아 있다. 과거에도 살았었고 지금도 살아 있다. 이것이야말로 철학자가 철학적으로 밝혀 놓은 신의 존재 현상이다. 이제 우리는 신의 가르침을 깨닫고 '자기 자신을 겸허히 음미하는 일'에 동참해야 할 때가 된 것이다.

6

신이 인간이 된 이유

키르케고르는 선구자이다. 철학의 길을 걸었지만, 그가 걸어간 길은 아무도 먼저 걸어가지 못했다. 무엇이 그가 먼저 걸어간 길로 인정받게 된 것일까? 그 길을 함께 걸을 수만 있다면 그가 왜 선구자의 반열에 올랐는지, 그것까지도 이해할 수 있게 될 것이다. 신학의 소리를 인문학의 소리로 전환하는 바로 그 지점을 깨닫게 될 때, 마침내 생철학이니 실존철학이니 하는 개념들이 들려 주는 목소리를 음절을 갖춘 형태로 들을 수 있게 될 것이다.

> 신이 스스로를 탄생케 하여 스스로 인간이 된다는 것은, 신이 시간이 남아 돌아서 하는 것은 아니다. 그것은 뭔가 해

> 봐야겠다는 생각에서이며, 그가 뻔뻔스럽게 말했듯이 신이 신의 존재와 결부되어 있다는 따분함을 쫓아내려고 단순히 생각한 것은 아니다. 신은 모험을 하고 싶어 그런 일을 한 것이 아니다. 아니, 신이 인간이 되었다는 일은 인간 세상에서의 엄숙한 사실이 되었다는 뜻이다. 그리고 또 인간 각자가 그 일(즉, 신이 인간으로 된 일)에 관해 의견을 가져야 한다는 일은 이 엄숙한 사실 중에서도 엄숙한 문제이다. (328쪽)

신이 세상에 온 것은 시간이 남아 돌아서 그랬던 것이 아니다. 참으로 노골적인 표현이다. 이런 소리는 신학으로도 어울리지 않고 인문학으로도 낯설기만 하다. 신은 시간을 초월해 있다. 신에게는 시간이 없다. 시간에 쫓겨 시간이 없는 게 아니라, 시간 속에 있어서 시간이 없을 뿐이다. 신의 다른 이름이라면 영원이다. 영원의 속성 속에는 시간이라는 제한된 성질이 끼어들 수가 없다.

신이 '따분함'을 느꼈을까? 신이 그런 '따분함을 쫓아내려고 단순히 생각'했던 것일까? 이 또한 사람의 생각일 뿐이다. 사람은 그저 자기가 하고 싶은 생각만 할 뿐이다. 사람의 생각은 그럴 수도 있을 것이다. 존재의 가장 심각한 문제 상황이 '따분함'이기 때문이다. 사람의 삶은 늘 자극을 원한다. 욕망은 불에 타 줄 것을 원한다. 불에 타지 않는 욕망은 욕망이라 불릴 자격이 없다. 하지만 신은 영원 속에 있으니 따분함조차 그의 것이 될 수 없을 뿐이다.

'신이 스스로 인간이 되었다'는 것은 '엄숙한 사실'이 되었다. 그 사실을 사실로 인식하는 것이 관건이다. 그것이 사실로 인식되면, 신 앞에 설 수 있고, 동시에 자기 자신까지도, 즉 신과 함께, 신의 존재와 공존하고 있는 자기 자신까지도 겸허히 음미할 수 있는 기회를 쟁취할 수 있게 될 것이다. 소위 신에 대한 인식이 자기 자신에 대한 인식으로 넘어가는 발상의 전환이 실현되고 있다. 신이 스스로 인간이 되었다는 사실을 깨닫는 순간, 사람은 단순한 사람으로 머물지 않고 신과 함께 한다는 거대한 존재로 거듭날 수 있게 되는 것이다.

신은 인류를 위해 인류 곁으로 온 것이다. 신의 존재 이유는 인류의 존재 이유가 될 뿐이다. 신은 인류를 위해 '뭔가 해 봐야겠다는 생각'에서 세상 속으로 들어 온 것이다. 다른 뜻은 없다. 신이 자기 자신을 위해 이런 일을 벌인 것도 아니다. 신은 오로지 인간 세상만을 주시한다. 신이 세상에 온 일을 두고 '모험'이라고 말하는 실수도 없어야 한다. 신이 '모험을 하고 싶어' 그런 일을 벌인 것이 결코 아니다. 신은 스스로 인간 세상에 오게 되면 어떤 일들이 벌어지게 될지를 너무도 잘 알고 있었다. 그래서 그가 십자가에 못 박혀 죽어야 했을 때 눈물을 흘릴 수 있는 계기가 마련될 수 있었던 것이다.

신이 스스로 인간이 되었다. 이것은 '엄숙한 사실'이며 동시에 '엄숙한 문제'이다. 결국 사실이 문제가 되는 상황을 이해해야 한다. 사람이 사람이기에 신이 필요한 것이다. 이것이야말로 사실이며 문제이다. 신이 사람을 위해 할 수 있었던 일을 그는 스스로 했을 뿐이다. 그 누구도 이런 일을 하라고 시키지 않았다. 누가 시켜서 했다면 신도 노예에 불과할 뿐이다. 하지만 신은 그런 존재가 아니다. 그는 자발적으로 행동한 것이다. 그리고 인간 세상에서 남겨 놓은 마지막 대사로 그는 이렇게 말했다. "엘리 엘리 라마 사박다니"하고, "나의 하나님, 나의 하나님, 어찌하여 나를 버리셨나이까"(마태복음 27:46) 하고 말이다.

세상의 논리는 한결같다. 한계를 벗어날 수 없다. 죽음을 피할 수 없다. 그래서 인자, 즉 사람의 아들로서의 신 또한 죽음을 면치 못한 것이다. 죽음은 사람이기에 거쳐 갈 수밖에 없는 관문이다. 하지만 죽음도 죽음 나름이다. 신을 알고 죽느냐 그렇지 않고 죽느냐는 전혀 다른 문제이다. '왜 그랬나요?' 하고 남겨 놓는 말이야말로 가장 인간적이다. 그런 질문이 생각하는 존재를 하늘로 이끈다. 마지막 순간에도 신의 뜻을 추궁하는 그 말 한마디가 정신을 차리게 해 줄 것이고, 그런 정신이 영혼을 영생이 가능한 천국으로 인도해 줄 것이다.

대립이라는 공식에 대한 이해

이제 또 건너 뛰어 마지막 문단을 읽어 볼까 한다. 띄엄띄엄 읽어서 미안한 감 없지 않다. 그래도 최선을 다했다. 마지막 문단은 앞선 문단의 내용을 이어받고 있기에 그 앞의 내용을 잠시 언급하지 않을 수 없다. 그 앞선 문단의 마지막 문장은 이렇다. "기독교는 죄와 신앙을 대립적 관계로 여기지 않고 죄와 덕을 대립관계로 여기기 때문이다."(329쪽) 바로 이런 연유로 인해 대부분의 사람들이 '성령을 거역하는 죄'가 '죄의 강도가 가장 강화된 것'(329쪽)임을 간과하고 오해하고 있다고 지적한다. 철학자는 여기서 '죄와 신앙을 대립적 관계'로 인식해 줄 것을 요구했다.

> 그에 반해 이 대립은 이 책 전체를 통해 주장되어 왔다. 이 책의 첫머리 제1편 제1장의 A에서는 신 앞에서의 절망이 전혀 존재하지 않은 상태가 공식이라고 정하였다. 이런 상태, 즉 신앙을 가진 상태가 자기 자신에게 관계하는 동시에, 자기 자신이고자 함에 있어 자기를 조정하는 힘에 투명한 발판이 된다고 말하였다. 나는 그것을 상기하도록 종종 되풀이해서 주의를 촉구해 왔는데, 그 공식은 동시에 신앙의 정의이기도 한 것이다. (329쪽)

철학자가 설명에 임했던 대립이 무엇인가? 그것은 죄와 신앙의 관계이다. 죄가 없다면 진정한 신앙인이다. '신 앞에서 절망이 전혀 존재하지 않는 상태'가 곧 신앙인이 있어야 할 상태인 것이다. 신 앞에서 전혀 실망하지 않을 수 있는가? 이 질문을 거울 삼아 그 앞에 서 봐야 할 것이다. 자기 자신의 모습은 어떻게 비치고 있는지 깨달아야 할 일이다. 전혀 절망하지 않는 상태, 그 상태를 철학자는 최고의 경지로 소개하고 있는 것이다.

신에 대한 신앙이 자기 자신을 구원해 줄 것이다. 신 앞에 서는 순간 사람은 어쩔 수 없이 죄의식을 발동시킬 수밖에 없다. 무한한 공간을 앞에 두고서 끝도 없이 펼쳐져 있는 세상을 인식해 내는 것은 운명과도 같다. 무궁무진한 존재를 앞에 두게 될 때 자기 자신은 한도 없이 작아질 것은 틀림없는 사실이다. 하지만 그런 작아짐은 그 작아짐에서 그치지 않을 것이다. 그것은 결국에는 '변증법적 계기'(323쪽)가 되어서 새로운 힘을 인식하게 해 줄 것이다. 생각하는 존재는 그런 생각의 전환을 경험하며 새롭게 거듭나는 것이다.

대립은 긍정적이다. 신앙은 죄의식을 전제한다. 죄가 있다고 판단하니 신앙에 도움을 요구하게 되는 것이다. 사람으로서는 어쩔 수 없다고 판단하니 신에게 손을 내밀 수밖에 없게 되는 것이다. 모든 생각의 형식 중에 최고의 형식이 '신'이라는 개념으로 소개될 뿐이다. 사람들은 신이라 말하면서 언제든지 최고의 것을 생각해 내려고 애를 쓴다. 하지만 그 최고에 대한 인식 또한 사람들마다 다를 뿐이다. 같은 신을 믿으면서도 그래서 종교 논쟁을 피해 갈 수가 없게 되는 것이다.

유럽을 초토화시킨 사건 중에 '30년 전쟁'이 종교전쟁으로서는 대표적이라 할 수 있겠다. 30년 동안 교회 간다고 죽이고 성당 간다고 죽여 댔다. 신교니 구교니 하며 사람들을 서로 편을 갈라 가며 죽여 댔던 것이다. 정말 지긋지긋했을 것 같다. 이웃이 이웃을 죽여 대는 살인 사건을 목도해야 하는 것은 정말 치를 떨게 했을 것이다. 그 정도가 되어서야 사람들은 '이제 그만 싸우자!' 하고 화해의 손을 내밀게 된다. 그런 치열한 논쟁을 통해서 사람들의 정신세계는 조금씩 확장하고 전진하게 될 뿐이다. 생각의 발전 속도는 정말 느리다. 생각을 바꾼다는 것이 이토록 힘든 일이라는 얘기이다.

'신 앞에서의 절망이 전혀 존재하지 않는 상태', 그 상태가 진정한 '신앙을 가진 상태'이고, 그 상태가 또한 '자기 자신에게 관계'하는 동시에 '자기 자신이고자 함에 있어 자기를 조정하는 힘에 투명한 발판'을 획득하게 해 준다고 철학자는 주장한다. 신이 먼저냐 자기 자신이 먼저냐 하는 식으로 말꼬리를 잡고 늘어지는 일은 없길 바란다. 철학자는 다 말해 놓았다. 이제 그의 뜻을 이해하는 것은 우리 독자의 몫이 되었다.

죽음에서 구원으로

키르케고르의 《죽음에 이르는 병》은 고전 중의 고전이다. 철학자는 기독교를 비판하면서도 기독교를 끌어안으려 하고, 또 동시에 기독교를 끌어들이면서도 과거의 형식으로 받아들이지 않는다. 정말 절묘한 생각의 곡예를 선보인다. 곡예사들이 펼치는 곡예처럼, 생각이 펼치는 곡예를 알아보는 것도 능력이다. 그는 실존철학의 선구자로 일컬어지고 있다. 그가 걸어간 길을 스스로 걸을 수 있으려면 많은 것이 준비되어야 한다. 일단 마음의 문을 여는 일부터 감행해야 한다.

마음의 문을 열면 수많은 일들이 벌어진다. 그때 마음은 남겨지는 존재가 되기도 하고 열린 문을 통해 떠나는 존재가 되기도 한다. 때로는 마음속으로 들이닥치는 것들에게 무방비 상태가 되어 심각한 상처를 얻기도 하고, 또 때로는 무한한 공간을 앞에 두고서 하염없이 외로움에 내몰려 정처 없이 헤맬 수도 있다. 그래도 겁먹지 말고 열어야 한다. 마음의 문을 열고 마음을 풀어 놓으면 그때 그 마음이 자유를 가지고 돌아와 줄 것이기 때문이다.

'죽음에 이르는 병'은 누구나 다 안다. 누구나 생로병사의 길목을 모른다고 말할 수가 없기 때문이다. 무엇이 병이 되었든 간에 사람은 병에 들어 죽게 될 것이다. 태어난 자는 어쩔 수 없이 늙어가다가 병을 얻어 죽을 것이다. 그것이 삶을 선사받은 자의 운명이다. 하지만 그렇게 살다가 죽는 것이 삶을 얻은 사람이 해야 할 일일까? 죽는 것이 모든 행동의 목적이 되어야 할까? 철학자는 여기서 진지한 질문을 던져 놓는다.

병도 병 나름이다. 죽음에 이르는 병도 죽음에 이르는 병 나름이다. 키르케고르는 관념론을 완성시킨 헤겔의 변증법적 사고방식을 끌어들이며 자신의 길을 개척해 나간다. 병이 병이다. 병이 병이 아니다. 그래도 병이 병이다. 이런 식으로 병을 좇아

간다. 그 병의 다른 이름이 죄이다. 사람은 사람이라서 죄를 떠안을 수밖에 없다. '네 죄를 네가 알렸다!' 이런 말은 사람이기에 가능한 것이다.

철학자는 사람에게 주어질 수 있는 최고의 병이 바로 신을 알게 될 때 인식된다고 한다. 이것이야말로 희망의 메시지이다. 최고의 병이지만 그것이 신과 관계할 때에만 인식된다는 그 말이 주는 위로의 힘은 상상을 초월한다. 게다가 신을 아는 그 정신은 결국 자기 자신을 겸허히 음미할 수 있는 기회까지 꿰차게 된다. 신을 아는 자가 신 곁에 있는 자기 자신을 깨닫게 된다는 말이다.

《죽음에 이르는 병》에서 떠안아야 할 최고의 가르침이라면 '신=인간'이라는 공식이다. 신이 인간이 되었다. 그것도 스스로 인간이 되어 인간 세상에 들어 온 것이다. 이것을 인식할 수 있는 순간, 임마누엘이 펼쳐지게 될 것이다. 신과 함께 한다는 그 기적이 펼쳐지게 될 것이기 때문이다. 다만 철학자는 이 모든 말을 철학적으로 설명하려고 애를 썼을 뿐이다. 그럼에도 불구하고 설교의 형식을 버리지 않았다. 소위 철학자는 신학과 인문학의 어울림을 시도했던 것이다. 신과 사람이 함께 공존할 수 있는 가능성의 길을 보여 준 것이다.

책의 마지막을 장식하고 있는 '대립'의 정신도 곱씹어 봐야 한다. 사실 '대립'이라는 개념 자체는 그 전에 다뤄지지 않았다. 책의 마지막에 이르러, 즉 마지막 두 개의 문단에서 갑자기 등장하고 있다. 하지만 그 개념이 의미하는 바는 책 전체에서 지속적으로 다룬 내용과 맞물린다. 사실 모든 것이 대립적이다. 모든 것이 변증법적이다. 가장 큰 대립이 '신=사람'이라는 공식에서 빛을 발하고 있는 것이다. 고대 신들의 세계를 연상케 하는 대목이기도 하다. 그런 인식으로 기독교를 떠안으려 하는 것이다. 대립의 정신은 사람의 형상을 그려놓고 신이라 말하는 근대 르네상스의 이념까지도 아우를 수 있는 그런 이념이다.